“十四五”高职院校财经精品系列教材

管理学基础

主　编/邓　华　赵林艳
副主编/纪　娜　黄海英

产教融合　校企合作
工学结合　知行合一

西南财经大学出版社
中国·成都

图书在版编目(CIP)数据

管理学基础/邓华,赵林艳主编;纪娜,黄海英副主编.—成都:西南财经大学出版社,2023.9(2025.9 重印)
ISBN 978-7-5504-5868-0

Ⅰ.①管… Ⅱ.①邓…②赵…③纪…④黄… Ⅲ.①管理学
Ⅳ.①C93

中国国家版本馆 CIP 数据核字(2023)第 136122 号

管理学基础

GUANLIXUE JICHU

主　编　邓　华　赵林艳
副主编　纪　娜　黄海英

策划编辑:王　琳
责任编辑:向小英
责任校对:杜显钰
封面设计:墨创文化　张姗姗
责任印制:朱曼丽

出版发行	西南财经大学出版社(四川省成都市光华村街 55 号)
网　　址	http://cbs. swufe. edu. cn
电子邮件	bookcj@ swufe. edu. cn
邮政编码	610074
电　　话	028-87353785
照　　排	四川胜翔数码印务设计有限公司
印　　刷	郫县犀浦印刷厂
成品尺寸	185 mm×260 mm
印　　张	15. 875
字　　数	340 千字
版　　次	2023 年 9 月第 1 版
印　　次	2025 年 9 月第 2 次印刷
印　　数	2001— 3000 册
书　　号	ISBN 978-7-5504-5868-0
定　　价	39. 80 元

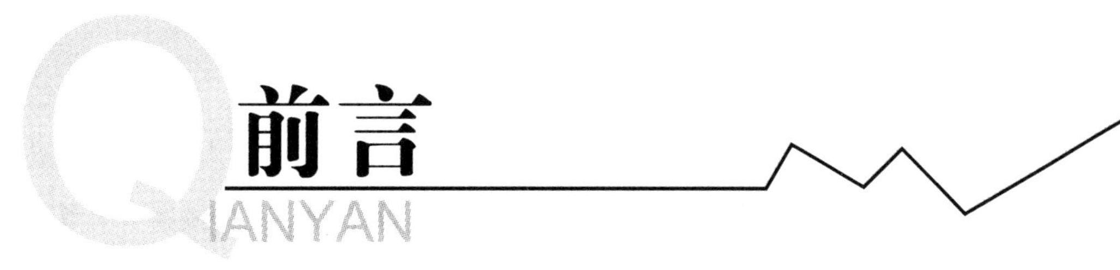

前言

当今世界正经历百年未有之大变局，新科技革命浪潮汹涌，新时代中国特色社会主义创造了一个又一个“中国奇迹”。管理是人类社会活动和生产活动中普遍存在的社会现象，随着经济全球一体化的发展，市场环境更加丰富多元，管理者面临的管理问题更加复杂，这些都对管理实践与理论产生了重大影响，社会越来越需要能够适应社会经济发展要求、懂得管理真谛、掌握管理方法的集管理、技术于一身的复合型人才。

管理学基础是国家教育部规定的高等职业院校财经商贸类专业的重要专业基础课。为了能够更好地满足社会实践对管理者知识、技能和素养的要求，也为了更好地培养高素质技术技能人才，我们组织编写了本书。

党的二十大报告指出，育人的根本在于立德。为了适应时代变革，落实党的教育方针，我们创新教学方式与教材编写模式，将思政元素融入教材，本书共分为10个项目，系统地介绍了管理认知、管理思想、管理职能、管理实务等知识，既注重理论知识学习，又强调技能素质培养，通过多个模块，引导学生树立民族文化自信，厚植家国情怀，增强社会责任感，培养他们决策与计划、组织、领导、控制与创新能力，形成以下鲜明特色。

（1）采用全新理念，全新形态。本书设立“管理素养”栏目，将课程思政融入管理学专业教学中，采用“项目—任务”式体例结构，形式新颖，模块丰富。每个项目均采用“案例导入—知识精讲—同步训练”的层次编写，同时还设置了“管理案例”“管理故事”“项目实训”“管理游戏”等板块，各板块环环相扣、循序渐进，既能丰富教师的课堂教学形式，又能调动学生的学习积极性，提高学生的课堂参与度。

（2）采用全新案例，实用性强。本书紧跟时代的步伐，“导入案例”和“管理案例”选取的案例既具有权威性和前沿性，与现实管理实践紧密联系，又具有代表性和针对性，与理论知识紧密结合，能够全面提高学生分析问题和解决问题的能力。

（3）内容与时俱进，充实丰富。为了确保教材内容的先进性，本书展现了管理学发展的最新动态。在内容选择上，注重培养学生思想道德素质和实操技能，全面提高学生解决实际问题的能力。

全书以培养基层管理者的综合管理技能和素质为目标，构建“一个目标”“五大模块”“十项实务”为纵向层次，管理理论、管理实务、管理技能为横向层次的内容体系（见图1）。

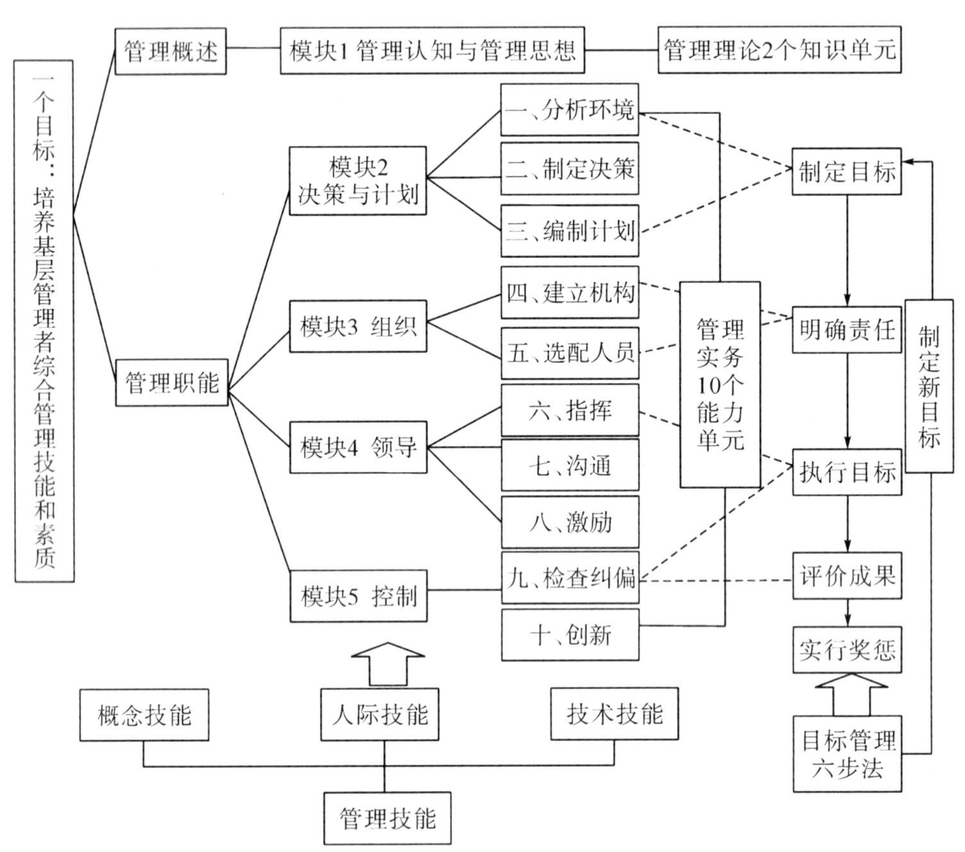

图1　管理理论、实务与技能内容体系

注：①决策是计划的前提，计划是决策的逻辑延续，决策和计划（目标）是其他管理职能的依据；②组织、领导和控制是为了保证决策顺利实施；③创新是组织为适应系统内外变化而进行的局部或全局的调整，贯穿各种管理职能和组织层次中。

本书由湖南环境生物职业技术学院资助出版，湖南环境生物职业技术学院邓华老师和赵林艳老师任主编，湖南环境生物职业技术学院纪娜老师和黄海英老师任副主编。具体编写分工如下：邓华老师负责拟定全书的编写大纲并进行统稿定稿工作，编写了项目一、项目二、项目三；赵林艳老师负责编写项目四、项目五、项目六；纪娜老师负责编写项目七、项目八；黄海英老师负责编写项目九、项目十。

在本书编写过程中，我们参考了大量文献资料，未能一一列明来源。在此，我们向这些文献的作者表示诚挚的谢意。同时，在本书编写过程中，我们得到了京东集团华中区运营总监迟磊、湖南子春初十有限责任公司总经理王安永的指导与帮助，在此一并致以由衷的感谢。由于编者水平有限，书中存在的疏漏与不当之处，敬请专家和读者批评指正。

邓华

2023 年 8 月

目录

MULU

项目一 管理认知

项目导读

管理是人类生活中重要的活动之一，广泛存在于现实社会生活的各个领域。人类历史的实践证明，有效的管理可以改变社会和经济结构，是任何组织及国家走向成功的基础。因此，管理者有必要掌握管理的基础知识和基本技能，并运用管理知识更加有效地指导管理实践活动。

本项目主要介绍管理的基础知识，内容包括管理的概念、管理的性质、管理的职能、管理者的概念与类型、管理者的角色、管理者的技能与素质。

学习目标

知识目标

1. 理解管理的概念与性质；
2. 掌握管理的职能与过程；
3. 了解管理者的类型和素质要求，熟悉管理者的角色、技能。

能力目标

1. 能够运用管理知识分析真实的管理案例并解决实际的管理问题；
2. 能够识别管理者的角色和技能。

素养目标

1. 树立珍惜组织资源及合理使用各种资源的观念；
2. 培养志存高远的情怀和脚踏实地的优良品格；
3. 养成从自我管理做起、从小事做起的良好习惯。

任务一　走进管理

[导入案例]

"海底捞"，到底捞什么?

海底捞，这家起源于四川简阳的民营企业，从只有4张桌子的店面起步，从最初的寂寂无闻到名满天下，已走过30年的历程。海底捞的75家门店在2012年的利润率超过10%，营业收入为21.27亿元，同比增长了54%；2008—2013年连续6年获"中国餐饮百强企业"荣誉称号。作为一个草根创业的典型，海底捞并不止步于成为"中国火锅第一品牌"。中国人历来喜欢吃火锅，火锅店也遍布各地，大型连锁店也不在少数，为何偏偏海底捞能够做得风生水起?

"顾客就是上帝"是很多从商者的经典信条，但似乎只有海底捞把它变成了自己的核心竞争力。众所周知，顾客到餐厅吃饭，不会关心企业的核心思想、老板是谁，顾客在意的是吃得好不好，服务好不好，海底捞注重以"顾客"为本，工作重心就是做好基层的服务。

截至2013年6月6日，在大众点评网上，海底捞一直牢牢占据着上海、北京、杭州等城市"服务最佳"榜单的前列。

到过海底捞的顾客，无不对其极致的服务留下深刻的印象，有"受宠若惊"的顾客称之为"变态伺候"。如果顾客正在排队等待入座，可以免费享受各种服务，如美甲、洗眼镜、手机贴膜、小吃等；也有让顾客自己动手折千纸鹤，折满30只可以换取免费火锅配菜一盘，让等待过程不会乏味。待顾客入座点餐时，服务员已经将手机袋、围裙一一奉送到手边了。对于女士，门店会送来皮筋，用来绑起头发，避免粘到食物；如果顾客中有孕妇，服务员会送上柔软的靠枕；戴眼镜的客人则会得到擦镜布，以免热气模糊镜片；每隔15分钟，服务员会主动更换顾客面前的热毛巾；遇到带了小孩的顾客，服务员会暂时充当孩子的保姆，帮忙喂孩子吃饭，陪孩子在儿童天地做游戏；遇到抽烟的顾客，服务员会提供烟嘴，并告知吸烟有害健康；遇到过生日的客人，海底捞会赠予意外的小礼物；如果顾客点菜太多，服务员会善意地提醒菜品已够吃；如果随行的人数较少，服务员会建议顾客点半份。

虽然别人赞不绝口，创办人张勇却认为，海底捞目前的整体服务水平还不尽如人意。他相信与其盲目强调宣传，更应该建立现代化管理机制。

张勇说："我们达到今天的规模，是在中国快速发展的背景下得到的，而不是通过现代化企业制度化管理的方式得到的。这很危险，如果企业发展太快，盲目发展，管理跟不上，就是企业死得快的最好的方式。"他认为，海底捞尚未建立起现代化的管理制度，目前面临的瓶颈实际上是流程化和制度化问题。他的担忧是，如果制度化和流程化做得不好，海底捞发展得越快，出问题的可能性就越大。

不断强调企业必须进行现代化管理的张勇，其实压力很大。他曾到长江商学院就读EMBA（高级管理人员工商管理硕士）课程，为管理理念充电。他认为，要做到现代化管理，企业必须在四个方面着力。

首先，一定要制度化管理，必须公平公正地管理人力资源。

其次，流程化操作，制度和流程分不开。比如，企业开会时要将所有的流程定下来，才可以确保操作有效。张勇说："很多大公司可能比较注重这些方面，但小公司可能做得还不够。我觉得很多小公司被搞掉，就是流程化出了问题。"

再次，有效监督，以确保要做的任何一件事情能够一跟到底。

最后，尽可能地实现考核数据化。张勇说："数据化不是你赚了多少钱，财务很重要，但如果只以赚钱来考量一个人的能力，就太简单化了。"

思考：通过阅读上述案例，你认为什么是管理呢？

（案例选自：余明阳. 中国企业经典案例［M］. 上海：上海交通大学出版社，2013. 有改动）

管理作为人类社会协作劳动和共同生活的产物，其实践活动和人类历史一样悠久。随着生产力的发展和人类社会的进步、生产和社会分工的细化，以及协作程度的不断加深，管理活动逐步趋向于专业化和科学化，并广泛渗透到社会生活的各个领域。

一、管理的概念

（一）管理的概念

关于管理的定义，仁者见仁，智者见智，以下是几种具有代表性的观点：

重视管理者个人的领导艺术的管理学家认为：管理就是领导，组织中一切有目的的活动都是在不同层次的领导者的领导下进行的。

重视决策作用的管理学家认为：管理就是决策，组织的任何工作都必须经过一系列的决策才能完成。持这一观点的代表人物有美国的管理学家赫伯特·西蒙等。

重视管理职能的管理学家认为：管理就是为了特定的目的而开展的计划、组织、指挥、协调和控制等一系列的管理职能活动。持这一观点的代表人物有法国的实业家、现代管理理论的创始人亨利·法约尔等。

重视协调工作的管理学家认为：管理就是通过协调他人的活动以达到组织的既定目标。持这一观点的代表人物有德国的社会学家马克斯·韦伯等。

本书认为，管理就是在特定的环境下，管理者通过决策与计划、组织、领导、控制及创新，协调以人为中心的组织资源与职能活动，以有效实现目标的社会活动。

为了更好地理解上述管理的概念，需要把握如表1-1所示的几个基本要素。

表 1-1 管理的基本要素

管理的基本要素	具体解释
管理环境——特定时空	任何管理都是在特定的时空条件中进行的，任何管理如果没有时空要求，就没有任何意义（where）
管理主体——管理者	指具有管理职权和管理能力的个人，回答由谁来管（who）
管理职能——管理活动	管理职能主要指决策与计划、组织、领导、控制及创新，也包括沟通、激励等，回答如何管理（how）
管理客体——管理对象	各种资源（人、财、物、信息、时间、机会等），回答管什么（what）
管理目的——组织目标	实现组织目标是评价管理成败的唯一标准。管理的目的就是高效率地实现组织目标，回答因何而管（why）

（二）管理的内涵

1. 实现组织目标是评价管理成败的唯一标准

任何组织的目标都包含两个方面的要求：一是“效率”，即要“用正确的方法做事”，用最少的投入获得最大的产出；二是“效果”，即要“做正确的事”，在确保安全、环保的前提下，最大限度地满足用户的需求。

2. 特定的环境是管理的必要条件

任何管理都是在特定的时空条件中进行的，并且对任何管理行为都必须有特定的时空要求。做什么事？在什么地方做？什么时间开始？什么时间完成？任何管理如果没有时空要求，就没有任何意义。

3. 管理的核心是协调人的行为

组织目标必须分解为许多具体工作，通过相关人员的实际行为去实现，所以，管理的核心是协调人的行为。要协调好人的行为，一是管理者必须加强自我管理，约束自己的行为，“打铁必须自身硬”。管理者务必使自己的管理行为做到公平、正义、专业，才能有效地协调他人的行为。二是管理者要用一系列科学的理念和方法，为实现组织的目标协调一致，共同奋斗。

4. 管理的本质是协调

组织的工作都是通过一个个完全不同的人的个人行为来进行的，组织的规模越大人员越多，相关的协调工作就越艰巨和繁重。通常，这些协调工作被称为管理。在互联网时代，由于大数据、云计算、智能机器人、物联网和各种传感器的应用，甚至在智慧工厂中，协调仍是不可或缺的，只是协调工作可能比原来更方便、快捷，但也更复杂。管理者只有掌握更高的专业技能，才能胜任协调的工作。

二、管理的性质

（一）管理的两重性

管理的两重性是马克思主义关于管理问题的基本观点。一方面，管理要处理好人与自然的关系，因此具有同生产力、社会化大生产相联系的自然属性；另一方面，管理要处理好人与人之间的关系，因此具有同生产关系、社会制度相联系的社会属性。自然属性和社会属性是管理的两重性，两者是辩证统一的关系，既相互联系又相互制约。

（二）管理的科学性与艺术性

管理之所以具有科学性，是因为管理学具有真理性、客观性、理论性、系统性、实践性及发展性等科学的特点，管理是一门科学；管理的艺术性就是强调其实践性，没有实践则无所谓的艺术，仅凭书本上的管理理论或原理公式来进行管理是不可能成功的，管理者必须在管理实践中发挥积极性、主动性和创造性，将管理知识与具体的管理活动相结合。这就是管理的科学性与艺术性，两者不是相互排斥而是相互补充的。

［**案例分析**］

公司灵活的上下班制度

在德国主要的航空和宇航企业——MBB 公司，我们可以看到这样一种情景：上下班的时候，职工们把自己的身份卡放入电子计算器，马上就显示出到当时为止该职工本星期已经工作多少小时。原来，该公司实行了灵活的上下班制度。公司只考核职工的工作成果和总工作时长，只要在所要求的期限内完成工作任务和工作时长就照付薪金，并按工作质量发放奖金。由于工作时间有了一定的机动，职工不仅可以免受交通拥挤之苦，而且感到个人的权益得到尊重，因而产生责任感，提高了工作热情，同时企业也受益。

思考：结合上述案例，谈谈你对管理的科学性与艺术性的理解。

（案例来源：根据网络资料整理修改）

三、管理的职能

（一）管理职能的含义

管理职能是指管理者实施管理行为时所体现出来的具体功能和实施过程，是管理者必须具备的能力。现阶段，管理的基本职能包括决策与计划、组织、领导、控制、创新五种（见表 1-2）。

表 1-2　管理的五大职能

职能	内涵
决策与计划	决策是指管理者识别并解决问题以及利用机会的过程；决策是指管理者为实现组织的目标，运用科学的理论和方法从若干个可行方案中选择或优化方案，并加以实施的活动总称
	计划是指为了实现决策所确定的目标，预先进行的行动安排
组织	组织是指通过建立、维护并不断改进组织结构以实现有效分工、合作的过程

表1-2(续)

职能	内涵
领导	领导是指挥、带领、引导和激励部下为实现目标而努力的过程
	领导者的作用包括指挥作用、协调作用、激励作用
控制	控制是指管理者为了确保目标实现，根据事先确定的标准对计划的进展情况进行测量和评价，并对偏差进行纠正的过程
创新	管理者成功的关键在于创新，它包括目标创新、技术创新、制度创新、组织机构和结构创新以及环境创新

1. 决策与计划职能

决策与计划就是制订组织要实现的目标和实现目标的方案。决策与计划职能是管理过程中的首要职能，重点回答了一个组织要“做什么”的基本问题，管理活动是从决策与计划开始的。决策是计划和修正计划的前提，而计划又是实施决策的保证，计划与决策密不可分。说到底，计划是为决策服务的，是实现决策的工具和保证。

2. 组织职能

计划的实施需要依靠他人的合作，组织工作就是在合作中产生的。组织职能是管理过程中的根本职能，重点回答了一个组织要“靠什么做”的基本问题，它是其他一切管理活动的保证和依托。

一般而言，组织职能是根据工作的要求与人员的特点，设计岗位，通过授权和分工，将适当的人员安排在适当的岗位上，用制度规定各个成员的职责和上下左右的相互关系，形成一个有机的组织结构，使整个组织协调地运转。

3. 领导职能

计划与组织工作做好了，也不一定能保证组织目标的实现，因为配备在组织机构各个岗位上的人员在个人目标、需求、偏好、个性、素质、工作职责和掌握信息等方面存在很大的差异，在相互合作中必然会产生各种矛盾和冲突。因此，必须由领导者进行领导，指导人们的行为，通过沟通增进人们的相互理解，统一人们的认识和行动，激励每个成员自觉为实现组织目标而共同努力。

领导职能是管理过程中的“活的灵魂”，重点回答了一个组织“怎么做”的基本问题。它是管理活动的核心环节，担负领导职能的人都要做人的工作、重视工作中人的因素的作用。

4. 控制职能

人们在执行计划的过程中，受到各种因素的干扰，实践活动常常偏离原来的计划。为了保证目标及为此而制订的计划得以实现，就需要控制职能。控制的实质就是使实践活动符合计划，计划就是控制的标准，控制的目的是保证计划能顺利实现。控制重点回答了一个组织“做得怎么样”的基本问题，它促使组织的活动按照计划的要求展开。

对于各项管理活动、各个管理对象都要进行控制。没有控制就没有管理。有的管理者认为有了良好的组织和领导，目标和计划自然就会实现。实际上，无论什么人，如果你对他放纵不管，只是给他下达计划、布置任务、给他职权、给他奖励而不对他的工作实绩进行严格的检查、监督，发现问题不采取有效的纠正措施，听之任之，那么这个人迟早将会成为组织的累赘，甚至会把他完全毁掉。所以，控制与信任并不对立。

5. 创新职能

近几十年来，由于科学技术的迅猛发展，社会经济活动空前活跃，市场需求瞬息万变，社会关系也日益复杂，每位管理者每天都会遇到新情况、新问题。我们如果因循守旧、墨守成规，就无法应对新形势的挑战，也就无法完成肩负的重任。组织为适应系统内外变化而进行的局部和全局的调整，便是管理的创新职能。

现在已经到了不创新就无法维持现状的地步。管理者成功的关键就在于创新。要干好任何一项事业，大到国家的改革，小到办实业、办学校、办医院，或者推销一种产品，都要敢于走新的路，开辟新的天地。所以，创新自然地成为管理过程不可或缺的重要职能。

（二）管理职能循环

一般而言，管理的上述五种职能是按照顺序履行的，即一项管理工作从决策与计划开始，决策和计划（目标）是其他管理职能的依据，经过组织、领导，到控制结束，创新在管理循环中处于轴心的地位，它在其他管理职能创新所取得的效果中表现自身的存在与价值，如图 1-1 所示。但是，在实际管理活动中，这种顺序也不是绝对的，五大职能总是相互融合、互相交叉。管理是一个各职能活动周而复始、不断反馈的循环过程。

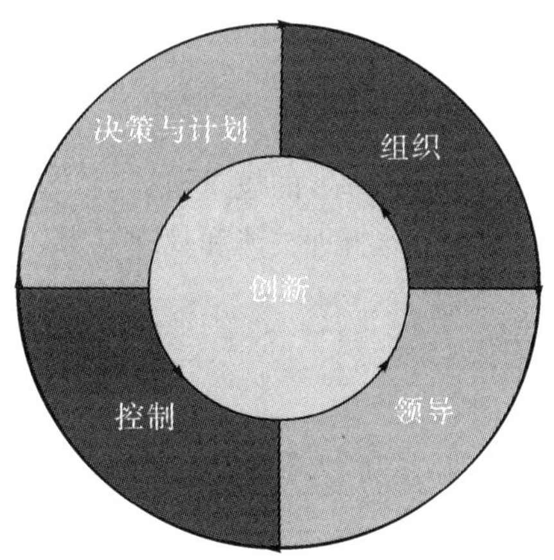

图 1-1　管理的职能循环

任务二 认识管理者

[导入案例]

丙吉问牛

西汉时期，丞相丙吉十分关心百姓的疾苦，经常外出考察民情。有一天，丙吉到长安城外视察民情，走到半路上就遇到有人拦轿喊冤，查问之下原来是有人打架斗殴，家属来告状。丙吉回答说："不要理会，绕道而行。"走了没多远，随从发现有一头牛躺在路上直喘气，丙吉下轿围着牛看了很久，问了很多问题。人们议论纷纷，说这个丞相不称职，对打架斗殴的人不管不问，对一头生病的牛却那么关心。

皇帝听到传言之后就问丙吉为什么这样做，丙吉回答说："这很简单，打架斗殴是地方官员该管的事，如果他渎职不办，再由我来查办他，我绕道而行没有错。丞相管天下大事，现在天气还不热，牛就躺在地上直喘气，我怀疑今年天时不利，可能有瘟疫出现。要是瘟疫流行，我没有及时察觉就是我的失职。所以，我必须弄清楚这头牛生病的原因。"一番话说得皇帝连连称赞。

管理启示：管理者应该清楚自己所处的层级，明白自己的职责，既要有所为，又要有所不为。

（案例选自《汉书·丙吉传》，有改动）

通过完成本项任务，我们要了解管理者的概念与类型，熟悉管理者的职责与角色，理解管理者的技能与素质，从而逐步培养管理技能和管理能力。

一、管理者的概念与类型

（一）管理者的概念

管理者是指在组织中从事管理活动的人员，即在组织中从事计划、组织、领导和控制等工作，以期实现组织目标的人员。

现代观点认为，管理者的首要标志是对组织目标负有责任。只要是共同承担职能责任、对组织的成果有贡献的人就可以成为管理者。此外，除了指挥和协调别人完成工作以外，管理者自身也可能承担某项具体工作。

管理者在不同的组织中有不同的称呼：在工商企业，管理者可以称为经理、厂长或总裁、首席执行官等；在学校，管理者可以称为校长、教务主任等；在政府部门，管理者分为部长、厅（局）长、处长、科长等不同层级；在军队系统，管理者分为司令员、军长、师长、团长、连长等不同层级；在医院，管理者主要是院长、科主任等。

（二）管理者的类型

组织中从事管理工作的人可能有很多，不同的管理者处于不同的管理岗位上，侧重不同的管理活动，表现出不同的管理风格。根据不同的划分标准，管理者的类型有以下几种：

1. 按组织中所处层级的不同分类

根据在组织中所处层级的不同，管理者可以划分为高层管理者、中层管理者和基层管理者，如表 1-3 所示。

表 1-3　管理者按组织中所处层级的不同分类

管理者类型	概念解释	主要职责
高层管理者	一个组织的高级执行者，对整个组织的管理工作负有全面的责任，关注长期问题并侧重组织的生存、成长和总体有效性，还将组织与外部环境联系起来	制定组织的总体目标和战略，把握组织的发展方向，调配组织的资源，并负责整个组织的绩效
中层管理者	位于高层管理者和基层管理者之间，负责将高层管理者制定的总目标和计划转化为更加具体的目标和活动	贯彻执行高层管理者所制定的重大决策，监督和协调基层管理者的工作
基层管理者	又称运作管理者或一线管理者，是监督组织运作的人员，直接面对组织内部非管理性质的员工，实施中层管理者制订的具体计划	给下属作业人员分派具体的工作任务，直接指挥和监督现场作业活动，保证各项任务的有效完成

2. 按所从事工作领域的不同分类

根据所从事工作领域的不同，管理者可以划分为综合管理者和专业管理者，如表 1-4 所示。

表 1-4　管理者按所从事工作领域的不同分类

管理者类型	概念解释
综合管理者	是指负责管理整个组织或组织中某个事业部全部活动的管理者
专业管理者	又称职能管理者，是指仅负责管理某一类活动（或职能）的管理者

总经理、每个产品或地区分部的经理等，都属于综合管理者。

根据所管理专业领域的性质的不同，专业管理者又可以划分为生产部门管理者、营销部门管理者、人事部门管理者、财务部门管理者、研究开发部门管理者等。

3. 按职责任务的不同分类

根据职责任务的不同，管理者可以划分为直线管理人员和参谋人员，如表 1-5 所示。

表 1-5 管理者按职责任务的不同分类

管理者类型	概念解释	主要职责
直线管理人员	是指在组织的各层次中拥有决策指挥权的管理者	负责组织内部各层次的管理任务，拥有直接调动下级人员、安排各种资源的权力
参谋人员	为各级决策指挥者提供参谋的智囊人员，一般也被认为是管理者	收集、管理和提供与决策相关的各种信息，为决策指挥者提供合理的建议和方案

二、管理者的角色

20 世纪 70 年代，加拿大的管理学家亨利·明茨伯格研究总结了管理者扮演的十种不尽相同却高度相关的角色。这十种角色可以进一步分为三个方面，即人际关系角色、信息传递角色和决策制定角色。管理者的角色如图 1-2 所示。

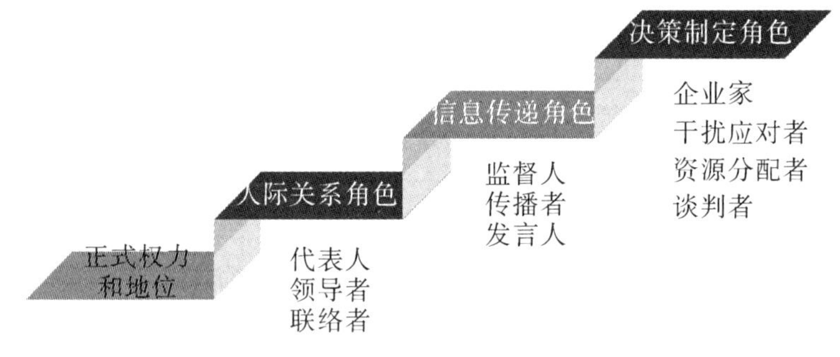

图 1-2 管理者的角色

（一）人际关系角色

所有管理者都要履行礼仪性和象征性的义务，这就是管理者的人际关系角色。人际关系角色包括三种，它们均源于管理者的正式权威和地位，如表 1-6 所示。

表 1-6 管理者的人际关系角色

角色	具体描述
代表人	代表人是管理者所担任的最基本的角色。由于管理者是一个组织的权威人物和象征，因此必须行使一些具有礼仪性质的职责。例如，管理者必须出席一些法律性和社交性的活动仪式，代表公司签署法律文件、合同或为公司剪彩、致辞等
领导者	由于管理者对所在组织的成败负有重要的责任，因此必须在组织中扮演领导者的角色，承担激励和动员下属、配备组织人员、组织培训和交往等职责

表1-6(续)

角色	具体描述
联络者	管理者不仅要协调组织内部各个部门之间的关系，还要协调组织与外部（供应商、顾客等）之间的关系，因此必须在组织中扮演联络者的角色。联络者的作用有两点：一是有利于管理者建立自己的外部信息系统，及时获取对组织有用的信息；二是有利于管理者为自己的组织开发人际关系资源

（二）信息传递角色

所有管理者在某种程度上都会从组织内部和外部组织接受和收集信息并进行信息传递，或者对外发布信息，这就是管理者的信息传递角色。信息传递角色包括三种，如表1-7所示。

表1-7　管理者的信息传递角色

角色	具体描述
监督人	监督人是管理者必须扮演的第一种信息传递角色，具体职责是透彻了解外部环境和组织内部的经营状况，并寻求和获取各种对组织有用的信息。具体表现为管理者需要经常阅读各种网络信息、报纸杂志、政府工作报告和财务报表等，并与有关人员保持接触
传播者	作为传播者，管理者的主要职责就是将其作为监听者所获取的大量信息分配出去，把重要信息传递给组织内部成员，必要时也需隐藏一些特定信息
发言人	发言人是管理者所需扮演的最后一种信息传递角色，具体职责是把组织信息（如组织的计划、政策、成果等）传递给组织之外的人或机构，使其了解组织的发展状况。例如，管理者可能要向媒体发布信息、向董事会和股东说明财务信息和战略方向、对外界进行演讲等

（三）决策制定角色

管理者需要处理信息并得出结论，继而制定组织的决策，这就是管理者的决策制定角色。决策制定角色包括四种，如表1-8所示。

表1-8　管理者的决策制定角色

角色	具体描述
企业家	作为企业家，管理者要充当企业变革的发起者和设计者，积极探寻新机会并进行投资，制订战略与持续改善的方案，监督决策的执行过程，不断开发新项目、新产品、新服务
干扰应对者	组织在运行的过程中，总是会或多或少地遇到一些冲突或问题，这就要求管理者必须善于处理矛盾和冲突。当组织面临重大或意外危机时，管理者必须负责开展危机公关并采取相应的补救措施，及时消除混乱
资源分配者	作为资源分配者，管理者分配组织的各种资源，并决定如何使其发挥最大作用。这些资源包括但不限于人力、时间、信息、财力和其他物质资源等
谈判者	作为谈判者，管理者需要在谈判项目中作为组织的代表进行谈判，调停组织内部员工之间、组织外部竞争者之间的关系。管理者的谈判对象主要包括员工、供应商、客户等

在任何情况下，人际关系、信息传递和决策制定三类角色既各有侧重，又密不可分地与管理者融为一体，它们共同要求管理者既应是全面负责组织活动的通才又应是承担一系列专业化工作的专家。

［管理思考］

张玲是一家造纸厂的厂长，这家工厂正面临一项指控：厂里排放的废水污染了邻近的河流。因此，张玲必须到当地的管理局去为本厂申辩。

李刚负责厂里的生产管理，他刚接到通知：昨天向本厂提供包装纸板箱的供应商遭遇了火灾，至少在1个月内无法供货。本厂的包装车间不知该如何应对，李刚负责解决这个问题。

罗兰主要负责文字处理和办公室工作，办公室的两个职工为争抢一张办公桌发生了纠纷，这件事情要由罗兰去处理。

思考：在上述案例中，张玲、李刚、罗兰这三人都是管理者。请问，他们三人分别扮演了管理者的什么角色？

三、管理者的技能与素质

（一）管理者的技能

管理技能能够帮助管理者做好管理工作。管理者应当扮演人际关系、信息传递和决策制定三类角色。相应地，管理者也应具备概念技能和人际技能。此外，由于任何一个组织都有其专门的服务领域，因此作为管理者还应具备一定的技术技能。

1. 技术技能

技术技能是指管理者使用某一专业领域内的工作程序、技术和知识去完成组织任务的能力，包括专业知识、经验、技术、技巧、程序、方法，以及运用工具的熟练程度等。技术技能具体可见，且可以通过学校教育或在职培训习得。

2. 人际技能

人际技能是指成功地与别人打交道并与别人沟通的能力。人际技能包括对下属的领导能力和处理组织内外部各有关部门、有关人员之间关系的能力。管理者特别要注意提高自己与他人共同合作的能力，处理好与同事的关系。管理者作为组织中的一员，其工作能力首先表现在处理人际关系的能力上。

3. 概念技能

概念技能是指把观点设想出来并加以处理以及将关系抽象化的精神能力。具有概念技能的管理者往往把组织视作一个整体，并且了解组织各个部分的相互关系。具有概念技能的管理者能够准确地把握工作单位之间、个人之间以及工作单位和个人之间的相互关系，深刻地了解组织中任何行动的后果，以及正确行使五种管理职能。很强的概念技能为管理者识别问题的存在、拟订可供选择的解决方案、挑选最好的方案并付诸实施提供了便利。

从字面上来理解，概念技能是指管理者提出新想法（包括战略、目标、计划、构想、理念、思想等）并加以实施的能力，其本质是一种创新能力。

［**管理案例**］

“一国两制”的伟大构想和理论升华

香港回归祖国，要解决极其复杂的问题，且中英之间分歧巨大，回归谈判异常艰难。我们党和国家的卓越领导人、改革开放的总设计师邓小平统揽全局，审时度势，创造性地提出“一国两制”的伟大构想，化解了所面对的各种难题与障碍，保证香港按时回归与平稳过渡。这堪称领导者“概念技能”的光辉范例。

随着香港回归20多年的实践，中央进一步明确：以实际行动贯彻“一国两制”方针，必须落实“爱国者治港”。这实现了决策与管理环境的动态适应。

（案例来源：单凤儒. 管理学基础［M］. 北京：高等教育出版社，2021. 有改动）

请思考：2012年以来，我国提出过哪些新的战略、目标、构想或理念？

管理者的三种技能是各个层级的管理者都需要具备的，只是不同层级的管理者对这三种技能的要求程度会有所不同（见图1-3）。

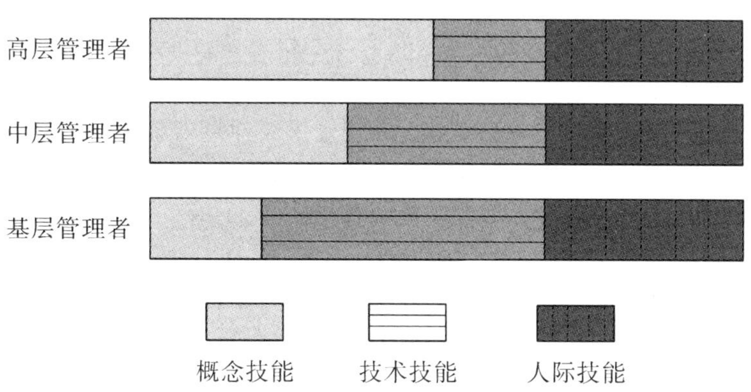

图1-3　不同管理层级的管理者对管理技能的要求

一般而言，对基层管理者来说，技术技能是最为重要的，人际技能也十分有用，概念技能却没有那么重要；对中层管理者来说，技术技能的要求下降，概念技能的要求上升，人际技能依然很重要；对高层管理者来说，概念技能最为重要，人际技能次之，技术技能的要求相对较低。

（二）管理者的素质

管理者应具备的基本素质主要包括品德、知识、能力、身体、心理五个方面（见表1-9）。

表 1-9　管理者的基本素质

基本素质	具体要求
品德素质	品德是推动个人行为的主观力量，决定着个人的工作意愿和努力程度。管理者应具备的品德素质主要是指良好的思想品质和崇高的道德修养，具体包括：强烈的事业心和高度的责任感；公道正派，与人为善；谦虚谨慎，作风民主；以身作则，清正廉洁
知识素质	知识是提高管理者水平的基础和源泉。一般来说，管理者应掌握的知识包括：自然科学知识，政治、法律知识，人文、社科知识，科学技术知识，专业知识等
能力素质	能力是管理者把管理理论和业务知识应用于实践，进行具体管理并解决实际问题的本领。一方面，管理者应具备一定的业务素质，掌握管理的知识与技能；另一方面，管理者应具备将理论转化为实践、完成实际工作的能力素质
身体素质	管理活动既是一种脑力劳动，又是一种体力劳动，因此管理者必须身体健康、精力充沛，这是做好管理工作的重要条件。管理者应注意劳逸结合，锻炼身体，注意预防各种疾病
心理素质	心理素质是指一个人的心理和个性方面表现出来的持久而稳定的基本特点。管理者应具备乐观的心态、坚强的意志和宽广的胸怀

[**管理素养**]

弘扬企业家精神

2020 年 7 月 21 日，中共中央总书记、国家主席、中央军委主席习近平在京主持召开企业家座谈会并发表重要讲话。习近平总书记针对如何弘扬企业家精神，在爱国、创新、诚信、社会责任和国际视野等方面明确提出希望，为我们深刻把握新时代企业家精神的内涵提供了科学遵循，也为我们大力弘扬新时代企业家精神提供了理论指引。

习近平总书记指出，改革开放以来，一大批有胆识、勇创新的企业家茁壮成长，形成了具有鲜明时代特征、民族特色、世界水准的中国企业家队伍。企业家要带领企业战胜当前的困难，走向更辉煌的未来，就要在爱国、创新、诚信、社会责任和国际视野等方面不断提升自己，努力成为新时代构建新发展格局、建立现代化经济体系、推动高质量发展的生力军。

同时，习近平总书记还对企业家提出了五点希望：

第一，希望企业家增强爱国情怀。优秀企业家必须对国家、对民族怀有崇高使命感和强烈责任感，把企业发展同国家繁荣、民族兴盛、人民幸福紧密结合在一起，主动为国担当、为国分忧，正所谓“利于国者爱之，害于国者恶之”。企业家爱国有多种实现形式，但首先是办好一流企业，带领企业奋力拼搏、力争一流，实现质量更好、效益更高、竞争力更强、影响力更大的发展。

第二，希望企业家勇于创新。创新是引领发展的第一动力。“富有之谓大业，日新之谓盛德。”企业家创新活动是推动企业创新发展的关键。改革开放以来，我国经济发展取得举世瞩目的成就，这是同广大企业家大力弘扬创新精神分不开的。创新就要敢于承担风险。敢为天下先是战胜风险挑战、实现高质量发展特别需要弘扬的品质。企业家要做创新发展的探索者、组织者、引领者，勇于推动生产组织创新、技术创新、市场创新，重视技术研发和人力资本投入，有效调动员工的创造力，努力把企业打造成为强大的创新主体。

第三，希望企业家诚信守法。“诚者，天之道也；思诚者，人之道也。”人无信不立，企业和企业家更是如此。社会主义市场经济是信用经济、法治经济。企业家要同方方面面打交道，调动人、财、物等各种资源，没有诚信寸步难行。法治意识、契约精神、守约观念是现代经济活动的重要意识规范，也是信用经济、法治经济的重要要求。企业家要做诚信守法的表率，带动全社会道德素质和文明程度提升。

第四，希望企业家承担社会责任。企业既有经济责任、法律责任，也有社会责任、道德责任。任何企业存在于社会之中，都是社会的企业。社会是企业家施展才华的舞台。只有真诚回报社会、切实履行社会责任的企业家，才能真正得到社会认可，才是符合时代要求的企业家。

第五，希望企业家拓展国际视野。有多大的视野，就有多大的胸怀。企业家要立足中国，放眼世界，提高把握国际市场动向和需求特点的能力，提高把握国际规则的能力，提高国际市场开拓的能力，提高防范国际市场风险的能力，带动企业在更高水平的对外开放中实现更好发展，促进国内国际双循环。

思考与感悟：

1. 习近平总书记对企业家提出的五点希望对你有哪些启发？

2. 一个优秀的中国企业家应该具备哪些品德和才能？

3. 作为企业家或企业的管理者和领导者，应如何处理好个人、企业、国家、社会四个方面的关系？

（资料来源：节选《人民日报》2020 年 7 月 21 日《习近平在企业家座谈会上的讲话》）

格力人的大局意识

2019 年，一场突如其来的新冠病毒感染袭击全球。以“让世界爱上中国造”为使命的格力人不辱使命，在董明珠的带领下，不惧安危，不计成本，跨界生产，为抗击新冠做出重大贡献。

2020 年 1 月 27 日，格力迅速组建了一支 200 多人的空调抢装“先锋队”，冒着生命危险，助力武汉火神山医院建设；在得知口罩、护目镜、防护服等物资告急时，正处于停工停产状态的格力，紧急召回研发骨干，“跨界”组建珠海格健医疗科技有限公司，董明珠坚定地表示：“格力之前没有做过口罩生产设备，开发新设备需要经费投入，但这是一种社会责任。国家需要，我们就造!”经研发人员夜以继日的奋战，仅花了 16 天就生产出了口罩机；紧接着用十几天的时间开发出了 66 副体温枪模具；研发团队从大年初二起加班加点攻克病毒消杀技术难点，经过55天艰苦奋战，成功研发出了能杀灭新型冠状病毒的“猎手”系列空气净化器；2020年，在新冠的冲击下，许多企业缩编减员，而格力的应届大学生招收计划不缩反扩，有近5 000名大学生在这个“史上最难就业季”步入格力这片制造业热土。

毛泽东同志指出：因为懂得了全局性的东西，就更会使用局部性的东西，因为局部是隶属于全局的。邓小平同志也说过，有些事从局部看可行，从大局看不可行；有些事从局部看不可行，从大局看可行。归根到底要顾全大局。习近平同志进一步强调，必须牢固树立高度自觉的大局意识，自觉从大局看问题，把工作放到大局中思考、定位、摆布，做到正确认识大局、自觉服从大局、坚决维护大局。即“识大势，谋全局，干实事”。

“不谋万世者不足谋一时，不谋全局者不足谋一域。”无论是统御全局的高层战略管理者，还是负责小单位、小部门的基层管理者，都要树立大局意识，将所从事的工作“放到大局中思考、定位、摆布”。

思考与践行：作为管理者，一定要注重大局意识的培养，善于“识大势”，就是认清规律、趋势、潮流，顺势而上；“谋大局”，就是从人民的根本利益出发，服从服务国家大局；“干实事”，就是放眼世界，脚踏实地，真抓实干，注重实效。这是任何组织、任何层次的管理者都应培养的政治立场与领导艺术，概莫能外。

（资料来源：单凤儒. 管理学基础［M］. 7版. 北京：高等教育出版社，2021. 有改动）

项目小结

管理活动作为人类最重要的一项活动广泛存在于现实生活之中，所谓“时时处处有管理”。本项目介绍了管理的概念与性质、管理的五大职能、管理者的概念与类型、管理者的角色、管理者的技能与素质。

同步训练

一、基础知识练习

（一）单选题

1. 管理的主体是（　　）。

A. 人　　B. 组织　　C. 管理者　　D. 管理机构

2. 管理是一种艺术，是强调管理的（　　）。

A. 精确性　　B. 延续性　　C. 随意性　　D. 实践性

3. 管理的两重性是指管理具有社会性和（　　）。

A. 社会属性　　B. 艺术性　　C. 自然属性　　D. 科学性

4. 对于一线管理者来说，（　　）更为重要。

A. 人际技能　　B. 概念技能　　C. 行政技能　　D. 技术技能

5. 对于高层管理者来说，（　　）更为重要。

A. 人际技能　　B. 技术技能　　C. 概念技能　　D. 行政技能

6. 认为管理就是计划、组织、领导、控制的过程，是强调管理的（　　）。

A. 核心环节　　B. 对人的管理　　C. 作业过程　　D. 本质

7. 认为管理就是决策，是强调管理的（　　）。

A. 本质　　B. 对人的管理　　C. 作业环节　　D. 核心环节

8. 认为管理就是协调活动，是强调管理的（　　）。

A. 对人的管理　　B. 本质　　C. 作业环节　　D. 核心环节

9. 存在于社会组织内部与外部的影响管理实施和管理功效的各种力量、条件和因素的综合称为（　　）。

A. 管理要素　　B. 管理对象　　C. 管理客体　　D. 管理环境

10. 管理的目的是（　　）。

A. 有效实现目标　　B. 提高经济效益　　C. 提高劳动效率　　D. 协调人际关系

（二）判断题

1. 管理是一门艺术，是指主管人员在管理实践中，既要运用管理知识，又要发挥创造性，采取适宜措施，高效地实现目标。（　　）

2. 管理层分为三个层次，拥有的权利范围最大，担任的职务最高的管理人员是中层主管人员。（　　）

3. 有效的管理理论与方法只有通过实践，才能带来实效。（　　）

4. 管理环境中，对于企业来讲，产业环境是外部环境。（　　）

5、组织资源包括人员、资金、物资设备、时间和信息五大资源。（　　）

6. 参谋人员的主要职责是决策和指挥。（　　）

7. 高层管理者要求具备更多的概念技能，基层管理者需要具备更多的技术技能，中层管理者则要求具备更多的人际技能。 （ ）

8. 作为高层领导者，一定是技术高手，否则在工人当中没有威信。 （ ）

9. “光看菜谱做不出一手好菜”，这一说法表明管理需要实践。 （ ）

10. 管理系统具有五个要素，即管理目标、管理对象、管理主体、管理媒介和管理环境。 （ ）

（三）简答题

1. 管理的内涵是什么？
2. 管理有哪些职能？
3. 如何理解管理的科学性与艺术性？
4. 管理者的技能包括哪些？
5. 管理者应该具备哪些素质？

二、案例分析

升任公司总裁后的思考

郭宁最近被供职的生产机电产品的公司聘为总裁。在准备接任此职位的前一天晚上，他浮想联翩，回忆起自己在该公司工作20多年的经历。

郭宁在大学学的是工业管理，毕业后就到该公司工作，最初担任液压装配部的助理监督。当时，他对液压装配所知甚少，在管理工作上也没有实际经验，几乎每天都是手忙脚乱。但由于郭宁非常认真好学，加上监督长对他的指点，经过半年多的时间，郭宁便掌握了每一日的作业管理情况，能够独自承担液压装配的监督工作了。

后来，因为表现出色，郭宁被提升为装配部经理，负责包括液压装配部在内的四个装配单位的领导工作。在担任装配部经理时，他发现自己除了要关心当天的装配工作情况之外，还得做出此后数周乃至数月的工作计划，同时要参加很多会议、完成很多报告。此时，他没有过多的时间从事他过去喜欢的技术工作，而是要腾出更多的时间用于规划工作和帮助下属，使下属的工作做得更好，也使自己有更多的时间去参加会议、批阅报告，并完成向上级的工作汇报。

在他担任装配部经理六年之后，正好该公司负责规划工作的副总裁辞职，郭宁便主动申请担任此职务。他自信拥有担任新职务的能力，但由于此高级职务工作极其复杂，他在刚接任时遇到了不少麻烦。不过，他还是渐渐适应了，做出成绩之后，被提升为负责生产工作的副总裁，而这一职务往往是由公司最资深的人来担任的。

现在，郭宁又被提升为总裁。他深知公司最高主管应该具备处理任何情况的能力，但他也明白自己尚未达到那样的水平。因此，他不禁为以后的工作而担忧。

【思考题】

1. 郭宁当上总裁后，其主要职责与过去相比有了哪些变化？
2. 要想胜任公司总裁的工作，郭宁必须具备哪些管理技能？

项目实训——管理就在你身边

一、实训目标

1. 增强学生的管理意识。

2. 让学生学会用管理的理念、知识去分析实际的管理问题。

3. 使同学们体会到，管理就在你的身边，管理无处不在、无时不有。

二、实训内容

找出一两件你亲身经历的好的或差的管理实例，并进行分析评价。

三、实训要求

1. 每个同学找出一件你认为不好和好的管理实例各一件，必须是你亲自见到的或参与的事件，并进行总结和分析。

2. 对你认为管理不好的实例，说出问题所在，找出原因，并提出改进办法。

3. 对于你认为好的管理实例，总结出好的经验。

4. 通过对两个实例的分析，谈谈你对管理学的认识。

四、成果与评价

1. 每位同学写出一篇分析报告。

2. 找出几位分析报告写得较好的同学在班上进行交流。

3. 教师进行点评、总结、打分。

项目二　管理思想的演进

项目导读

随着管理活动经验的积累，人们逐渐形成了一些对于管理实践的认识和见解，即管理思想；通过进一步的总结提炼，逐渐把握其中的规律和本质，最终归纳出了属于管理活动的一般性原理知识体系，即管理理论。这些管理思想和理论对管理实践活动起着指导和促进作用，使管理活动变得更有效率。

本项目主要介绍管理学的重要思想和理论，内容包括早期管理思想、古典管理理论、行为科学理论和现代管理流派等。

学习目标

知识目标

1. 了解早期管理思想，掌握古典理论与人际关系理论的主要贡献；
2. 掌握系统理论、权变理论的主要观点和最新管理趋势；
3. 了解企业文化的构成与功能，掌握企业文化建设的内容。

能力目标

1. 能够应用管理理论分析与处理实际管理问题；
2. 能够进行企业文化分析与设计。

素养目标

1. 学会用辩证唯物主义的思维方式去理解、扬弃西方各种管理理论和观点；
2. 培养遵循管理活动的客观规律去思考管理问题的自觉性。

任务一 了解早期管理思想和古典管理理论

［导入案例］

亨利·福特用科学管理思想打造汽车帝国

纵观福特汽车公司的成长史，人们不得不感慨亨利·福特把泰勒的科学管理思想发挥到了极致。整个福特汽车公司的大规模化生产就是科学管理思想的演示。

福特工厂的技术人员吸收了泰勒数年前在美国钢铁业提出的流水线生产理论，创造了新的汽车生产方式。他们将制造各种部件的每一机械操作细分化、标准化、制度化、规模化。在这些原则下，连续化、专业化的设想，渐渐从部件供应线的应用转向最后的车体组装，创造出极高的劳动生产率。1925 年 10 月，福特汽车公司 1 天就造出 9 109 辆汽车，平均每 10 秒钟 1 辆，在全世界同行业中遥遥领先。福特首创的大规模装配线生产方式和管理方法，不仅为今天高度发达的工业生产奠定了基础，并且加快了工业建设的速度。

福特公司实施的“5 美元工作日”，可谓效果极其显著，具有划时代的意义。“5 美元工作日”几乎引起了一场全美范围内的大迁徙。尽管当时公司宣布只需要 4 000 名新工人，可一下吸引来了 15 000 多人，公司从中吸收了劳动力精华，可谓映衬了泰勒的“挑选第一流工人”原则。福特的工资制像是一块磁石，它吸引数以千计的新工人源源不断地涌入底特律市，“厂内没有一句反抗之言。因为人人都明白，任何不服从指挥的人都会被逐出大门，而无条件地迅速服从则有利可图”。不到一年时间里，新工资制度不仅没有使福特公司赔本，反而成为“摇钱树”。因此，工人的潜能得以被最大限度地挖掘，劳动生产率迅速提高，福特在同行业中遥遥领先，利润猛增，自然成为市场竞争中的龙头老大。

【思考题】

1. 泰勒的科学管理思想是什么？它包括哪些方面内容？

2. 福特汽车公司的成长史给我们带来的管理启示是什么？

［案例选自：李艳. 亨利·福特美国汽车大王［J］. 中国商界，2017（5）：114-117.］

管理自古有之，有人类活动，就有管理。在人类漫长的发展时期，人类积累了大量的管理实践经验，并创造了一些宝贵的管理思想，但长时间未能形成系统的管理思想。直至 19 世纪末 20 世纪初，随着科技和生产力的飞速发展，出现了科学管理，标志着人类系统的管理理论的诞生。在这之后的 100 多年时间，管理理论以极快的速度得到发展。

管理理论的发展历程大致经历了经验管理与管理理论萌芽、古典管理理论、现代管理理论和现代管理理论阶段。

一、早期管理思想

人类的管理活动有着悠久的历史，包含许多光辉的管理思想。古代中国的诸子百家思想便衍生了一系列早期的管理理念，其中以兵家的管理思想最具代表性；西方早期的管理思想萌芽于18世纪下半叶，代表人物主要有亚当·斯密、罗伯特·欧文等。

（一）中国传统的管理思想

1. 兵家学派中的管理思想

我国古代兵家学派的代表人物主要有两位：一是春秋末年的军事家孙武，著有《孙子兵法》；二是战国时期的军事家孙膑，著有《孙膑兵法》。

（1）《孙子兵法》中的管理思想。

《孙子兵法》是世界上最早的一部完整、系统的古典军事理论著作，被誉为“兵学圣典”，作者是春秋末年的孙武。该书中包含了许多沿用至今的管理思想，被西方管理者视为企业商战和管理商战的法宝。

（2）《孙膑兵法》中的管理思想。

孙膑很重视激励问题，他在《孙膑兵法》中明确指出：“不信于赏，百姓弗德。不敢去不善，百姓弗畏。”这句话强调对好人好事要奖赏，对坏人坏事要惩罚。另外，孙膑还将“激气”（使士兵有士气）、“利气”（使士兵有锐气）、“断气”（使士兵果断）、“延气”（使士兵能够持续作战）、“厉气”（使士兵有斗志）等列为合军聚众、克敌制胜的要务。这些观点，对于管理中激励、惩罚思想的形成大有裨益。

2. 儒家学派中的管理思想

儒家思想在春秋时期形成，之后发展成为我国封建社会时期的正统思想，代表人物主要有孔子、孟子等。

（1）孔子的管理思想。

孔子的核心思想是礼治。他主张“为国以礼”，“礼”即是通常所说的社会行为规范与道德规范；“为国以礼”的意思是要治理好国家，要教导人们学会相互谦让、和睦相处、重视情谊、讲究仁义。由此可见，孔子的思想已经具备运用教育手段进行管理的理念，这种理念后来被许多大型企业应用于人力资源的管理与开发中。

（2）孟子的管理思想。

孟子的核心思想是仁政。他主张君主在治理国家时，一是要布施仁政，推行富民政策以感化民众；二是“性善论”，强调要加强对民众的教化，挖掘人们善良的本性。这表明，孟子在探索治理国家的方法时已经开始关注人，他的管理思想与坚持以人为本的现代行为管理学派的理论不谋而合。

3. 道家学派中的管理思想

道家学派由春秋时期的老子所创，其思想涉及管理的原则、方法、策略及管理者的修养等方面，其中“无为而治”是其思想体系的核心，其代表著作是《道德经》。

老子主张“有无相生”，但以“无为”为主，提出“道常无为而无不为，侯王若能守之，万物将自化”。他这种“无为而治”的观点，蕴含了“辨证论治”的管理思想，即要求企业管理者在分析研究经营管理的问题时，应善于由表及里，找到产生问题的根源及解决问题的规律。此外，老子还提出“善于用人，对人态度谦虚”的管理用人之道。

（二）西方早期的管理思想

18 世纪中叶，西方国家开始进行工业革命。工业革命始于蒸汽机的发明和使用，最终引起动力革命，劳动生产效率随之迅速提高。由于生产过程专业化程度提高，分工与协作显得更为必要，工厂手工业开始向机器大工业演变，管理问题日益突出。为了解决工业革命所带来的一系列管理难题，部分学者分别从各自研究的学科出发，对管理进行了一些理论研究。其中，对后期管理思想有较大影响的人物有亚当·斯密、查尔斯·巴贝奇、罗伯特·欧文。

1. 亚当·斯密

亚当·斯密 1723 年 6 月 5 日出生在苏格兰法夫郡（Fife County）的寇克卡迪（Kirkcaldy），英国经济学家、哲学家、作家，是经济学的主要创立者之一。

亚当·斯密强调自由市场、自由贸易以及劳动分工，被誉为“古典经济学之父”“现代经济学之父”。1776 年，当时正值英国的工场手工业开始向机器工业过渡时期，他出版了《国民财富的性质和原因研究》一书，系统地阐述了劳动价值论及劳动分工理论。

亚当·斯密在研究经济现象时，提出了一个重要的论点：经济现象是基于具有利己主义目的的人们的活动而产生的。他认为，人们在经济行为中，追求的完全是私人的利益。但是，每个人的利益又被其他人的利益限制。这就迫使每个人必须顾及其他人的利益。由此，就产生了相互的共同利益，进而产生和发展了社会利益，社会利益正是以个人利益为基础的。这种认为人都会追求自己的经济利益的“经济人”观点，正是以“看不见的手”为标志的资本主义生产关系的反映。

2. 查尔斯·巴贝奇

查尔斯·巴贝奇发展了斯密的论点，提出了许多关于生产组织机构和经济学方面的带有启发性的问题。1832 年，他在《论机器和制造业的经济》一书中概述了他的思想。

这一时期的著名管理学者除了斯密和巴贝奇之外，还有英国的空想社会主义者罗伯特·欧文。欧文经过一系列试验，首先提出在工厂生产中要重视人的因素，要缩短工人的工作时间，提高工资，改善工人住宅。他的改革试验证实，重视人的作用和尊重人的地位，也可以使工厂获得更多的利润。所以，也有人认为欧文是人事管理的创始人。

上述各种管理思想是随着生产力的向前发展，适应当时的工厂制度发展的需要而产生的。但这些管理思想和方法还不系统、不全面，还不能称之为系统的理论。管理理论比较系统地建立是在 19 世纪末 20 世纪初，这个阶段所形成的管理理论被称为“古典管理理论”。

二、古典管理理论

（一）古典管理理论的产生

古典管理理论的产生与发展时期又被称为科学管理思想发展阶段，其间经历了 19 世纪末至20 世纪的三四十年代。这一时期的管理理论主要是泰罗的科学管理理论、法约尔的一般管理理论、韦伯的行政组织理论。这些管理思想的日渐成熟，是对社会化大生产发展初期管理思想较为系统的总结，标志着管理科学的建立。

（二）主要学派的观点

1. 泰罗的科学管理理论

泰罗（1856—1915），美国人，从工厂学徒干起，先后被提为工长、车间主任，直至总工程师。泰罗结合工厂的实践，致力于研究如何提高劳动效率。1911 年，他出版了《科学管理原理》一书，奠定了科学管理理论基础，标志着科学管理思想的正式形成，泰罗也因而被西方管理学界称为“科学管理之父”。泰罗的著作还有《计件工资制》和《车间管理》。泰罗的三个主要试验包括搬运生铁试验、铁砂与煤粒铲掘试验、金属切割试验。

（1）泰罗的主要思想。

泰罗的主要思想体现在以下几个方面：

①科学制定工作定额。泰罗提出，要用科学的观测分析方法对工人的劳动过程进行分析和研究，从中归纳出标准的操作方法，并在此基础上计算出工人的“合理日工作量”。

②合理用人。泰罗认为，为了提高劳动生产率，必须为工作挑选“第一流的工人”，并使工人的能力同工作相配合。主张对工人进行培训，教会他们科学的工作方法，激发他们的劳动热情。

③推行标准化管理。泰罗主张用科学的方法对工人的操作方法、使用的工具、劳动和休息的时间，以及机器设备的安排和作业环境的布置进行分析，以消除各种不合理的因素，将最好的因素结合起来，形成标准化的方法，在工作中加以推广。

④实行有差别的计件工资制。即按照工人是否完成其定额而采取不同的工资率。完成或超额完成定额就按高工资率付酬，未完成定额的则按低工资率付酬，从而激发工人的劳动积极性。

⑤管理职能和作业职能的分离。泰罗主张设立专门的管理部门，其职责是研究、计划、调查、训练、控制和指导操作者的工作。同时，管理人员也要进行专业分工，每个管理者只承担一两种管理职能。

⑥实行“例外原则”，即强调高层管理者应把例行的一般日常事务授权给下级管理者去处理，自己只保留对重要事项的决定权和监督权。这种思想对后来的分权管理体制有着积极的影响。

[**管理案例**]

UPS 的作业（最快捷的运送）

联合邮包服务公司（United Parcel Service，UPS）雇用了 15 万名员工，平均每天将 900 万个包裹发送到美国各地及其他 180 个国家或地区。为了实现他们的宗旨，即“在邮运业中办理最快捷的运送”，UPS 的管理当局系统地培训员工，使他们以尽可能高的效率从事工作。让我们以送货司机的工作为例，介绍一下他们的管理风格。

UPS 的工业工程师们对每一位司机的行驶路线都进行了时间研究，并对每种送货、暂停和取货活动都设立了标准。这些工程师记录了等红灯、通行、按门铃、穿过院子、上楼梯、中间休息喝咖啡的时间，甚至上厕所的时间，将这些数据输入计算机中，从而给出每位司机每天工作中的详细时间标准。

为了完成每天取送 130 件包裹的目标，司机们必须严格遵循工程师设定的程序。

当他们接近发送站时，他松开安全带，按喇叭，关发动机，拉起紧急制动，为送货完毕的启动离开做好准备，这一系列动作严丝合缝。

然后，司机从驾驶室来到地面上，右臂夹着文件夹，左手拿着包裹，右手拿着车钥匙。他们看一眼包裹上的地址，把它记在脑子里，然后以每秒钟 3 英尺的速度快步走到顾客的门前，先敲一下门以免浪费时间找门铃。送货完毕后，他们在回到卡车的路途中完成登录工作。

这种刻板的时间表是不是看起来有点烦琐？也许是。它真能带来高效率吗？

毫无疑问！生产率专家公认，UPS 是世界上效率最高的公司之一。例如，联邦快运公司（Federal Express）平均每人每天取送 80 件包裹，而 UPS 是 130 件。在提高效率方面的不懈努力对 UPS 的净利润增加产生了积极的影响。

思考：

（1）为什么 UPS 的这些程序今天仍然有效？

（2）如果你是司机，会按照工程师的要求做吗？说一说你的观点。

（案例来源：郑雪玲. 管理学基础［M］. 厦门：厦门大学出版社，2019.）

（2）泰罗的科学管理理论的贡献。

① 使人们认识到管理走向科学是进行有效管理的必要条件；

② 劳资双方的精神革命既是有效管理的必要心理，也是实施科学管理的核心问题。

（3）泰罗的科学管理理论的不足。

① 泰罗对工人的看法是不全面的；

② 泰罗的科学管理理论仅重视技术因素，而不重视人群的社会因素；

③ 泰罗的科学管理理论仅解决了个别具体工作的作业效率问题，而没有解决企业作为一个整体如何进行经营和管理的问题。

2. 法约尔的一般管理思想

法约尔（1841—1925），法国人，曾长期在企业中担任高级管理职务。1916 年，法约尔出版了《工业管理和一般管理》一书，提出了他的一般管理理论。法约尔对管理理论的突出贡献是：从理论上概括出了一般管理的职能、要素和原则，把管理科学提到一个新的高度，使管理科学不仅在工商业界受到重视，对其他领域也产生了重要影响。

（1）法约尔的管理思想。

法约尔的管理思想主要体现在以下三个方面：

①企业的经营活动。法约尔通过对企业经营活动的长期观察和总结，提出了企业所从事的一切活动，可以归纳为六类，即技术活动、商业活动、财务活动、安全活动、会计活动、管理活动，如表 2-1 所示。

表 2-1　企业经营的六大基本活动

企业经营活动	概念解释
技术活动	是指生产方面的系列活动，如生产、制造、加工等
商业活动	是指流通方面的系列活动，如购买、销售、交换等
财务活动	是指资金的筹集、运用和控制等方面的活动
安全活动	是指设备的维护、职工安全的保护等方面的活动
会计活动	是指清理财产、计算成本、编制资产负债表、统计各种经营数据等方面的活动
管理活动	是指计划、组织、指挥、协调和控制等方面的活动

在以上六种基本活动中，管理活动处于核心地位，即企业本身需要管理，其他五种基本活动也需要管理。而且法约尔认为，管理具有可概念化、可理论化、可传授等特点，因此应大力发展管理教育。

②管理的基本职能。法约尔在对管理活动进行了详细分析的基础上，提出了管理的五要素，即计划、组织、指挥、协调和控制。这也是现代管理中普遍接受的五项基本管理职能，如表 2-2 所示。

表 2-2　管理的五大基本职能

管理的基本职能	概念解释
计划职能	计划就是预测未来、制订行动方案。计划是管理活动的主要表现和明显标志，任何任务的完成都依赖于计划

表2-2(续)

管理的基本职能	概念解释
组织职能	组织是对企业计划执行的分工。组织一个企业就是建立企业物质的和社会的双重结构，为企业提供所有必要的原料、设备、资本、人员等
指挥职能	指挥是使组织充分发挥作用的有效领导，是一种以指挥人员对管理原则的了解为基础的艺术。指挥人员应该透彻了解下属，知道如何去指挥别人
协调职能	一方面是要结合、统一、调和所有活动和力量，使组织的一切工作配合得当，便于经营的顺利进行；另一方面是使职能机构和物资设备机构之间保持一定的比例，保证组织高效、保质、保量地完成任务
控制职能	控制就是运用各种手段，使一切活动都能按照已制订的计划和命令进行。控制的作用是可以指出工作中的缺点和错误，以便纠正错误、避免重犯

[**管理思考**] 法约尔概括的企业经营的六大基本活动与管理的五大基本职能在今天看来仍然严谨、科学，你能指出现实管理中未被其包括的活动或职能吗?

③管理的一般原则。法约尔对企业管理实践进行总结，提出了企业管理的 14 项原则，如表 2-3 所示。

表 2-3　企业管理的 14 项原则

序号	原则名称	主要内容
1	劳动分工	劳动分工是合理使用个人力量和集体力量的最好办法
2	权力与责任	权力和责任之间存在着一种因果关系
3	纪律	是一种约束，是对协定的尊重。与政治无关，它是一个组织得以生存和发展的关键
4	统一指挥	是指一个下属只应接受一个上级领导的命令
5	统一领导	凡具有同一目标的各种活动，只能在一个领导人和一个计划下进行
6	个人利益服从集体利益	一个人或一些人的利益不能置于企业利益之上
7	人员的报酬	人员的报酬是其服务的价格，应该合理，并尽量使企业同其所属人员（雇主和雇员）都满意
8	权力集中	该原则主要讨论集权和分权的问题
9	等级序列	是指从最高权力机构直至底层管理人员的职权等级序列。法约尔桥原理，是指在层级划分严格的组织中，为提高办事效率，两个分属不同系统的部门遇到只有协作才能解决的问题时，可先自行商量、自行解决，只有协商不成时才报请上级解决

表2-3(续)

序号	原则名称	主要内容
10	秩序	组织的秩序意味着在组织中的每一个人和每一种物都有一个恰当位置，包括物的秩序和人的秩序
11	公平	公平是由善意与公道产生的，公道是实现已订立的协定
12	人员的稳定	亨利·法约尔特别强调，企业管理人员的稳定尤其重要
13	首创精神	是指人们在工作中的主动性和创造性，这是组织充满生机和活力的保证
14	团结精神	全体人员的团结是企业的巨大力量。团结永远是成功的基石

法约尔桥见图2-1。

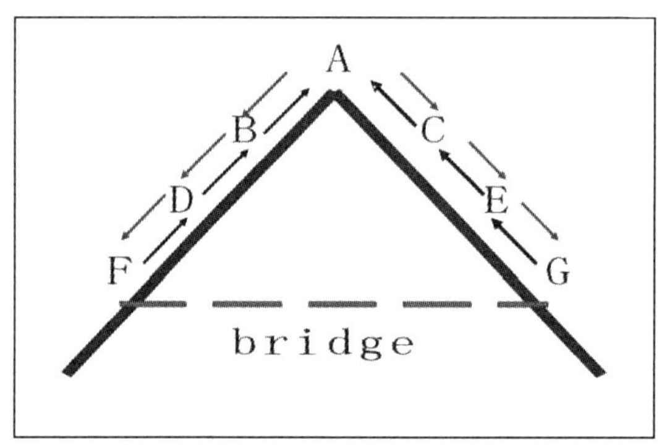

图2-1 法约尔桥

从上述14项原则来看，都围绕一个中心，即社会组织或社会机构的设计和运行问题。社会组织的框架如何设计，首先要看如何分工，因此明确劳动分工原则是设计组织结构的前提条件。把劳动分工加以具体化，就是要明确规定各个管理人员的权责范围，因此权力与责任原则又是劳动分工原则的发展和落实。等级制度、统一指挥、统一领导和权力集中等原则都是维护社会组织健康运行的必要条件。人员的报酬、公平、首创精神、团结精神等原则是保证和提高组织发展的内部动力所必需的物质条件和精神条件。总之，我们只有把这14项原则联系起来，全面贯彻下去，才能保证社会组织合理地建立和顺利地运行。法约尔还认为，这些原则并不是固定不变的，而是灵活的，在管理上没有什么绝对死板的东西，只有尺度问题。

（2）法约尔的管理思想的贡献。

① 法约尔对管理的五项基本职能的分析为管理科学提供了一套科学的理论构架；

② 法约尔的理论适用于许多领域；

③ 法约尔提出的管理原则经过多年实践证明，总体来说仍然是正确的。

（3）法约尔的管理思想的不足。

企业管理的 14 项原则过于僵硬，以致有时实际管理工作者无法遵守；忽视对“人性”的研究，仍将人视为“经济人”“机器人”；过于强调企业内部的管理，忽视外界环境对管理的影响。

3. 韦伯的行政组织理论

韦伯（1864—1920），德国著名的社会学家。韦伯对社会学、宗教学、经济学和政治学有广泛的兴趣，他出版过著作《社会和经济理论》，书中提出了理想行政组织体系理论。由此，韦伯被人们称为“组织理论之父”。韦伯理想的行政组织理论的核心是组织活动要通过职务或职位而不是通过个人或世袭地位来管理。

韦伯的管理思想主要体现在以下两个方面：

第一，权力与权威是一切社会组织形成的基础。韦伯认为，组织中存在三种纯粹形式的权力与权威：一是法定权力，是依靠组织内部各级领导职位所具有的正式权力而建立的；二是传统权力，是由古老传统的不可侵犯性和执行这种权力的人的地位的正统性形成的；三是超凡权力，是凭借对管理者个人的特殊的、神圣英雄主义或模范品德的崇拜而形成的。在这三者之中，韦伯最强调的是组织必须以法定权力作为行政组织体系的基础。

韦伯指出，任何一种组织都必须以某种形式的权力为基础才能实现组织目标。他把权力划分为三种类型，如表 2-4 所示。

表 2-4　韦伯的权力类型

权力类型	概念解释
传统权力	是指古老的、传统的、不可侵犯的权力，它通过传统惯例或世袭得来，以执行者地位的正统性为依据
超凡权力	是指建立在个人崇拜或迷信基础之上的权力
法定权力	是指依法任命并赋予行政命令的权力

韦伯认为，依据法定权力建立的组织是以行政性的形式出现的，这是现代社会中占主导地位的组织形态，也是最理想的组织形态。

第二，理想的行政组织体系的特点。

①组织的成员之间有明确的任务分工，权利、义务明确规定；

②组织内各职位，按照登记原则进行法定安排，形成自上而下的等级系统；

③组织是按照明文规定的法规、规章组成；

④组织中人员的任用，要根据职务的要求，通过正式的教育培训，经考核合格后任命，严格掌握标准；

⑤管理与资本经营分离，管理者应成为职业工作者而不是所有者；

⑥组织内人员之间的关系是工作与职位的关系，不受个人感情的影响。

任务二　认识行为科学理论

［导入案例］

赵助理的烦恼

利达公司是一家生产汽车配件的公司，前些年有过骄人的业绩。但近几年来，利达公司的盈利水平不断下降。为此，该公司上下人心浮动，企业面临严峻的考验。

一天，张经理把新来的助理小赵叫到办公室，向他简单地介绍了公司目前的经营状况，然后交给他一项特殊任务：深入调查造成本企业盈利水平下降的主要原因，并提出应对方案。

小赵系统地学习过管理理论，对古典管理理论与现代管理理论都有较深的认识。他对张经理交办的这项任务高度重视，决定应用所学的管理理论分析并解决本公司的实际问题。在确定产品研发、销售等环节都没有问题的情况下，小赵又深入车间，了解了一线的生产情况。车间里，生产线运行正常，员工们工作也比较认真，但是有些员工的积极性不高，工作节奏缓慢。车间主任抱怨道："去年每个人都涨了一级工资，现在，咱厂在本地工厂中工资已经是最高的了，可是工人的积极性一点也没有提高。"谈到严格管理的问题时，车间主任又说："其实咱厂的管理是很严格的，有不少管理规章制度。我本人也提倡严格管理，对那些迟到早退、浪费材料的工人进行处罚。可是，这些现象就是屡禁不止，生产效率就是上不去。有些工人好像在专门跟厂里作对。"

调查的结果千头万绪，小赵决定应用管理理论进行分析，并提出了有效的应对方案，以出色地完成张经理交办的任务。在小赵看来，古典管理理论和行为科学理论比较适用于公司目前的状况，但还需要进一步理顺。

【思考题】

1. 针对利达公司目前所面临的问题，你认为古典管理理论和行为科学理论哪个更为有效？

2. 请你帮助赵助理制订出解决该公司问题的对策方案。

（案例来源：单凤儒. 管理学基础实训教程［M］. 北京：高等教育出版社，2021.）

行为科学作为一种管理理论，开始于 20 世纪 20 年代末 30 年代初的霍桑试验，而真正发展是在 20 世纪 50 年代。行为科学理论的产生和发展基本上可以分为两个时期：前期以人际关系学说（人群关系学说）为主要内容，以梅奥的霍桑试验为代表；后期从 1949 年的美国芝加哥讨论会第一次提出"行为科学"这一命名开始，研究行为科学的浪潮便出现了。

一、行为科学理论的形成——人际关系学说

（一）梅奥

梅奥（1880—1949 年），原籍澳大利亚，20 岁时在阿德雷德大学获得逻辑学与哲学的硕士学位，梅奥于 1926 年在哈佛大学工商管理研究院工业研究室任教，在此期间，他参与策划了霍桑试验。有关霍桑试验的总结主要集中在他的《工业文明中人的问题》和《工业文明中的社会问题》两本书中。该试验选择霍桑工厂的原因是：尽管霍桑工厂具有较完善的娱乐设施、医疗制度和养老制度，但工人依然愤愤不平，而且生产效率也很低。为了探究原因，美国国家研究委员会和美国西方电气公司合作进行了有关工作条件、社会因素与生产效率之间的关系的试验。

（二）霍桑试验

霍桑试验进行了 8 年，共分为 4 个阶段，即照明实验、福利实验、访谈实验、群体实验。

（1）照明实验。时间从 1924 年 11 月至 1927 年 4 月。当时关于生产效率的理论占统治地位的是劳动医学的观点，认为影响工人生产效率的是疲劳和单调感等，于是实验假设是“提高照明度有助于减少疲劳，使生产效率提高”。可是，经过两年多实验发现，照明度的改变对生产效率并无影响。具体结果是：当实验组照明度增大时，实验组和控制组都增产；当实验组照明度减弱时，实验组和控制组依然都增产，甚至实验组的照明度减至 0. 06 烛光时，其产量亦无明显下降；直至照明减至如月光一般、实在看不清时，产量才急剧降下来。研究人员面对此结果感到茫然，失去了信心。从 1927 年起，以梅奥教授为首的一批哈佛大学心理学工作者将实验工作接管下来，继续进行。

（2）福利实验。时间是从 1927 年 5 月至 1929 年 6 月。实验目的是查明福利待遇的变换与生产效率的关系。但经过两年多的实验发现，不管福利待遇如何改变（包括工资支付办法的改变、优惠措施的增减、休息时间的增减等），都不影响产量的持续上升，甚至工人自己对生产效率提高的原因记不清楚。后经进一步分析发现，生产效率上升的主要原因如下：一是参加实验的光荣感。实验开始时 6 名参加实验的女工曾被召进部长办公室谈话，她们认为这是莫大的荣誉。这说明，被重视的自豪感对人的积极性有明显的促进作用。二是成员间良好的相互关系。

（3）访谈实验。研究者在工厂中开始了访谈计划。此计划的最初想法是要工人就管理当局的规划和政策、工头的态度和工作条件等问题做出回答，但这种规定好的访谈计划在进行过程中却大出意料之外，得到意想不到的效果。工人想就工作提纲以外的事情进行交谈，工人认为重要的事情并不是公司或调查者认为意义重大的那些事。访谈者了解到这一点后，及时把访谈计划改为事先不规定内容，每次访谈的平均时间从 0. 5 小时延长到 1~1. 5 小时，多听少说，详细记录工人的不满和意见。访谈计划持续了两年多。工人的产量大幅提高。

工人们长期以来对工厂的各项管理制度和方法存在许多不满，无处发泄，访谈计划的实行恰恰为他们提供了发泄机会。工人们发泄过后心情舒畅，士气提高，使产量得到提高。

（4）群体实验。梅奥等人在这个试验中选择 14 名男工人在单独的房间里从事绕线、焊接和检验工作。对这个班组实行特殊的工人计件工资制度。实验者原来设想，实行这套奖励办法会使工人更加努力工作，以便得到更多的报酬。但观察的结果发现，产量只保持在中等水平上，每个工人的日产量平均都差不多，而且工人并不如实地报告产量。深入调查发现，这个班组为了维护他们群体的利益，自发地形成了一些规范。他们约定，谁也不能干得太多，突出自己；谁也不能干得太少，影响全组的产量，并且约法三章，不准向管理当局告密，如果有人违反这些规定，轻则挖苦谩骂，重则拳打脚踢。

进一步调查发现，工人们之所以维持中等水平的产量，是担心产量提高，管理当局会改变现行奖励制度，或裁减人员，使部分工人失业，或者会使干得慢的伙伴受到惩罚。这一试验表明，为了维护班组内部的团结，可以放弃物质利益的引诱。由此提出“非正式群体”的概念，认为在正式的组织中存在自发形成的非正式群体，这种群体有自己的特殊的行为规范，对人的行为起着调节和控制作用。同时，加强了内部的协作关系。

（三）霍桑试验的结论

（1）工人是“社会人”，而不是经济人。古典管理理论把人视为“经济人”，认为金钱是刺激积极性的唯一动力，生产效率主要受到工作方法和工作条件的制约。而霍桑试验表明，职工不仅受金钱的影响，还受社会和心理的影响，生产效率主要取决于职工的积极性，取决于职工的家庭和社会生活以及企业中人与人的关系。

（2）企业中存在“非正式组织”。非正式组织是人们在共同的工作或活动中，以共同的社会感情、兴趣爱好、共同利益或价值观为基础，自发形成的组织。非正式组织通过不成文的规范左右着成员的感情、倾向和行为。

（3）新型的领导能力在于提高职工的满足度。企业中的主管人员要具有人际技能，学会了解人们的逻辑行为和非逻辑行为，学会通过交谈来了解人们的感情，使正式组织的经济需要与非正式组织的社会需要取得平衡。

（4）生产率的提高主要取决于工人的工作态度及他和周围人的关系。科学管理理论认为，生产效率主要取决于工作方法、作业条件和工资制度；梅奥通过研究认为，工人的士气是调动人的积极性的关键因素，而工人们的士气主要取决于他们感受到各种需要的满足程度。

（四）对梅奥人际关系学说的评价

1. 梅奥的人际关系学说的贡献

梅奥的人际关系学说为管理思想的发展开辟了新的领域，也为管理方法的变革指明了方向并引起了管理上的一系列改革。他着重研究人的需要与激励，强调非正式组织在管理中的重要作用。其贡献可以归纳为以下五点：

（1）强调改变对工人的态度和监督方式；

（2）提倡下级参与企业的各种决策，以此来改善人际关系，提高员工士气；

（3）提倡企业设立意见箱，允许员工对作业目标、作业标准和作业方法提出意见，鼓励上、下级之间进行意见交流；

（4）重视管理干部自身的人际关系及协调人际关系的能力；

（5）重视、利用和倡导各种非正式组织。

2. 梅奥的人际关系学说的局限性

（1）过分强调非正式组织的作用；

（2）过多强调感情的作用，似乎员工的行动主要受感情和关系的支配；

（3）过分否定经济报酬、工作条件、外部监督和作业标准的影响。

二、行为科学理论的发展

在管理活动中，研究人类行为产生的原因，以及人的行为动机和发展变化规律，目的在于有效调动人的积极性，实现组织目标；研究人与人、个体与群体的关系，目的在于营造一个良好的工作环境，使人的主观能动性得到充分的发挥。

1949 年，在美国芝加哥召开的一次跨学科的会议上，首先提出了行为科学这一名称，以后在 1953 年美国福特基金会召开的各大学科学家参加的会议上，正式定名为行为科学。从研究的对象和所涉及的范围来看，行为科学可以分成三个层次的研究理论。

（一）有关个体行为的理论

有关个体行为的理论主要包括两个方面：一是有关人的需要、动机和激励的理论，如激励内容理论、激励过程理论和激励强化理论；二是有关组织中的人性理论，如 X-Y 理论、不成熟—成熟理论等。

1. 马斯洛的需求层次理论

马斯洛的需求层次理论亦称“基本需求层次理论”，是行为科学理论之一，由美国的心理学家亚伯拉罕·马斯洛于 1943 年在《人类激励理论》一文中提出。马斯洛的需求层次理论把需求分成生理需求、安全需求、社会交往、尊重和自我实现五类，依次由较低层次到较高层次排列。

2. 麦格雷戈的 X-Y 理论

麦格雷戈的 X-Y 理论（Theory X-Theory Y）主要是对人性的根本性理解。麦格雷戈认为，每个管理决策和管理措施的背后都有一种人性假设，这些假设影响乃至决定着管理决策和措施的制定以及效果。X-Y 理论的观点如表 2-5 所示。

表 2-5 X-Y 理论的观点

类型	观点
X 理论	普通人天生好逸恶劳，只要有可能就会逃避工作； 人生来就以自我为中心，漠视组织的要求； 普通人缺乏进取心，逃避责任，甘愿听从指挥，安于现状，没有创造性； 人们通常容易受骗，易受人煽动； 人们天生反对改革
Y 理论	普通人天生并不是好逸恶劳的，他们热爱工作，从工作中获得了满足感和成就感； 外来的控制和处罚不是促使人们为组织实现目标的有效方法，下属能够自我确定目标，自我指挥和自我控制； 在适当的条件下，人们愿意主动承担责任； 大多数人具有一定的想象力和创造力； 在现代社会中，人们的智慧和潜能只是部分地得到了发挥

（1）X 理论：人是懒惰的、自私的、不思进取的、逃避责任的，必须对员工进行强制、监督、指挥以及惩罚进行威胁。

（2）Y 理论：人是勤奋的、无私的、积极进取的、愿意承担责任的；在正常情况下，可以对他们充分授权，自我管理。

［**管理思考**］你认为你身边的同学属于 X 理论和 Y 理论中的哪一类人？

3. 弗雷德里克·赫茨伯格的双因素理论

双因素理论又叫激励保健理论、双因素激励理论，是美国的行为科学家弗雷德里克·赫茨伯格于 1959 年提出来的。双因素理论认为，引起人们工作动机的因素主要有两个：一是激励因素，二是保健因素。只有激励因素才能给人们带来满意感，而保健因素只能消除人们的不满，但不会带来满意感。

第一类因素是激励因素，包括工作本身、认可、成就和责任。这些因素涉及对工作的积极感情，和工作本身的内容有关。这些积极感情和个人过去的成就、被人认可以及担负过的责任有关，它们的基础在于工作环境中持久的而不是短暂的成就。

第二类因素是保健因素，包括公司政策和管理、技术监督、薪水、工作条件以及人际关系等。这些因素涉及工作的消极方面，也与工作的氛围和环境有关。也就是说，对工作和工作本身而言，保健因素是外在的，而激励因素是内在的，或者说是与工作相联系的内在因素。

（二）有关团体行为的理论

团体行为介于个体行为和组织行为之间，主要包括团体动力、信息交流、团体及成员的相互关系。

（三）有关组织行为的理论

有关组织行为的理论主要包括有关领导理论和组织变革的发展理论。有关领导理论又包括领导特质理论、领导行为理论和领导权变理论三大类。

（四）行为科学理论的主要观点

行为科学理论的主要观点如下：

（1）重视人在组织中的关键作用，注重探索人类行为的规律，提倡善于用人，进行人力资源的开发。

（2）强调个人目标和组织目标的一致性。主张调动积极性必须从个人因素和组织因素两方面着手，要使组织目标包含更多的个人目标。要改进工作设计，把员工满意于其所从事的工作作为最有效的激励因素。

（3）主张打破传统组织结构和关系造成的紧张气氛，在组织中恢复人的尊严，实行民主参与管理，使上下级之间的关系由命令服从变为支持帮助、由监督变为引导。使员工自我控制，自主管理。

［**管理案例**］

如何进行管理？

在一个企业管理经验交流会上，有两个厂的厂长分别讲述了他们各自对如何进行有效管理的看法。

A厂长认为，企业首要的资产是员工。员工只有把企业当成自己的家、把个人的命运与企业的命运紧密联系在一起，才能充分发挥其智慧和力量为企业服务。因此，管理者有什么问题，都应该与员工商量解决；管理者平时要十分注重对员工需求的分析，有针对性地给员工提供学习、娱乐的机会和条件；每月的黑板报上应公布当月过生日的员工的姓名，并祝他们生日快乐；如果哪位员工生儿育女，厂长应亲自送上贺礼。在A厂长的厂里，员工都普遍地把企业当作自己的家，全心全意地为企业服务，工厂日益兴旺发达。

B厂长则认为，只有实行严格的管理，才能保证实现企业目标所必须开展的各项活动的顺利进行。因此，企业要制定严格的规章制度和岗位责任制，建立严密的控制体系，注重上岗培训，实行计件工资制等。在B厂长的厂里，员工都非常注意遵守规章制度，努力工作以完成任务，工厂发展迅速。

请思考：这两个厂长谁的观点更有道理，为什么？你有更好的观点吗？

任务三 描述现代管理理论

［导入案例］

学华为，企业需要管理哲学

任正非说：“《华为基本法》是华为公司在宏观上引导企业中长期发展的纲领性文件，是华为公司全体员工的心理契约。”“《华为基本法》是对华为公司管理思想、管理制度的一次综合表述与总结。”《华为基本法》告诉中国企业，若想实现可持续性增长与发展，需要有自己的管理哲学。而《华为基本法》包含了任正非的管理哲学中最精准有效的管理思想。

所谓管理哲学，是对管理的世界观与方法论的总称，是管理学与哲学的交叉部分，管理哲学兼具两者的特性。

影响企业家决策优劣的因素在于其管理哲学是如何形成的，并且管理哲学是如何激发企业家的信仰、观念、原则、价值的。管理哲学主要与创始人的经历、背景、学识、环境及思考有关，而任正非的思想原理主要来自三个方面：中国传统文化，毛泽东思想、军队文明等，西方现代商业文明。例如，中国传统文化对任正非的影响有价值观：以艰苦奋斗为本，长期坚持艰苦奋斗；员工持股制度：“耕者有其田”与“和文化”；危机管理：“华为总会有冬天，准备好棉衣，比不准备好”；灰度哲学：“开放、妥协、灰度是华为文化的精髓，也是领导者的风范”。

再看看针对军事上的劳动、纪律、对抗等，华为公司诞生了如下管理思想：建立一支和红军唱反调的蓝军；项目管理铁三角：核心成员、项目扩展角色成员、支撑性功能岗位成员；胜则举杯相庆，败则拼死相救；让听得见炮声的人为华为决策；建立快、准、狠的强大组织执行力；铁军是打出来的，华为公司的兵是爱出来的。这些促进了以客户为中心、市场服务、策略制度的实现。

针对西方商业文明以及科学管理制度，华为公司产生了理性权威、干部九条、轮值EMT制度、绩效管理、IPD、BLM、PBC等思想与制度体系等。在制定《华为基本法》时，任正非带队去IBM听管理介绍，对IBM这样的大型公司的有效管理和快速反应有了新的了解。他认为，华为公司要发展到像IBM一样强大，必须虔诚地拜IBM为师，不惜一切代价将其管理精髓移植到华为公司身上。

从中可以看到，《华为基本法》就是中西融合：从创始人管理，到规范化的科学管理；客户的存在，是华为公司存在的唯一理由的不变性；抓思想权、文化权，将其作为最大的管理权；价值观的管理一体化归宗，管理的通晓人性，以及理性权威的融合；价值创造、价值评价、价值分配的合理性等。

请思考：请用现代管理理论分析华为公司为什么能成为世界一流企业？

［案例选自：谭长春．“向华为学管理”系列（一）学华为，企业需要管理哲学［J］．企业管理，2019（10）：38-40.］

管理理论的发展开始于20世纪40年代末，即第二次世界大战到20世纪末，这是管理思想最活跃、管理理论发展最快的时期，也是管理理论步入成熟的时期。

一、现代管理理论的丛林

第二次世界大战以后，随着现代自然科学和技术日新月异的发展，生产和组织规模急剧扩大，生产力迅速发展，生产社会化程度不断提高，管理理论引起了人们的普遍重视。许多学者结合前人的理论和实践经验，从不同的角度研究管理问题，形成了多种管理学派，美国的管理学家孔茨把管理理论的各个流派称为“管理丛林”。主要的管理流派有以下八个：

（1）管理科学学派。管理科学学派又称数理学派，它是泰勒科学管理理论的继续和发展。其代表人物是美国的布莱克特、伯法等人，其核心是把运筹学、统计学和计算机用于管理决策和提高组织效率。

（2）社会系统学派。其代表人物是美国的巴纳德，代表作是《经理的职能》。巴纳德被誉为“现代管理理论之父”。他的主要贡献是从系统理论出发，运用社会学的观点，对正式组织与非正式组织、团体及个人做出了全面分析。

（3）系统管理学派。系统管理学派侧重以系统观点考察组织结构及管理基本职能，其代表人物是美国的卡斯特和詹姆斯·罗森茨韦克。他们认为，组织是一个开放的系统，与外部环境相互影响，在管理方面应时刻关注外部环境的变化，及时做出反应。

（4）经验主义学派。经验主义学派的代表人物是彼得·德鲁克、欧内斯特·戴尔。这一学派主要从管理者的实际管理经验方面来研究管理，他们认为成功的管理者的经验是最值得借鉴的。

（5）决策理论学派。决策理论学派的主要代表人物是美国管理学家和社会科学家赫伯特·西蒙。西蒙认为，在实践中，即使能求出最佳方案，出于经济方面的考虑，人们也往往不去追求它，而是根据令人满意的准则进行决策。

（6）经理角色学派。经理角色学派是20世纪70年代在西方出现的一个管理学派，其代表人物是亨利·明茨伯格。该学派主要通过观察经理的实际活动来明确经理角色的内容，以求提高管理效率。明茨伯格通过系统地研究不同组织中五位总经理的活动，得出结论说，总经理们并不按人们通常认为的那种职能分工行事，即只从事计划、组织、协调和控制工作，而是还要进行许多别的工作。

（7）管理过程学派。管理过程学派在法约尔的一般管理理论的基础上发展起来，其代表人物是美国的哈罗德·孔茨和西里尔·奥唐奈。他们认为管理是一种普遍而实际的过程，都在履行计划、组织、人事、领导和控制职能；他们深入分析每一项管理职能，总结出管理的原理、原则、方法、技术，以指导管理实践；他们设计出一个按管理者实际工作过程的管理职能来建立管理理论的思想构架，把一些新的管理原则与技术容纳在计划、组织、人事、领导及控制等职能框架之中。

（8）权变理论学派。权变理论学派的代表人物是英国的伍德沃德和美国的菲德勒。该学派把管理看成一个根据企业内、外部环境选择和实施不同管理策略的过程，强调权宜应变。权变理论把环境对管理的影响作用具体化，把管理理论与管理实践紧密地联系起来。该理论描述了环境变化与管理对策之间的关系，认为环境变量与管理变量之间的关系是函数关系，即权变关系。管理者要根据活动环境、活动条件、活动对象等因素的特征及其变化艺术地运用管理理论、手段和方法。这是权变理论的核心内容。

二、管理理论的新发展

20 世纪 80 年代以后，世界政治和经济环境发生了重大变化，信息化和全球化席卷世界，知识经济出现端倪，市场竞争更为激烈，企业为了在这种环境下生存和发展，需要管理者不断地在实践中探索新方式，同时也引发了管理学者对管理理论进行深入的思考和探索，出现了一些新观点、新思想和新体系。

（一）企业战略管理

企业战略最早出现在 20 世纪 60 年代的美国，是有关企业长远和企业全局发展的谋划和策略。在环境多变、市场竞争激烈的情况下，企业为了在竞争中取胜，必须对照竞争者的战略和市场需求，具体制定有关进攻、退守、渗透、成长、扩张的战略，以及相应的市场营销、生产技术、财务成本、科技研发等经营战略。20 世纪 70 年代是企业战略的盛行时期，进入 20 世纪 80 年代，企业战略得到了进一步完善，企业管理进入了战略管理时期。

企业战略管理就是根据对企业经营条件和外部环境的分析，确定企业总的经营宗旨和经营目标，并且制定一种或几种有效的战略，为实现企业经营宗旨和经营目标所采取的一系列管理决策和行动。企业战略管理的核心是对企业现在和未来的整体效益活动实行全局性的管理。也就是说，企业战略管理不仅仅是制定企业战略，还应当具有战略的实施、评价、控制、调整等多种功能。一般来说，企业战略管理的内容包括阐明企业战略的任务、目标、方针到战略实施的全过程。该过程一般由战略制定、战略实施和战略评价及控制等组成。

（二）企业再造理论

20 世纪 80 年代，美国的管理学家迈克尔·哈默（Michael Hammer）和詹姆斯·钱皮（James champy）在经过广泛深入的企业调研后，于 1993 年出版了《企业再造——企业管理革命的宣言》。这本书阐述了以下理论：现代企业普遍存在着大企业病，应变能力极低；企业再造的首要任务是业务流程重组，它是企业重新获得竞争优势与生存活力的有效途径；业务流程重组的实施需要两大基础，即现代信息技术与高素质的人才，以业务流程重组为起点的企业再造工程将创造出一个全新的工作世界。这本书的出版不仅在美国，甚至在全世界都引起了巨大的反响。

企业再造就是重新设计和安排企业的整个生产、服务和经营过程，使之合理化。企业通过对原来生产经营过程的各个方面、每个环节进行全面的调查研究和细致分析，对其中不合理、不必要的环节进行彻底的变革。为了在衡量绩效指标上取得显著改善，企业就必须从根本上重新思考、彻底改造业务流程。其中，衡量绩效的关键指标包括产品和服务质量、顾客满意度、成本和员工工作效率等。

企业再造理论适用于以下三类企业：一是问题丛生的企业；二是目前业绩虽然很好，但潜伏着危机的企业；三是正处于事业发展高峰期的企业。

（三）波特的竞争战略研究

迈克尔·波特（Michael Porter）是哈佛大学商学院的著名教授，当今世界上最有影响力的管理学家之一。波特对于竞争战略理论做出了非常重要的贡献，建立了用于分析产业环境的结构化方法——“五种竞争力量”模型，即潜在竞争者的进入力量、供应商力量、替代品力量、现有竞争者的力量、购买者力量。

波特在《竞争战略》一书中明确提出了三种通用战略。他认为，在与竞争力量的抗争中，蕴含着三类成功型战略思想，这三种思路分别为总成本领先战略、差异化战略、集中化战略。这些战略的目标是使企业的经营在产业竞争中胜人一筹。在一些产业中，这意味着企业可取得较高的收益；而在另外一些产业中，一种战略的成功可能只是企业在绝对意义上能获取收益的必要条件。波特的战略管理过程如图 2-2 所示。

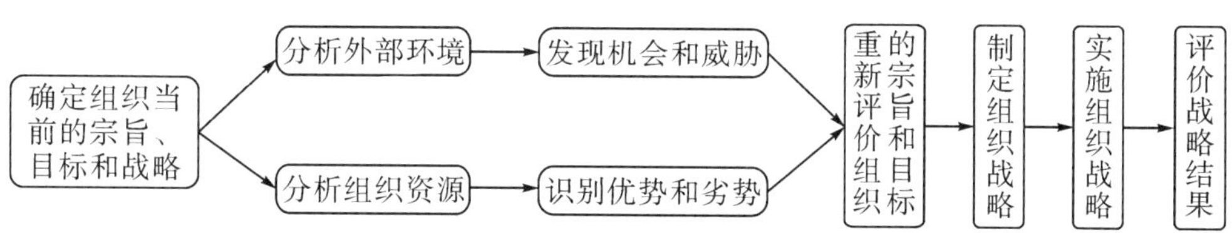

图 2-2　波特的战略管理过程

（四）学习型组织理论

20 世纪 80 年代以来，随着信息革命、知识经济时代进程的加快，企业面临前所未有的竞争环境的变化，传统的组织模式和管理理念已越来越不能适应环境。在这样的大背景下，以美国麻省理工学院教授彼得·圣吉（Peter Senge）为代表的西方学者，吸收东、西方管理文化的精髓，提出了以“五项修炼”为基础的学习型组织理论。

学习型组织理论认为，在新的经济背景下，企业要想持续发展就必须增强整体能力，提高整体素质。所谓学习型组织，是指通过培养弥漫于整个组织的学习气氛，充分发挥员工的创造性思维能力而建立起来的一种有机的、高度柔性的、扁平的、符合人性的、能持续发展的组织。这种组织具有持续学习的能力，具有高于个人绩效的综合绩效。学习型组织具有八个特征：一是组织成员拥有一个共同的愿景，二是组织由多个创造性个体组成，三是善于不断学习，四是扁平式结构，五是自主管理，六是组织的边界将被重新界定，七是员工家庭与事业的平衡，八是领导者有新角色。

彼得·圣吉提出，要建立学习型组织必须具备五项修炼的技能。所谓修炼，是指通过学习提高自身的素质。而对于组织而言，修炼则是通过学习和训练来提高组织内部结构、机能对社会、市场变化的适应能力。

1. 第一项修炼——系统思考

系统思考是着眼于整体的一项修炼。它是一个架构，让我们看见相互关联而非单一的事件，看清渐渐变化的形态而非瞬间即逝的一幕。系统思考的艺术在于看穿复杂背后引发变化的结构。因此，系统思考绝非忽视复杂性，而是要把许多杂乱的片段结合成为前后一贯的“故事”，清楚地指出问题的症结，找出比较持续有效的对策。

2. 第二项修炼——自我超越

“超越”一词含有超过、胜过的意思，“自我超越”是指突破极限的自我实现，或技巧的精熟。作为一个人、一个渴望成功的人，不可能只把眼光局限在眼前利益，也不可能仅仅满足于现状，即使这种现状相对于别人而言很优越。作为一个有志向的人，其心中必然有一个远远高于现状的远大理想，而这个理想的实现又成为激励其不断学习和进取的动力，这就是人的自我超越。

3. 第三项修炼——改善心智模式

心智模式是一种思维方法、一种深植于人们内心深处的思维逻辑。它影响着人们对社会和事物的认识及对此所采取的行动。改善心智模式的修炼主要应做到对自己心智模式的反思和对他人心智模式的探询。反思的作用是通过放慢思考的过程检查自己心智模式的形成过程，以及如何影响自己的行动。探询的作用就是面对面地了解他人心智模式的形成过程，每人都把自己的思维逻辑明白地说出来，接受公开的检验，从而发现问题，影响对方或被对方影响。学习型组织管理模式的特点如表 2-6 所示。

表 2-6　学习型组织管理模式的特点

特点	具体解释
精简化	管理模式上的精简，不是一种简单的裁员，而是一种学习型的精简，是在加强企业教育、要求员工积极学习的基础之上，再进行减员，实现真正的高效
扁平化	学习型组织的结构是扁平的，即从上级决策层到下级操作层，中间的层次很少，上、下级之间可以实现面对面的对话
有弹性	弹性就是适应能力，即能够抓住机遇、应变取胜的能力。这种适应能力主要来自全体员工的不断学习
不断学习	不断学习是学习型组织的本质特征，其有四层含义：一是强调“终身学习”，二是强调“全员学习”，三是强调“全过程学习”，四是强调“团体学习”

表2-6(续)

特点	具体解释
自主管理	自主管理是指员工要根据企业的发展战略和目标，自己发现问题、组成团队、调查分析、制订计划、实施控制并实现目标

4. 第四项修炼——建立共同愿景

愿景是一个期望的未来景象和意象、是一种召唤及驱使人向前的使命，能不断提高人们创造内心真正向往的能力。作为一个组织、一个以个人为单元的组织，建立一个组织成员的共同愿景，并以此感召全体组织成员，使之为这一愿景而奋斗，则是第四项修炼——建立共同愿景的内容。

5. 第五项修炼——团队学习

团队学习是发展团体成员整体合作与实现共同目标能力的过程。学习的本身是发现错误或了解和掌握新知识。团队学习正是要利用集体的优势，通过开放性的交流，发现问题，互相学习，取长补短，以达到共同进步的目的。

学习型组织有着它不同凡响的作用和意义。一方面，学习是为了保证组织的生存，使组织具备不断改进的能力，从而提高组织的竞争力；另一方面，学习更是为了实现个人与工作的真正融合，使人们在工作中活出生命的意义。

（五）企业文化理论

20 世纪 80 年代初，日本经济持续多年的高速增长引起了全世界的瞩目，而支撑其经济高速增长的关键是企业竞争力。日本企业的国际竞争力迅速提高，抢走了美国企业在本土的市场份额。为了迎接日本的挑战，美国企业界开始研究日本企业的管理方式。企业文化理论就是这种研究的一项重大成果。

企业文化作为一种理论最早出现于美国，是美国的一些管理学者在总结日本企业的管理经验之后提出的。最早提出企业文化概念的人是美国的管理学家威廉·大内（Wiliam Ouchi）。他于 1981 年出版了自己对日本企业的研究成果《Z 理论——美国企业如何迎接日本的挑战》。在此书中，他指出日本企业成功的关键因素是它们独特的企业文化。

企业文化理论的特点是以人为本。它强调管理以人为中心，充分尊重员工的价值，重视人的需求的多样性，运用共同的价值观、信念、和谐的人际关系、积极进取的企业精神等文化观念来营造整体的企业人生，使管理从技术上升为艺术。

1. 企业文化的含义与结构

（1）企业文化的含义。从广义上说，企业文化是指企业在社会实践过程中所创造的物质财富和精神财富的总和；从狭义上说，企业文化是指在一定的社会政治、经济、文化背景条件下，企业在社会实践过程中所创造并逐步形成的独具特色的共同思想、作风、价值观念和行为准则。

（2）企业文化作为一个整体系统，其结构与内容由以精神文化为核心的三个层次构成。

①物质文化层包括组织开展活动所需的基本物质基础，如企业产生经营的物质技术条件，诸如厂容、厂貌、机器设备，产品的外观、质量、服务，以及厂徽、厂服等。

②制度文化层包括具有本企业文化特色的，为保证组织活动正常进行的以组织领导体制、各种规章制度、道德规范和员工行为准则的总和，如企业中的厂规、厂纪，各种工作制度和责任制度，以及人际交往的方式等。

③精神文化层是指企业在长期活动中逐步形成的，并为全体员工所认同的共有意识和观念，包括企业的价值观念、组织精神和组织道德。

三个层次之间的关系：精神文化层决定了制度文化层和物质文化层，制度文化层是精神文化层与物质文化层的中介，物质文化层和制度文化层是精神文化层的体现。以上三者密不可分，相互影响、相互作用，共同构成企业文化的完整体系。

[管理思考] 企业文化有三个层次，从“好空调，格力造”“格力，掌握核心科技”到“让世界爱上中国造”属于企业文化的哪个层次？

2. 企业文化的功能

（1）导向功能。该功能有助于把组织成员的思想、行为引导到实现组织所确定的目标上来。

（2）凝聚功能。该功能有助于把组织成员紧密团结起来，形成一个统一体的凝聚力量。

（3）激励功能。该功能有助于激励组织成员培养自觉为组织发展而积极工作的精神。

（4）约束功能。该功能起着对组织成员的思想和行为进行约束和规范的作用。

（5）辐射功能。该功能对组织内外都有着强烈的辐射作用。例如，通过高质量的产品和满意的服务，使顾客感受到企业独特的文化特色；通过利用各种宣传手段，如电视、广播、报纸、书刊、会议等传播方式，宣传企业文化等。企业文化对内、对外的辐射过程，也正是组织形象的塑造过程，因而对组织的发展有着重要的意义。

3. 企业文化建设的内容

企业文化建设的内容如表 2-7 所示。

表 2-7　企业文化建设的内容

文化建设名称	目的	建设的内容
物质文化	树立良好的组织形象	产品文化价值的创造； 厂容厂貌的美化、优化； 企业物质技术基础的优化
制度文化	使物质文化更好地体现精神文化的要求	确立合理的领导体制； 建立健全合理的组织结构； 建立健全开展组织活动所必需的规章制度

表2-7(续)

文化建设名称	目的	建设的内容
精神文化	决定着组织物质文化和制度文化的建设内容	明确组织所奉行和追求的价值观念； 塑造组织精神； 促进组织道德的形成和优化

[管理素养]

你知道你所在学校的办学理念、学校精神和校训吗？它们属于组织文化的哪一个层次？

[管理案例]

阿里巴巴的企业文化和价值观

一、阿里巴巴的企业文化

使命：让天下没有难做的生意。

愿景：追求成为一家活102年的好公司。我们的愿景是让客户相会、工作和生活在阿里巴巴。到2036年，服务全世界20亿消费者，帮助1 000万中小企业盈利以及创造1亿就业机会。

价值观：客户第一，员工第二，股东第三；因为信任，所以简单；唯一不变的是变化；今天最好的表现是明天最低的要求；此时此刻，非我莫属 ；快乐工作，认真生活（见图2-3)。

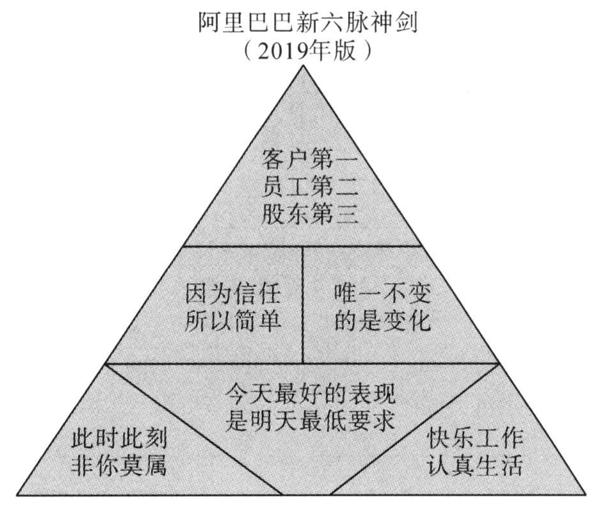

图2-3　阿里巴巴新“六脉神剑”

二、阿里巴巴价值观考核细则

(1) 价值观考核内容及评价标准。

阿里巴巴价值观考核内容与评价标准如表2-8所示。

表 2-8　阿里巴巴价值观考核内容与评价标准

考核项目		评价标准				
价值观考核（总分30分）	客户第一	尊重他人，随时随地维护阿里巴巴形象	微笑面对投诉和受到的委屈，积极、主动地在工作中为客户解决问题	在与客户交流过程中，即使不是自己的责任，也不推诿	站在客户的立场思考问题，在坚持原则的基础上，最终达到客户和公司都满意	具有超前服务意识，防患于未然
	分值	1	2	3	4	5
	团队合作	积极融入团队，乐于接受同事的帮助，配合团队完成工作	决策前发表建设性意见，充分参与团队讨论；决策后无论个人是否有异议，必须从言行上完全予以支持	积极、主动地分享业务知识和经验；主动给予同事必要的帮助；善于利用团队的力量解决问题和困难	善于和不同类型的同事合作，不将个人喜好带入工作，充分体现“对事不对人”的原则	有主人翁意识，积极正面地影响团队，改善团队氛围
	分值	1	2	3	4	5
	拥抱变化	适应公司的日常变化，不抱怨	面对变化，理性对待，充分沟通，诚意配合	对变化产生的困难和挫折，能自我调整，并正面影响和带动同事	在工作中有前瞻意识，建立新方法、新思路	创造变化，并带来绩效突破性地提高
	分值	1	2	3	4	5
	诚信	诚实正直，言行一致，不受利益和压力的影响	通过正确的渠道和流程，准确表达自己的观点；在表达批评意见的同时能提出相应建议，直言有讳	不传播未经证实的消息，不背后不负责任地议论事和人，并能正面引导	勇于承认错误，敢于承担责任；客观反映问题，对损害公司利益的不诚信行为严厉制止	能持续一贯地执行以上标准
	分值	1	2	3	4	5
	激情	喜欢自己的工作，认同阿里巴巴企业文化	热爱阿里巴巴，顾全大局，不计较个人得失	以积极乐观的心态面对日常工作，不断自我激励，努力提升业绩	碰到困难和挫折的时候永不放弃，不断寻求突破，并获得成功	不断设定更高的目标，今天的最好表现是明天的最低要求
	分值	1	2	3	4	5
	敬业	上班时间只做与工作有关的事情；没有因工作失职而造成重复错误	今天的事不推到明天，遵循必要的工作流程	持续学习，自我完善，做事情充分体现以结果为导向	能根据轻重缓急来正确安排工作优先级，做正确的事	遵循但不拘泥于工作流程，化繁为简，用较小的投入获得较大的工作成果
	分值	1	2	3	4	5

(2) 考核说明。

①无论是员工自评还是主管考评，都要以具体的事例为基础；

②考评分数可以为0，分数可以以0.5分呈现；

③标准是一层层设置的，只有达到3分的行动标准之后，才有可能符合4分的行动标准；

④考评成绩过低（≤0.5分）或者过高（≥4分），经理需要做出说明。

(3) 考核周期及程序。

①价值观的考核和业绩考核一样，需要每季度一次，且各占员工总绩效的一半；

②考评分为员工自评和经理考评，员工先对照价值考核细则自评，之后经理进行考评；

③经理会将考评分和员工自评分对比，之后会找员工进行面对面的绩效谈话。

(4) 考核结果及指导。

阿里巴巴的员工价值观考核结果可以分为优秀、良好、合格和不合格四大类，如表2-9所示。

表2-9　阿里巴巴的员工价值观考核结果

得分	等级	意见	备注
27~30分	优秀	不影响综合评分分数，但要指出价值观改进方向	任意一项价值观得分在1分以下，无资格参与绩效评定，无奖金
23~26分	良好		
19~22分	合格		
0~18分	不合格	无资格参与绩效评定，无奖金	

阿里巴巴的员工“价值观+业务绩效”的综合评定结果可以分为三类：猎犬、野狗和小白兔，如图2-4所示。

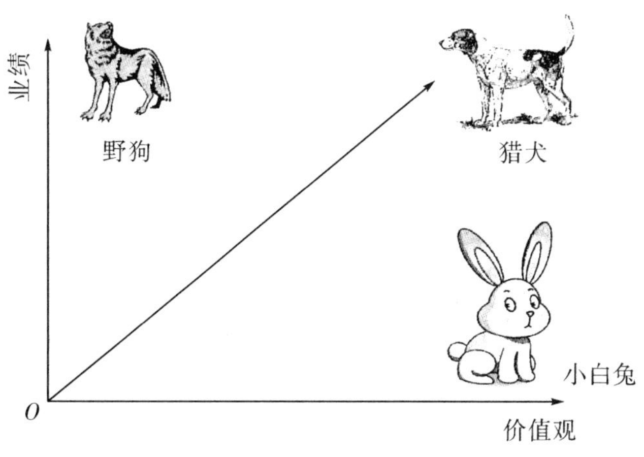

图2-4　阿里巴巴综合考核及结果

猎犬：既有业绩也有团队精神，是阿里巴巴寻觅和培养的人才；

野狗：业务能力强，但是价值观不符合公司要求，在公司教化无方的时候需要淘汰掉；

小白兔：业务能力较弱，但是很符合公司的价值观，阿里巴巴会给机会让小白兔成长，在业务能力没有得到提升的情况下也是需要清除掉的。

（案例选自：王建和. 阿里巴巴管理三板斧［M］. 北京：机械工业出版社，2020. 有改动）

［管理素养］

中国古代的代表性管理思想及智慧

中国是一个历史悠久的文明古国，中国人民在长期的社会实践中形成的管理思想及管理理论源远流长、丰富多彩。中国古代最具代表性的管理思想主要体现在先秦到汉代的诸子百家思想中，如儒家、道家、法家、兵家等。

（1）儒家的管理思想——仁政德治论。其代表人物有孔子、孟子、荀子等；其代表作为《论语》《孟子》《荀子》等。

（2）道家的管理思想——无为而治论。其代表人物有老子、庄子等；其代表作为《道德经》《庄子》等。

（3）法家管理思想——法制刑治论。其代表人物有管仲、韩非子等；其代表作为《管子》《韩非子》等。

（4）兵家的管理思想——系统辩证论。其代表人物有孙武、孙滨等；其代表作为《孙子兵法》《孙膑兵法》等。

从宏观角度看，我国古代管理思想大致可以分为三个部分：治国、治生和治身。治国主要是处理整个社会、国家管理关系的活动，即“治国之道”。它是治理整个国家、社会的基本思路和指导思想，是关于行政、军事、人事、生产、市场、田制、货币、财赋、漕运等方面的管理学问。治生是在生产发展和经济运行的基础上通过官与民的实践逐步积累起来的，包括农副业、手工业、运输业、建筑工程业等方面的管理学问。治身主要是研究谋略、用人、选才、激励、修身、公关、博弈、奖惩等方面的学问。这三部分管理思想还可以细化为以下五个方面：

1.“以人为本”的管理思想

“以人为本”的管理思想是由我国古代著名的经济学家、哲学家、政治家、军事家管仲提出的。其本意是，只有解决好人的问题，才能达到“本理则国固”的目的。古今中外的实践证明：人才是一切的根本。一个不懂得珍惜人才的国家和组织是不可能有长远发展的。

2.“正人必先正己”的管理思想

中国古代管理非常强调领导者道德素质的重要性，崇尚“道德教化”和“正己正人”

的管理方式。从管理学的角度来说，就是最佳的管理行为都应是以双向约束为基本要求的，不仅约束他人行为使之端正，同时也使自己的行为得以规范。先哲们认为，“正己”为“正人”的前提，如果连自己都不能“正”，岂能奢言“正人”。我国古代管理思想的本质是“人为”与“为人”，两者相辅相成。对任何管理者或被管理者，都有从“人为”向“为人”转变的过程。这一过程体现在家庭、行业、国家等一切方面的管理之中，管理者与被管理者越是注重自身素质，其“为人”即管理的效果就越好。

3. 富有辩证法思想的“经权观”管理思想

我国古代管理思想普遍贯穿着经权观。“经”是指“变中不易的常理”，即管理中普遍的、稳定的原则；“权”是指“应变的权宜”，即根据时空和势态变化而不断改变的方法和策略。这种经权观要求“执经达权”，即根据普遍的管理原则和事物运动的客观规律来选择和确定合适的管理策略和方法，最后达到管理目标；同时要求“通权达变”，即根据不断变化的形势随时调整管理方式，“穷则变，变则通，通则久。”德治礼治的恒久之道正是由于不断的变通才得以持久和实现的。

4. 经世实用的战略管理思想

中国古代的军事典籍中蕴藏着大量的战略管理思想，这已成为今天军事管理乃至企业经营战略管理的重要思想宝藏。在《孙子兵法》中，孙武着重指出了战略谋划的重要性。他强调事前必须周密分析条件，充分考虑“道”“天”“地”“将”“法”这“五事”，做到“凡此五者，将莫不闻，知之者胜，不知者不胜”。

在“五事”的基础上，还要探求和对比敌我双方的强弱优劣，称为“七计”。这里所说的“道”，就相当于现在的管理目标，“天”和“地”相当于时机和环境，“将”指有能力的管理者，“法”则相当于制度、纪律、组织，即是经营学中的经营管理能力。

5.“天人合一”的整体和谐观管理思想

中国古代管理思想是以整体和谐观为基础的，也就是把管理作为一个统一的整体的过程，促使社会与自然、管理系统、外部环境，以及管理组织内各部门之间达到和谐，把管理的各个要素和功能组成一个统一的有序结构。我国古代管理思想的灵魂就是和谐观。

总而言之，中国古代的管理思想是极为丰富的，凝结了中国人民无数的管理经验和智慧，对于今天现代管理的理论研究和实践工作仍具有重要的借鉴价值。

思考与感悟：

1. 了解和领悟中国古代管理思想对于今天我们学习管理理论和管理实务有哪些意义？

2. 你是如何理解“以人为本”“正人必先正己”的管理思想的？

3. 多读一些有关中国古代管理思想的资料，多收集一些体现中国古代管理智慧的案例，吸收其精华，真正做到古为今用。

（资料来源：才金城. 中国古代管理思想与智慧［M］. 北京：清华大学出版社，2014.）

项目小结

管理理论是在思考和总结管理实践的基础上对管理活动一般规律的抽象和总结。管理理论的视角也必然因时代背景以及实践特征有所不同。本项目主要介绍了中西方早期的管理思想、古典管理理论、行为科学理论以及现代管理若干流派。

同步训练

一、基础知识练习

（一）单选题

1. 科学管理理论的代表人物是（　　）。

A. 法约尔　　B. 泰罗　　C. 梅奥　　D. 韦伯

2. 一般管理理论的代表人物是（　　）。

A. 泰罗　　B. 梅奥　　C. 法约尔　　D. 韦伯

3. 被称为“科学管理之父”的是（　　）。

A. 韦伯　　B. 法约尔　　C. 梅奥　　D. 泰罗

4. 科学管理理论研究的中心问题是（　　）。

A. 提高劳动生产率　　B. 提高劳动积极性

C. 激励　　D. 协调

5. 最早提出管理职能的人是（　　）。

A. 泰罗　　B. 法约尔　　C. 韦伯　　D. 梅奥

6. 人际关系学说的创始人是（　　）。

A. 泰罗　　B. 梅奥　　C. 法约尔　　D. 韦伯

7. 标准化管理最早是由（　　）提出的。

A. 泰罗　　B. 法约尔　　C. 韦伯　　D. 梅奥

8. 下列（　　）项，不属于波特的五力模型中的五种作用力量？

A. 行业现有的竞争状况　　B. 供应商的议价能力

C. 客户的议价能力　　D. 产品的技术创新能力

9. 以下哪项不是霍桑试验的主要结论？（　　）

A. 职工是“经济人”。“经济人”是人际关系学说对人性的基本假设。这种假设认为人仅有经济和物质方面的需要，没有社会及心理方面的需要

B. 生产率的提高和降低主要取决于职工的“士气”，而士气则取决于家庭和社会生活，以及企业中人与人的关系

C. 企业中存在着“非正式群体”，非正式群体对生产率的提高有很大的影响

D. 新型领导力在于提高员工的满意度

10. 韦伯认为，最理想的权利形态是（　　）。

A. 超凡的权力　　B. 世袭的权力

C. 传统的权力　　D. 理性和法定的权力

（二）判断题

1. 福利试验结果表明，只有不断提高福利水平，才能提高工作效率。（　　）

2. 非正式组织只对正式组织起着妨碍、破坏作用。（　　）

3. 权变理论学派认为，在管理中要根据企业所处的内外条件随机应变，没有什么一成不变、普遍适用的“最好的”管理理论和方法。（　　）

4. 霍桑试验表明，企业中存在着“非正式组织”。非正式组织通过不成文的规范左右着成员的感情倾向和行为。（　　）

5. 霍桑试验表明，企业中的职工不仅仅是“社会人”，而且主要是“经济人”。（　　）

（三）简答题

1. 简述泰罗的科学管理理论的主要内容。

2. 简述梅奥的人际关系学说的主要内容。

3. 法约尔的一般管理理论中所提到的企业活动六种类别及管理的五种职能分别是什么？

4. 现代管理理论包括哪些主要学派？

5. 简述泰罗提出的例外原则。

二、案例分析

格力的“迷药”

朱江洪在讲领导者的诚信问题时，提到以“诚”取威。诚就是诚实、守信。此乃管理者之本实践证明，人无信不立，家无信不和，企无信不兴，国无信不宁。管理者，尤其是一把手，必须讲诚信，对班子成员以诚相待，这样他们就能大胆工作。如果对部下不诚信，讲话不算数，出尔反尔，在提拔上压着，相处上挑着，交往上冷着，关系上僵着，这样就必然失去自己的威信。对经销商、供应商、合作伙伴不诚信，就会失去合作基础，工作就难以展开，企业的生存和发展必然会受到影响。管理者要学会在工作中淡化权力意识，把事情交给放心的部下去完成。出现问题及时纠正，指导他们，让他们在工作中总结提高，这是对他们的一种信任和尊重，反过来也会自然而然地提高自己的威望。

在商言商。自古以来，逐利是商业活动的本质，“没有永远的朋友，只有永恒的利益”。不可否认，厂商关系无论怎样变化，都离不开利益这条纽带的维系。但是，商人首先是人。人有七情六欲，人固然靠物质生存，但也靠精神来支撑。人非草木，孰能无情？在尔虞我诈、物欲横流的商业社会。真情、诚信尤其显得珍贵，其能量甚至常常超越利益的吸引。

一位与格力合作多年的经销商这样说：“我先后做过几个品牌，其中格力是最令人轻松、放心的一个。他的各种政策、返利、奖励等都没有文字记录，全凭格力公司口头通知就生效。开始我还很怀疑，专用一个本子记录何时、何地、因何事做出何种承诺，但后来我是彻底服了。因为有好几次我发现账户余额在莫名其妙地增加，找到格力公司后才知道，原来我漏记的奖励，他们都主动给我兑现了。”

格力的成功，吸引了不少企业的关注。后来，一些企业也学习格力，成立了销售公司，但市场反应并不怎样。究其原因，他们学的只是格力模式的皮毛，它的组织结构，以及如何与客户搞好关系等，并未学到它的精神实质与精髓：诚信、共赢，以及格力的销售文化。一些企业的业务人员为了完成销售任务，让商家降价促销，并承诺损失部分给予补贴，但过后又不兑现，使商家吃尽苦头。如此这般，怎能赢得商家的信赖？

有一段时间，“诚信”二字在媒体出现的频率很高，一些企业赶时髦，也高喊诚信。但诚信是做出来的，不是喊出来的，而且必须天天做、月月做、年年做，不能有时诚信，有时不诚信，遇到小事诚信，遇到大事就不诚信。有个经销商说：“你们昨天还骗了我，今天却喊诚信，谁信啊？”

（案例来源：朱江洪. 朱江洪自传：我执掌格力的 24 年 1988—2012［M］. 北京：企业管理出版社，2017.）

思考题：

1. 用人本原理来分析格力的“迷药”。

2. 如何做到以人为本？

项目实训——管理者调查与访问

一、实训目标

1. 使学生理论联系实际，加深对管理的感性认识与理解。

2. 初步培养学生的现代管理者素质。

二、实训内容

1. 由学生自愿分组，每组6~8人，选出小组负责人。

2. 调查前资料收集。主要收集管理者的岗位职责和任职要求。

3. 访问一位校内或者校外的管理者，了解其职位、工作职能、胜任该职位所必需的管理技能等情况。

4. 利用课余时间完成本次实训，并撰写调查报告，报告内容包括实训过程、总结、感想等。

5. 调查访问结束后，组织一次课堂讨论交流，以小组为单位对本次实训活动进行归纳与总结，将调查访问所得的资料（如照片、文字、影音资料等）做成PPT进行演示。老师根据小组汇报和个人心得为每位学生评分。

项目三 科学决策

项目导读

决策是人类社会自古就有的活动。正确的决策决胜千里，错误的决策南辕北辙。现代管理理论认为，管理的核心在于决策，经营的重点在于决策。决策的正确与失误关系到组织的兴衰与存亡。因此，管理者必须认识到决策的重要性，掌握决策的基本知识和方法，不断提高决策能力。

本项目主要介绍决策的相关知识，具体内容包括决策概述、决策程序；环境分析；决策方法等。

学习目标

知识目标

1. 熟悉决策的概念和特征；
2. 了解决策的分类；
3. 掌握决策的程序和影响因素；
4. 掌握环境分析模型和方法；
5. 熟悉头脑风暴法、德尔菲法等定性决策方法；
6. 掌握盈亏平衡分析法、决策树法及不确定型决策方法。

能力目标

1. 能够运用决策的基本理论和程序对实际问题进行科学决策；
2. 能够运用定性和定量方法对企业的经营活动进行分析和决策。

素养目标

1. 树立战略观念、系统观念、大局观念；
2. 强化慎思明辨的科学决策理念，树立勇于负责的担当精神。

任务一　了解决策与决策过程

[导入案例]

李厂长的两次决策

李厂长是上佳饮用水厂的厂长。一直以来，全厂在李厂长的带领下，齐心合力、同心同德、共献计策，为上佳饮用水厂的发展立下了汗马功劳。2013年，李厂长决定购买二手设备（国外淘汰的生产设备），水厂也因此挤入国内同行业强手之林，令同类企业刮目相看。今天，李厂长又通知各部门负责人晚上8点在厂部会议室开会。部门领导们都清楚地记得当年在同一时间、同一地点召开会议时，李厂长做出了购买进口二手设备这一关键性的决策。在他们看来，又有一项新举措即将出台。

晚上8点，会议准时召开。李厂长庄重地讲道："我有一个新的想法。我将大家召集到这里，是想听听大家的意见或看法。我们厂已经有不小的发展，可是与国外同类行业的生产技术和设备相比，我们还差得很远。我们不能满足于现状，应力争世界一流水平。当然，我们的技术、人员等条件还差得很远。为了达到目标，我想我们可以从硬件条件入手，引进世界一流的先进设备。这样一来，就会带动我们的人员和技术一起进步，我认为这并非不可能。现在水厂的规模扩大了，厂内外的事务也相应地增多了，大家都是各部门主要负责人，我想听听大家的意见，然后再做决定。"

会场一片肃静。当年李厂长宣布引进二手设备的决策时，有近70%的成员反对。即使后来李厂长说明了他近3个月对市场、政策、全厂技术人员、水厂资金等厂内外环境的一系列调查研究结果后，仍有半数以上的人持反对意见，10%的人保持中立态度。当时很多厂家引进设备后，由于设备不配套、技术难以实现等，高价引进的设备成为一堆闲置的废铁。但是即使在这种情况下，李厂长仍然采取了引进二手设备的做法。事实表明，这一决策使上佳饮用水厂摆脱了企业由于当时设备落后、资金短缺所陷入的困境。因此，上佳饮用水厂走上了发展的道路。

今天，李厂长见到大家心有余悸的样子，便说道："大家不必顾虑，今天这一项决策完全由大家决定，我想这也是民主决策的体现。如果大部分人同意，我们就宣布实施这决策；如果大部分人反对，我们就取消这一决策。现在大家举手表决吧。"

最终，会上还是有近70%的人投了赞成票。

【思考题】

1. 李厂长的两次决策过程合理吗？为什么？

2. 影响决策的主要因素包括哪些方面？

（案例来源：张建贵. 管理学［M］. 2版. 南京：江苏大学出版社，2021.）

决策是人们生活中最常见的一种综合活动。一个好的决策能救活一家企业，一个坏的决策能毁掉一家企业。正确决策是管理者做好企业经营活动至关重要的内容。

一、决策的概念

在日常生活和工作中，人人都是决策者。决策是人们在行动之前对行动目标与手段的探索、判断和选择的过程。决策是普遍存在的，也是至关重要的。无论是个人还是组织，几乎每时每刻都需要做出决策。对于个人而言，小到选一双鞋，大到选择职业和伴侣均需要决策；对于组织来说，从组织的人员配备到组织权力的分配都需要做出决策。

从管理者的角度来说，决策对于组织的重要性不言而喻。正如决策理论学派的代表人物赫伯特·西蒙教授所说："决策是管理的心脏，管理是由一系列决策组成的，管理就是决策。"有人对企业高层管理者做过一项调查，要他们回答三个问题："你每天花时间最多的是哪些方面？你认为你每天最重要的事情是什么？你在履行你的职责时感到最困难的工作是什么？"结果，绝大多数人的答案只有两个字——决策。

既然决策如此重要，那么究竟什么是决策呢？

（一）决策的定义

决策有狭义和广义之分。狭义的决策是在几种方案中做出选择，广义的决策还包括在做出决策选择之前必须进行的一切活动。我们认为，决策是指管理者为达成某一特定目标，运用科学的理论和方法从若干个可行方案中选择或优化方案，并加以实施的活动的总称。

（二）决策的特征

从广义的决策的定义中，我们可以分析出决策具有以下五个特征：

1. 目标性

决策就是选择方案，如果决策的目标是模糊的，甚至是模棱两可的，那就无法以目标为标准评价方案，更无从选择方案了。

2. 信息性

一个合理的决策以充分了解和掌握各种信息为前提，即通过组织外部环境和组织内部条件的调查分析，根据实际需要和可能选择切实可行的方案。千万不要在问题不明、条件不清、要求模糊的状态下，急急忙忙做出选择。

3. 选择性

决策的本质是选择，因此必须有可供选择的方案，否则决策可能就是错误的，人们总结出这样两条规则：一是在没有不同意见前，不要做出决策；二是如果看来只有一种行事方法，那么这种方法可能就是错误的。

4. 可行性

实现目标的每个可行方案，既会对目标的实现产生某种积极作用和影响，也会产生消极作用和影响，因此必须对每个可行方案进行综合的分析和评价，即进行可行性研究。决策方案不但必须在技术上可行，而且应当考虑社会、政治、道德等各方面的因素，还要使决策结果的副作用缩小到可以允许的范围。通过可行性分析，我们可以确定每种方案的经济效果和可能带来的潜在问题，以便比较各个可行方案的优劣。

5. 追求“满意”方案而非最优方案

人们做任何事情，都不可能做到完美无缺。对于决策者来说，同样不能以最理想的方案作为目标，而只能以足够好的达到组织目标的方案作为准则，即在若干备选方案中选择一个合理的方案。决策时只有在提出来的若干可行方案中进行比较和优选，才能得到科学、合理的方案。

二、决策的分类

决策活动所涉及的问题千差万别，但可以按照不同的标准，从不同的角度将决策分为不同的类型。

（一）按决策的重要程度分类

按决策的重要程度，可以把决策分为战略决策、战术决策和业务决策。

1. 战略决策

战略决策是关系到全局重大问题的决策，具有长远性和方向性，多由高层次决策者做出，解决的是企业要“干什么”的问题，如企业的发展方向、经营方针、重大项目的投资等决策。

2. 战术决策

战术决策又称管理决策，是为了支撑企业战略决策、解决某一问题而做出的决策。它以战略决策规定的目标为决策标准，解决的是企业“如何干”的问题，是执行性决策，一般由中层决策者做出，如企业新市场的开拓、新产品的定价等决策。

3. 业务决策

业务决策是企业为了解决日常工作中的业务问题，提高工作效率和经济利益所做出的决策。它属于局部性、短期性、业务性的决策，一般由基层主管人员做出，如作业计划的制订，生产、质量、成本及日常性控制等方面的决策。

（二）按决策的条件不同分类

按决策的条件不同，可以把决策分为确定型决策、风险型决策和不确定型决策。

1. 确定型决策

确定型决策是指决策者对未来可能发生的情况有十分确定的比较，可以直接根据完全确定的结果选择最满意的方案的一种决策。在决策中，每种方案只有一个确定的结果，最终选择哪一种方案取决于对决策方案结果的比较。例如，投资决策中的银行存款、国债、短期内的理财产品收益等决策条件非常明确，我们可以在精确计算的基础上选择方案。

2. 风险型决策

风险型决策是指各种方案的结果不确定，是随机的，但决策者可以估算各种自然状态出现的概率和不同状态下的损益值，根据估算结果选择方案的一种决策。风险型决策不论如何选择方案，都意味着要承担一定的风险，如银行推出的长期理财产品、在股票市场上购买公司股票等决策。

3. 不确定型决策

不确定型决策是指决策者在所面临的自然状态难以确定，而且各种自然状态发生的概率也无法预测的条件下所进行的决策。此状态下的决策受决策者个人主观意愿和经验的影响最为明显，具有较大的随意性。决策者的知识、经验、直觉、风险偏好、价值观、智力水平是影响决策的重要因素，如投资领域的选择、某种营销方式的推出、新产品开发的方向等决策。

（三）按决策的重复程度分类

按决策的重复程度，可以把决策分为程序性决策和非程序性决策。

1. 程序性决策

程序性决策也称常规性决策，是指经常重复发生，能按原已规定的程序、处理方法和标准进行的决策。在组织中，约80%的决策是程序性决策，如学校对学生进行综合素质测评、学校决定处理考试作弊的学生等决策。

2. 非程序性决策

非程序性决策是指为解决不经常重复出现的、非例行的新问题所进行的决策。非程序性决策具有极大的偶然性、随机性，其方法和步骤难以程序化、标准化，没有现成的标准或经验可以借鉴，不能重复使用。

（四）按决策者的人数分类

按决策者的人数，可以把决策分为集体决策和个人决策。

1. 集体决策

集体决策是由一个团体所进行的决策，是组织中的普遍现象。集体决策的优点主要体现在能集思广益，有利于决策的执行，更能承担风险等方面；集体决策的缺点主要体现在决策速度慢，成本高，消耗时间和金钱，责任不清晰，少数人对群体的操纵及从众压力等方面。

2. 个人决策

个人决策是指由个人（决策者）所进行的决策。个人决策由个人承担决策的责任。个人决策的优点表现在两个方面：一是具有合理性，因为它具有决策效率高、简便、责任明确的特点；二是个人决策创造性较强，适用于工作不明确、需要创新的工作。其局限性也体现在两个方面：一是个人决策所需的社会条件难以充分具备；二是决策者受个人的经验、知识和能力的限制，容易出现决策失误现象。

［**管理思考**］集体决策一定优于个人决策吗？

（五）按决策需要解决的问题和时间先后顺序分类

按决策需要解决的问题和时间先后顺序，可以把决策分为初始决策和追踪决策。

1. 初始决策

初始决策是指组织对从事某种活动的方案进行的初次选择，是在对组织内、外部环境形成某种认识的基础上所做出的。初始决策是零起点决策，它是在有关活动尚未进行、环境尚未受到影响的情况下进行的。

2. 追踪决策

追踪决策是在初始决策实施以后，组织内、外部环境发生变化或者组织对环境特点认识发生变化，组织不能按照原来的决策方案开展工作，需要对组织的活动方向、内容或方式进行重新调整所做出的决策。追踪决策并不是以原决策的起点为起点，而是以已经发生变化的主、客观条件为起点。由于它所面临的问题已经不是问题的初始状态，所以追踪决策是非零起点决策。

三、决策的程序

一般来说，绝大多数决策包括如图 3-1 所示的基本步骤。

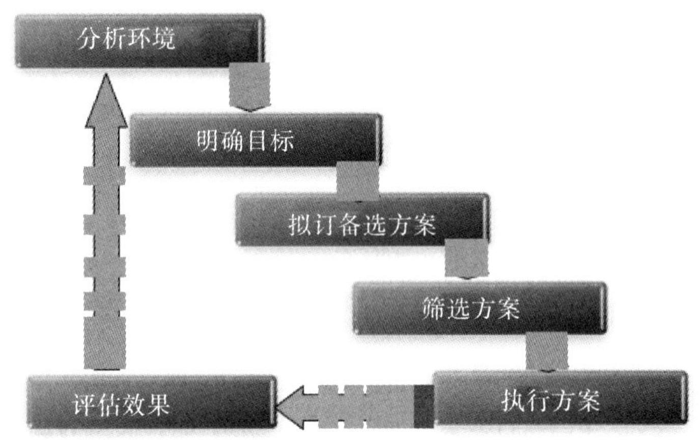

图 3-1　决策的基本步骤

（一）分析环境

决策前首先要弄清楚管理环境能够给组织提供机会或造成威胁的因素，或组织内部环境所带来的优势与隐忧，从而准确地诊断组织存在的问题，识别环境中存在的机会，为科学决策提供依据。

（二）明确目标

决策目标是指在一定外部环境和内部环境条件下，在市场调查和研究的基础上预测所达到的结果。决策目标是根据所要解决的问题来确定的，因此必须把握住所要解决问题的关键点。只有明确了决策目标，管理者才可能避免决策的失误。

（三）拟订备选方案

问题一旦明确，管理者就要为解决这一问题而设计出多种可行的方案。在拟订可行方案时，管理者必须牢记决策目标，根据已经具备的各种内、外部条件找出两种或两种以上的方案，然后经过比较、分析后选出比较理想的方案。拟订可行方案要遵循以下四项原则：

（1）目标性原则，即要紧紧围绕要解决的问题和要达到的决策目标来拟订可行方案；

（2）可行性原则，即根据已经具备和经过努力可以具备的各种条件来拟订可行方案；

（3）独立性原则，即充分发挥参与决策者的积极性、创造性和丰富的想象力；

（4）互斥性原则，即拟订的可行方案要求具有互斥性，如执行甲方案就不能执行乙方案。

（四）筛选方案

在拟订出可行方案之后，决策者应对每种方案的可行性和有效性进行分析，比较各种方案的优劣，然后选其一或综合成一种，作为最后选定的方案。管理者在选择方案时必须做出假想：如果这些方案正在实施，将会出现何种结果，这个结果在多大程度上符合预定的决策目标；实施这种方案所需要付出的代价与可能带来的结果是一个怎样的比值等一系列问题。比较、评价备选方案时，管理者可以采用要求的时间、花费的成本、涉及的风险、可获得的收益或方案的优点、局限性等指标来进行对比。

（五）执行方案

在比较、分析方案的优劣之后，管理者会从中选择一种满意的方案实施。在选择方案时，不要一味地追求最佳方案，而要考虑到可以利用的资源和各种限制性条件。在最终选择时，如果方案都不理想，可以允许不做出任何选择。因为选择任何方案均有一定的风险，与其勉强行动，不如不采取任何行动，以免冒不必要的风险。

决策的目的在于行动，如果没有行动，即使再好的决策也无济于事，所以方案的有效实施便成为决策过程的重要环节。在方案实施过程中，通常要注意做好以下四项工作：

（1）要采取相应的保障措施，保证方案的正确实施；

（2）要确保与方案有关的各种指令能被所有相关人员充分接受和彻底了解；

（3）使用目标管理方法把决策目标层层分解，落实到每一个执行单位和个人；

（4）建立重要的工作汇报制度，以便及时了解方案实施的进展情况，及时进行调整。

［案例故事］

老鼠给猫挂铃铛

有一个古老的寓言在民间广为流传：某地的一群老鼠因一只凶狠无比、善于捕鼠的猫所苦恼。于是，老鼠们就聚集在一起研讨对策，讨论如何解决这个心腹大患。老鼠们颇有自知之明，知道谁也没有猎杀猫的胆量和力气，只不过是想探知猫的行踪，早做防范。这时，有一只老鼠提议说，在猫的身上挂个铃铛，听到铃铛声响，大家就可以立即遁洞而逃，这一提议立刻引来满场的叫好声。在一片叫好声中，有一只不识时务的老鼠突然问道："谁来给猫挂铃铛啊？"顿时全场一片肃静，谁也不敢冒死担此重任。

（六）评估效果

决策过程的最后一步是评估决策效果。在实施过程中，管理者通过追踪检查与评价，发现问题，查明原因，采取相应措施及时纠正偏差，以保证决策的顺利实施和问题的圆满解决。一旦有迹象表明实施方案已脱离现实情况，甚至危及决策目标实现时，管理者就必须对原有方案进行修正或重新做出新的决策。

四、影响决策的主要因素

正确决策是管理者提高管理水平所必须行使的重要职能。但是，在决策过程中，有诸多因素影响着最终的决策。了解影响决策的主要因素，有助于我们进一步理解和掌握决策过程。

（一）环境因素

管理者的决策不可能脱离其所处的内、外部环境，环境因素对决策的影响是十分明显的，主要体现在以下三个方面：

1. 市场环境的稳定性

就企业而言，如果市场环境相对稳定，企业过去对同类问题所做的决策就具有较大的参考价值，那么今天的决策基本上就是昨天决策的翻版与延续。如果市场环境变化较大，企业为了更快地适应环境，则需要对其经营活动方向、内容与形式进行适时调整。

2. 市场结构

处在垄断市场上的企业，通常将经营重点放在内部生产条件的改善、生产规模的扩大以及生产成本的降低上。而处在竞争市场上的企业，则需要时刻关注竞争对手的动向，一旦 竞争对手有动作，就要迅速做出反应，不断推陈出新，加大宣传力度，建立健全销售网络，以期提高品牌的知名度和美誉度。

3. 买、卖双方的市场地位

在卖方市场条件下，卖方在交易市场上居于主动地位，他们往往只关心产品数量和销量，很少考虑市场需求。企业所做的各种决策考虑更多的是自身的生产条件、生产能力与销售能力，容易出现“我有什么就卖什么、我生产什么就销售什么”的意识。而在买方市场条件下，卖方在市场交易中居于被动地位，他们不仅要关心产品的质量，还要考虑市场的需求。此时，消费者的需求就是企业生产与经营的轴心，就是企业所做决策的出发点，因而需要将“市场需要什么我就生产什么”“客户永远是对的”“我们所做的一切就是为客户服务”的思想意识融入决策中。

（二）决策者因素

我们知道，决策是决策者基于客观事实的主观分析和判断的过程。在此过程中，决策者的知识、心理、观念、能力、经验等方面都会影响决策，所以决策过程就是对决策者的一种全面的检验。

1. 决策者对待风险的态度

因为任何决策在不同程度上都带有一定的风险，组织及其决策者对待风险的不同态度会影响决策方案的选择。根据决策者对待风险的态度和看法，可以将决策者划分成三种类型。

（1）风险厌恶型。这类决策者对收益的反应比较迟钝，而对损失的反应比较敏感，他们在决策时往往不求有功，但求无过。

（2）风险中立型。这类决策者既不愿意冒大风险，也不愿意循规蹈矩，他们在做不确定型决策时往往依据的是最小后悔值法则。

（3）风险爱好型。这类决策者对损失的反应比较迟钝，而对收益的反应比较敏感，他们做决策时往往敢于进取，不惧风险，力求获得最大收益。

2. 决策者的个人能力

决策者的个人能力对决策的影响主要有以下四个方面：

（1）决策者对问题的认识能力越强，越有可能提出切中要害的决策；

（2）决策者获取信息的能力越强，越有可能加快决策的速度并提高决策的质量；

（3）决策者的沟通能力越强，他提出的方案越容易获得通过；

（4）决策者的组织能力越强，他提出的方案越容易实施、越容易取得预期的效果，进而影响一个组织对方案的选择与实施。

（三）组织文化因素

组织文化是影响决策的一个重要因素。不同的组织文化会影响组织成员对待变化的态度，进而影响一个组织对方案的选择与实施。

在决策过程中，选择任何方案都意味着是对过去方案某种程度的否定，任何方案的实施都意味着组织要发生某种程度的变化。决策者本人及其他组织成员对待变化的态度会影响方案的选择与实施。在偏向保守、怀旧、维持的组织中，人们总是根据过去的标准来判断现在的决策，总是担心在变化中会失去什么，从而对将要发生的变化产生怀疑、害怕、抗拒的心理与行为；相反，在具有开拓、创新精神的组织中，人们总是以发展的眼光来分析决策的合理性，总是希望在可能发生的变化中得到什么，因此渴望变化、欢迎变化、支持变化。很明显，欢迎变化的组织文化有利于新方案的通过与实施；而抵御变化的组织文化不利于那些对过去做重大改变的方案的通过，即使决策者费尽周折让方案勉强通过，也要在正式实施前设法创建一种有利于变化的组织文化，这无疑会增加实施方案的成本。

（四）时间因素

美国学者威廉·金和大卫·克里兰把决策划分为时间敏感型决策和知识敏感型决策。时间敏感型决策是指那些必须迅速做出的决策，对时间的要求比较严格。战争中军事指挥官的决策多属于此类。这类决策的执行效果主要取决于速度。例如，一个走在马路上的人突然看到一辆疾驰的汽车向他冲来时，最需要做的就是迅速跑开，至于跑向马路的哪一边更近，对此时的他来说不重要。

知识敏感型决策是指那些对时间要求不高而对质量要求较高的决策。在做这类决策时，决策者通常有宽裕的时间来充分使用各种信息，重点是放在未来而不是现在，着重是寻找机会而不是避开威胁。组织中的战略决策大多属于知识敏感型决策。

任务二　分析环境

［导入案例］

零食公司 SWOT 分析

某电商零食公司仅成立四年就成为中国坚果销量第一的企业。基于环境分析的高效运作是其成功的重要因素之一。

优势（S）。第一，该零食公司初创时是一家电子商务公司，更易在移动互联时代的市场中融合互联网、大数据等新科技到自己的品牌运营中；第二，该零食公司创办时恰逢互联网和电商发展的黄金时期，使用互联网较多的群体是年轻人，他们在消费满意后，就会利用社交软件或者社会化媒体帮助其品牌迅速传播；第三，该零食公司的拟人化品牌策略可以帮助其更加贴近消费者，赋予产品温度和情感。

劣势（W）。第一，该零食公司以电商起家，初创时没有实体店，在互联网上的营销受众多是经常上网的一些年轻人，覆盖面有限；第二，产品没有实体店直观地展示，不容易被消费者信任；第三，该零食公司没有自己的产品生产部门，委托第三方生产，对产品的质量把控有一定的难度；第四，该零食公司不是实体店起家，电视广告等传统广告宣传方式可以覆盖到更多年龄层次的消费者，但对于电商产品的宣传效果并不大，观众向顾客的转化率并不是很高。

机遇（O）。第一，该零食公司是在移动互联的时代大潮中创立的，恰逢电商发展的热潮，在移动互联时代抢占了先机；第二，它相较于一些传统企业，能更快地接触到最新的互联网技术，在网店方面也抢占了先机；第三，面临整个市场的营销模式转型趋势，基于自身建立于互联网的优势，要比别的传统企业更快、更容易转型，这样会使它已经拥有的互联网资源和年轻的消费者群体发挥最大的效用。

挑战（T）。第一，作为一个电商品牌，相较于拥有实体店又开了网店的同类品牌，在争取消费者的问题上，面临的威胁较大；第二，在电商领域中，优胜劣汰比实体店要快得多，如果消费者看不到企业推送的广告，或者有资金雄厚的对手斥巨资在电商平台上做广告，该零食公司将陷入困境；第三，要精准营销，在多变的环境下培养顾客的忠诚度，其难度与日俱增。

启示： SWOT 分析帮助组织全面认清局势，科学决策，合理谋划。该零食公司充分利用自己的互联网、大数据等资源，利用网络优势持续传播品牌，利用大数据、算法精准分析消费者，从而为消费者提供契合的产品与服务，成功地打造了一个有情感、有温度，可以提供个性化体验的品牌。

（案例来源：王鑫，饶君华. 管理学基础［M］. 3 版. 北京：高等教育出版社，2023.）

一、环境分析

管理者的一项重要工作就是弄清楚管理环境能够给组织提供机会或造成威胁的因素，并分析组织内部环境所带来的优势与隐忧，从而为科学决策提供依据。下面举例说明环境分析。

比较一个高校食堂餐饮公司的管理者和海底捞火锅的高层管理者。作为一家高校食堂餐饮公司，其管理者要操心的是食品是否安全、有没有充足的供应、服务人手够不够等。海底捞的高层管理者正好相反，他们考虑的是如何最有效地把食品分发到各分店去；面对竞争对手的竞争如何应对；怎样才能通过精心挑选的产品和创新的服务向世界各国美食爱好者传递健康火锅饮食文化等。显而易见，管理者应对的因素越多，管理环境越复杂。

组织规模越大，管理者应对的各种环境就越多。只有掌握正确的分析方法，管理者才能妥当地制订计划，选择最有利的目标和行事方式。

二、环境分析的方法

（一）SWOT 分析法（环境分析的框架）

SWOT 分析法，即基于组织内、外部环境和条件下的态势分析，就是将与组织相关的各种内部优势、劣势，以及外部机会、威胁，通过调查列举出来，并按照矩阵形式排列；然后用系统分析的思想，把各种因素匹配起来加以分析，从中得出一系列带有决策性质的结论。

SWOT 分析法中的四个字母是指：优势 S（strengths），即组织内部的优势；劣势 W（weaknesses），即组织内部的劣势；机会 O（opportunities），即组织外部的机会；威胁 T（threats），即组织外部的威胁。SWOT 分析法如表 3-1 所示。

表 3-1 SWOT 分析法

<table>
<tr><td rowspan="2">外部环境</td><td colspan="2">内部环境</td></tr>
<tr><td>优势 S
（优势作为致胜因子，企业要关注如何发挥自己的优势，提高未来在市场上的表现）</td><td>优势 W</td></tr>
<tr><td>机会 O
（机会作为致胜因子，企业应该关注行业大环境带来的机会，通过组织变革，积极跟上时代的发展）</td><td>SO 增长型战略</td><td>WO 扭转型战略</td></tr>
<tr><td>威胁 T</td><td>ST 多种经营战略</td><td>WT 防御型战略</td></tr>
</table>

SWOT 分析的第一步就是明确公司的优势与劣势。管理人员所面临的任务就是明确公司在当前环境下所具有的优势与劣势。

SWOT 分析的第二步就是对公司所处环境中的当前或将来可能出现的机会与威胁进行全面分析。

企业的 SWOT 分析如表 3-2 所示。

表 3-2　企业的 SWOT 分析

	潜在优势	潜在劣势
优势与劣势	设计良好的战略 强大的产品线 较大的市场覆盖面 良好的营销技巧 品牌知名度 研发能力与领导水平 信息处理能力	不良战略 过时、过窄的产品线 不良营销计划 丧失信誉 研发创新下降 部门之间的争斗 公司控制力量薄弱
	潜在机会	**潜在威胁**
机会与威胁	核心业务拓展 开发新的细分市场 扩大产品系列 将研发导入新领域 打破进入堡垒 寻找快速增长的市场	公司核心业务受到攻击 国内外市场竞争加剧 人为设置进入堡垒 有被兼并的可能 新产品或替代产品的出现 经济形势的下滑

SWOT 分析法为组织的环境分析提供了基本框架，但是想要进行更加具体的分析，还需要采用其他分析方法。一般情况下，外部环境分析采用 PEST 分析法，行业环境分析采用五力竞争分析法，内部环境分析采用价值链分析法。企业经营环境分析（SWOT 分析法）的系统模型如图 3-2 所示。

（二）PEST 分析法（外部一般环境分析）

外部一般环境也称宏观环境，就是组织活动所处的大环境，能够较大范围地影响组织的发展，包括政治（political）环境、经济（economic）环境、社会（social）环境、技术（technological）环境。PEST 分析法就是对以上四种环境因素进行综合分析，它是分析组织外部一般环境的主要方法之一。

（1）政治环境，即一个国家的社会制度，执政党的性质，政府的方针、政策，以及国家的法律法规等。不同国家、社会制度和法制系统对组织经营有着不同的限制和要求。

［管理思考］2021 年国家颁布了“双减”（指减轻义务教育阶段学生作业负担和校外培训负担）政策，作为省内一家规模较大的校外学科培训机构负责人，接下来你打算怎么做？

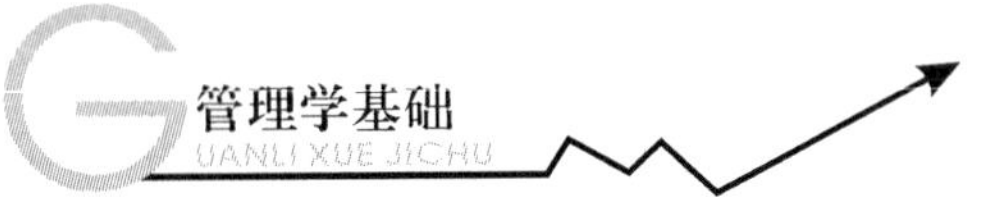

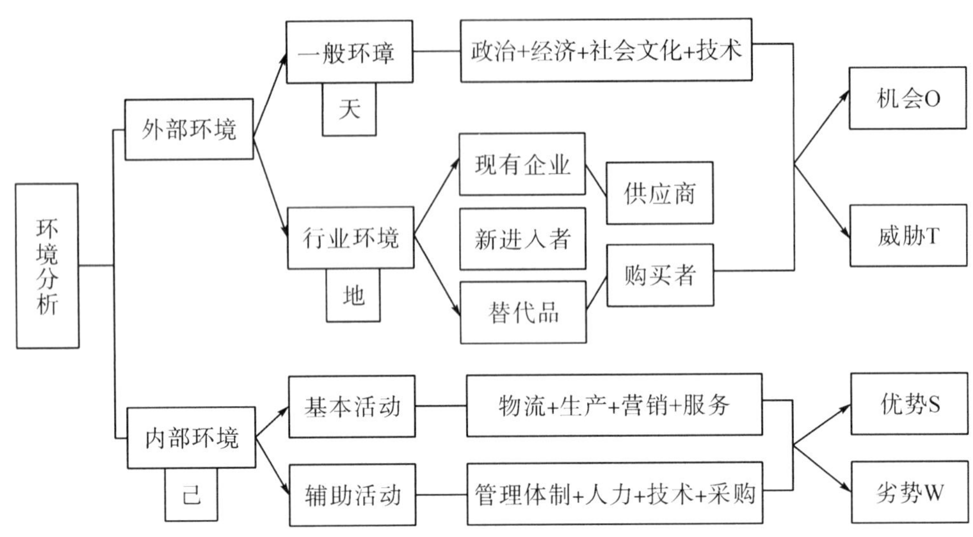

图 3-2　企业经营环境分析（SWOT 分析法）的系统模型

（2）经济环境，即影响组织生存和发展的社会经济状况及国家经济政策等，包括社会经济体制、行业经济结构、宏观经济发展水平、微观经济政策等因素。一般来说，在宏观经济大发展的情况下，市场扩大，需求增加，组织的发展机会就多；反之，在宏观经济低速发展或停滞的情况下，市场需求减少，组织的发展机会就少。

（3）社会环境。社会环境的内容十分广泛，主要是指社会文化环境，包括组织所处地区的人口数量、民族特征、宗教信仰、文化传统、教育水平、价值观念、社会结构、风俗习惯、行为规范等因素，以及组织所处的地理位置、气候条件、自然资源、生态环境等。

（4）技术环境，即与组织生产经营活动相关的科学技术要素的总和，既包括国家和社会的科技体制、科技政策和科技水平，又包括行业的技术进步，还包括企业的新技术、新工艺、新材料的发明情况、应用程度和发展趋势等。科技是第一生产力，它推动了新兴行业的发展，对企业开拓市场、提高竞争力产生了重大影响。

（三）五力竞争分析法（外部行业环境分析）

在日趋复杂的市场上，组织要想生存和发展，就必须进行充分的行业环境分析。对此，美国著名的管理学家迈克尔·波特提出了五力竞争模型的概念。五力，即现有竞争者的竞争能力、潜在竞争者的进入能力、替代品的替代能力、供应商的还价能力、购买者的议价能力。五种竞争力分析模型如图 3-3 所示。五种竞争力的具体释义如表 3-3 所示。

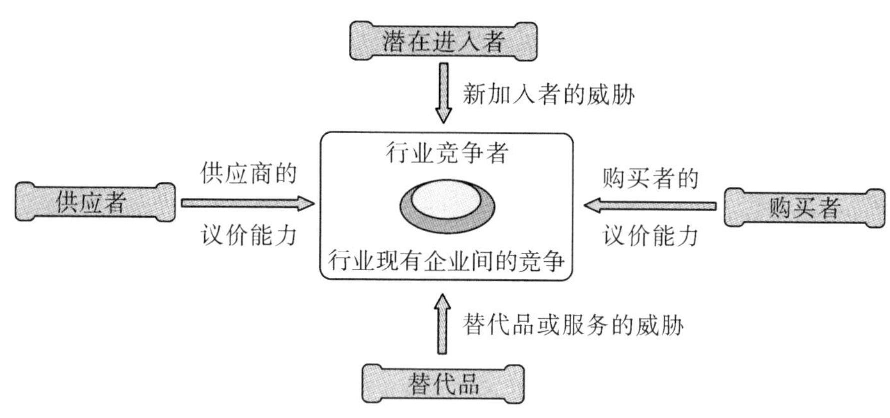

图 3-3 五种竞争力分析模型

表 3-3 五种竞争力的具体释义

五力	具体释义
现有竞争者的竞争能力	现有竞争者的竞争是指组织所处的同行业之间的正面竞争，这是五力竞争中最主要的竞争力量，通常表现在价格、广告、售后服务等方面
潜在竞争者的进入能力	潜在竞争者是指行业外部有可能并准备进入本行业的企业。潜在竞争者一旦进入，可能会给行业注入新活力，促进市场发展，也势必给行业内的现有企业带来竞争压力
替代品的替代能力	替代品是指与本企业产品或服务具有相同功能，且对现有产品或服务具有替代效应的产品。替代品是否具有替代能力，关键在于替代品能否提供比现有产品更高的价值
供应商的还价能力	供应商的还价能力是指企业的供应商在向企业提供产品和原材料时的讨价还价能力。一旦供应商能够确保所提供商品的价格、质量、性能和交货的可靠性，那么它就会成为一种强大的力量
购买者的议价能力	购买者的议价能力是指购买者在购进企业的产品或服务时的讨价还价能力。购买者所采取的手段主要有要求降低价格或提高产品质量和服务水平，甚至迫使行业内的企业互相竞争等，这些手段都会降低企业的获利能力，因而不可忽视

（四）价值链分析法（内部环境分析）

价值链分析法主要是针对组织内部环境进行分析，需要收集组织的管理、营销、财务、生产研发、人力资源、沟通系统等方面的信息，从中分析企业的优势和劣势。

价值链又称增值链，是指由一系列生产经营活动构成的链条，共同为组织创造价值。价值链主要包括两类：一是基本活动，主要有物流、生产、营销、服务等功能或活动；二是辅助活动，主要有企业管理体制、人力资源管理、技术开发、采购等功能或活动。

组织在进行系统的价值链分析后，应采取正确的竞争战略，不断增强自身的竞争优势。组织构建竞争优势的基本战略主要有三种：寻求降低成本的成本领先战略，使产品区别于竞争对手的差异化战略，集中优势占领市场的集中化战略。

任务三　掌握决策方法

[导入案例]

某汽车制造公司主要生产高档燃油轿车，现准备开拓新业务，开发新市场，现在有三个备选方案：①生产中档燃油轿车；②生产新能源电动轿车；③生产中档油电混合轿车。如果你是公司的管理人员，你会如何决策？

一、定性决策法

定性决策法又称主观决策法，是指在决策中主要依靠决策者或有关专家的知识、经验、智慧来进行决策的方法。定性决策法有很多种，这里主要介绍常用的四种方法：头脑风暴法、德尔菲法、名义小组技术法、经营业务组合分析法。

1. 头脑风暴法

头脑风暴法又称智力激励法，由现代创造学的奠基人奥斯本提出，是一种通过小型会议的组织形式，诱发集体智慧，相互启发灵感，最终产生创造性思维的程序化方法。其做法是将对解决某一问题有兴趣的人集中在一起，面对面地使每个成员都畅所欲言地发表自己的观点，让每个人都能提出大量的新想法和新思路。

头脑风暴法的实施原则：

（1）对别人的建议不做任何评价，将相互讨论限制在最低限度内。

（2）建议越多越好。在这个阶段，参与者不要考虑自己建议的质量，想到什么就应该说出来。

（3）鼓励每个人独立思考，广开思路，想法越新颖、越奇特越好。

（4）可以补充和完善已有的建议以使它更具说服力。

2. 德尔菲法（专家意见法）

德尔菲法又称专家意见法，由兰德公司提出，用来听取有关专家对某一问题或机会的意见的决策方法。德尔菲法采用“背靠背”的通信方式征询专家小组成员的预测意见，经过几轮征询，使专家小组的预测意见趋于集中，最后做出符合市场未来发展趋势的预测结论。

德尔菲法的具体实施步骤如下：

（1）组成专家小组。按照课题所需要的知识范围确定专家，人数为10~20人较好。

（2）向所有专家提出所要预测的问题及有关要求，并附上有关这个问题的所有背景材料，同时请专家提出还需要什么材料，然后专家做书面答复。

（3）将各位专家第一次的判断意见汇总，列成图表，进行对比，再分发给各位专家，让大家比较自己同他人的不同意见，修改自己的意见和判断；将所有专家的修改意见收集起来汇总，再次分发给各位专家，以便做第二次修改。逐轮收集意见并向专家反馈信息是德尔法的主要环节。这一过程重复进行，直到每一个专家不再改变自己的意见为止。

（4）对专家的意见进行综合处理。德尔菲法的优点主要是可以避免会议讨论时产生因害怕权威随声附和，或固执己见，或因顾虑情面不愿意与他人意见冲突等弊病；德尔菲法的主要缺点是过程比较复杂，花费时间较长。此外，在选择合适的专家方面也比较困难，征询意见的时间较长，对于需要快速判断的预测难以使用等。尽管如此，本方法因简便可靠，仍不失为一种常用的定性决策方法。

3. 名义小组技术法

名义小组技术法是指在决策过程中对群体成员的讨论或人际沟通加以限制，群体成员是独立思考的。像召开传统会议一样，群体成员都出席会议，群体成员首先进行个体决策。

在问题提出之后，采取名义小组技术法有以下四个具体步骤：

（1）成员集合成一个群体，但在进行任何讨论之前，每个成员独立地写下他对问题的看法；

（2）每个成员提交并说明自己的想法；

（3）群体进行讨论，评价每个想法；

（4）每一个群体成员独立地把各种想法排出次序，最后的决策是综合排序最高的想法。

名义小组技术法的主要优点在于，召集群体成员正式开会但不限制每个人的独立思考，不像互动群体那样限制个体的思维，而传统的会议方式往往做不到这一点。

4. 经营业务组合分析法

经营业务组合分析法是由波士顿咨询集团在20世纪70年代初开发的，因此又称波士顿矩阵法（BCG矩阵）。

BCG矩阵（见图3-4）将组织的每一个战略事业单位（SBUs）标在一种二维的矩阵图上，从而区分出四种业务组合。

（1）问题业务的特征是业务增长率较高，而目前的市场占有率较低。处在这个领域中的往往是一个公司的新业务。为发展问题业务，公司必须建立工厂，增加设备和人员，只有那些符合企业发展长远目标、企业具有资源优势的业务才应投入大量资金，使其转变为明星业务。如果认为投入后也不能转变为明星业务的，则适合采用收缩战略。

（2）明星业务的市场占有率和业务增长率都较高，代表着最高的利润增长率和最佳的投资机会，因而所需要的和所产生的现金都很多。明星业务要发展成为金牛业务适合采用增长战略。

（3）金牛业务的市场占有率较高，而业务增长率较低。较高的市场占有率给企业带来大量现金流，而较低的业务增长率意味着仅需较少的投资。现金牛业务适合采用稳定战略。

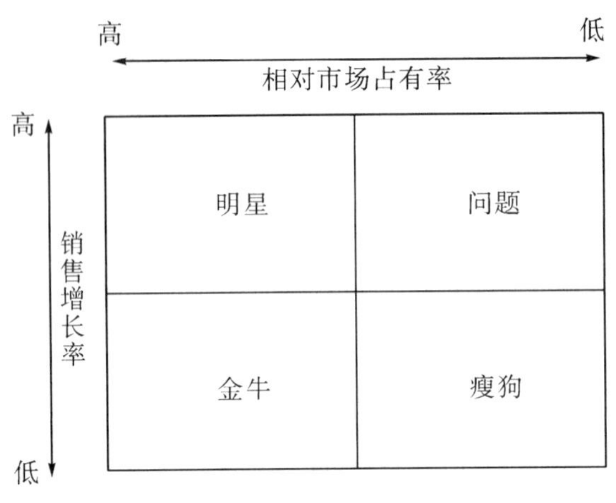

图 3-4　BCG 矩阵

（4）瘦狗业务的市场占有率和业务增长率都较低。这个领域中的产品常常是微利甚至是亏损的，适合采用收缩战略，目的在于清算业务，以便把资源转移到更有利的领域。

二、定量决策法

定量决策法又称硬方法，是指建立在数学模型的基础上，运用统计学、运筹学和电子计算机技术来对决策对象进行计算和量化研究，以解决决策问题的方法。定量决策法主要有确定型决策法、风险型决策法和不确定型决策法三种。

（一）确定型决策法

决策条件已经明确，一个方案只有一个结果的决策属于确定型决策。确定型决策常用的方法是盈亏平衡点分析法，又称量本利分析法。

盈亏平衡点分析法是根据产量（或销量）、成本、利润三者之间的相互关系，综合分析、预测利润、控制成本的一种数学分析方法。盈亏平衡点分析法的重点是计算出组织的盈亏平衡点，又称保本点、盈亏临界点等。盈亏平衡分析模型如图 3-5 所示。

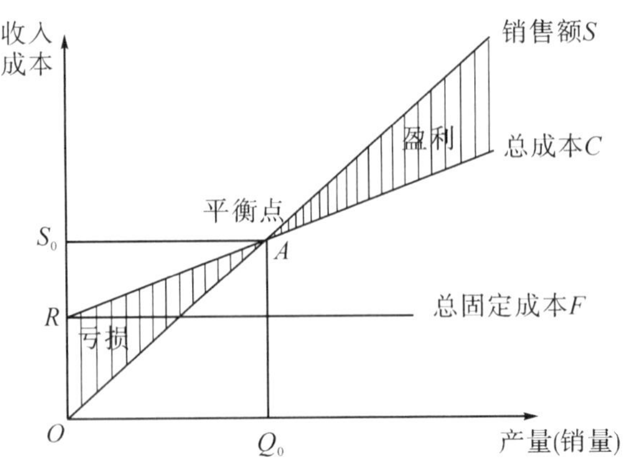

图 3-5　盈亏平衡分析模型

如图 3-5 所示，随着产量的增加，总成本与销售额随之增加，当达到平衡点 A 时，总成本等于销售额，此时不盈也不亏，对应此点的产量 Q_0 即为平衡点产量，销售额 S_0 为平衡点销售额。同时，以 A 点为分界，形成亏损与盈利两个区域。此模型中的总成本是由固定成本和变动成本构成的。

在图 3-5 中，A 为盈亏平衡点，Q_0 为盈亏平衡点的产量或销量，C 为总成本，F 为总固定成本，V 为单位可变成本，P 为产品价格，Z 为利润。

计算过程为

利润=收入-成本

=价格×销量（或产量）-（固定成本+可变成本）

=价格×销量（或产量）-（固定成本+单位可变成本×销量或产量）

=（价格-单位可变成本）×销量（或产量）-固定成本

利润的计算公式用字母代替，即

$$Z=(P-V)\times Q_0-F$$

盈亏平衡点用来分析企业的产量或销售量达到什么样的程度才能保证企业不亏损，即利润等于零：以此为界限，销售收入高于此点，企业盈利；反之，企业亏损。企业必须最大限度地缩小盈亏平衡点的销售量，以实现利润的最大化。

当 $Z=0$ 时，上式变为

$$Q_0=\frac{F}{P-V}$$

当产量或销量大于保本产量或销量时，企业盈利；反之，企业亏损。这说明企业并不是达到盈亏平衡点的时候就停止生产，那样企业无利可图。只要产品单价高于单位变动成本，企业还是应该继续生产。

根据以上公式，我们还可以推导出目标利润产量的计算公式。当要获得一定的目标利润时，企业的产量或销量的计算公式为

$$Q=\frac{F+Z}{P-V}$$

式中，Z 为预期的目标利润额，Q 为实现目标利润 Z 时的产量或销量。

盈亏平衡法通常应用于确定企业保本产量，预测一定产量下的企业利润水平，确定实现目标利润的产量，确定实现目标的措施，分析和判断企业经营安全状况，等等。

【例 3-1】某企业生产一种产品，其总固定成本为 300 万元，单位产品变动成本为 50 元，产品售价为 65 元。请问：企业达到盈亏平衡点的产量为多少？

解：根据盈亏平衡点产量的计算公式，可得盈亏平衡点产量为

$$Q_0=\frac{F}{P-V}=\frac{3\ 000\ 000}{65-50}=200\ 000$$

因此，当生产量达到200 000件时，处于盈亏平衡点上。

（二）风险型决策法

常用的风险型决策法是决策树法。决策树法是借助树形分析图，根据各种自然状态出现的概率及方案预期损益，计算比较各方案的期望值，从而选择最优方案的方法。

其决策的步骤如下：

第一步，绘制决策树。实际上，这是拟订各种决策方案的过程，也是对未来可能发生的各种状况进行周密思考和预测的过程。

第二步，计算期望值。根据图中有关数据，计算方案期望值并将期望值填写在相应的方案枝末端的机会点上方，表示该方案的经济效果。

第三步，剪枝决策。比较各方案的期望收益值，从中选择收益值最大的作为最佳方案，其余的方案枝一律剪掉，最终剩下一条贯穿始终的方案枝，即决策方案。

【例3-2】某公司计划未来3年生产某产品，需要确定产品批量。预估这种产品的市场状况的概率是：畅销为0.2，一般为0.5，滞销为0.3。现提出大、中、小三种批量的生产方案，求经济效益最大的方案。某公司的有关资料如表3-4所示。

表3-4　某公司的有关资料　　单位：万元

项目	畅销（0.2）	一般（0.5）	滞销（0.3）
大批量	40	30	-10
中批量	30	20	8
小批量	20	18	14

运用决策树法的基本步骤如下：

第一步，绘制决策树。首先从左端决策点（用“□”表示）出发，按备选方案引出相应的方案枝（用“—”表示），每条方案枝上注明所代表的方案；然后，每条方案枝到达一个方案的节点（用“○”表示），再由各方案节点引出各个状态枝（也称概率枝，用“—”表示），并在每个状态枝上注明状态内容及其概率；最后，在状态枝末端（用“△”表示）注明不同状态下的损益值。决策树完成后，再在下面注明时间长度。

第二步，计算期望值。根据决策树资料（见图3-6），计算如下：

大批量生产期望值=［40×0.2+30×0.5+（-10）×0.3］×3=60（万元）

中批量生产期望值=［30×0.2+20×0.5+8×0.3］×3=55.2（万元）

小批量生产期望值=［20×0.2+18×0.5+14×0.3］×3=51.6（万元）

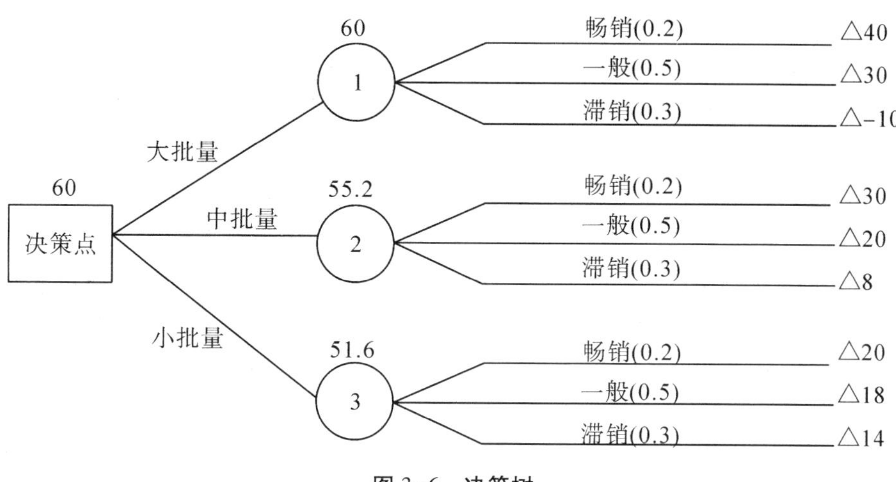

图 3-6　决策树

第三步，剪枝决策。将各方案的期望值标在各个方案的节点上；然后，比较各方案的期望值，从中选择期望值最大的作为最佳方案，并把最佳方案的期望值写在决策点方框的上边同时剪去（用“/”表示）其他方案枝。此例中，大批量生产期望值最大，所以选择该方案。

（三）不确定型决策法

常用的不确定型决策法有乐观法、悲观法、最小后悔值法和平均法。

（1）乐观法（大中取大法）。这种方法是建立在决策者对未来形势的估计非常乐观的基础之上的，即认为极有可能出现最好的自然状态，于是争取好中取好。

【例 3-3】某公司计划生产一种新产品。该产品在市场上的销售情况有三种可能：销路好、销路一般和销路差。对每种情况出现的概率均无法预测。现有三种方案：A 方案是自己动手改造原有设备；B 方案是全部更新，购进新设备；C 方案是购进关键设备，其余自己制造。该产品计划生产 5 年。据测算，各个方案在不同情况下的损益见表 3-5。

表 3-5　各个案在不同情况下的损益　　单位：万元

项目	销路好	销路一般	销路差
A 方案	200	130	-40
B 方案	230	100	-60
C 方案	100	70	16

在【例 3-3】中，A 方案的最大损益值为 200 万元，B 方案的最大损益值为 230 万元，C 方案的最大损益值为 100 万元。经过比较，B 方案的最大损益值最大，所以选择 B 方案。

（2）悲观法（小中取大法）。这种方法是建立在决策者对未来形势的估计非常悲观的基础上的，故从最坏的结果中选最好的。

在【例 3-3】中，A 方案的最小损益值为-40 万元，B 方案的最小损益值为-60 万元，C 方案的最小损益值为 16 万元。经过比较，C 方案的最小损益值最大，所以选择 C 方案。

（3）最小后悔值法（大中取小法）。这种方法的基本思想是如何使选定决策方案后可能出现的后悔值达到最小，即蒙受的损失最小。各种自然状态下的最大收益值与实际采用方案的收益值之间的差额，叫作后悔值。这种决策方法的步骤如下：先从各种自然状态下找出最大收益值；然后用该最大收益值减去各个方案的收益值，求得后悔值；最后，从各个方案后悔值中找出最大后悔值，选择最大后悔值为最小的方案为决策方案。

在【例 3-3】中，在销路好的自然状态下，B 方案的收益最大，为 230 万元。在将来发生的自然状态是销路好的情况下，如果管理者恰好选择了这一方案，他就不会后悔。如果他选择的不是 B 方案，而是其他方案他就会后悔（后悔没有选择 B 方案）。比如，他选择的是 C 方案，该方案在销路好时带来的收益是 100 万元，比选择 B 方案少了 130 万元的收益，即后悔值为 130 万元。各个方案在不同情况下的后悔值见表 3-6。

表 3-6　各个方案在不同情况下的后悔期　　单位：万元

项目	销路好	销路一般	销路差
A 方案	30	0	56
B 方案	0	30	76
C 方案	130	60	0

从表 3-6 可以看出，A 方案的最大后悔值是 56 万元，B 案的最大后悔值为 76 万元，C 方案的最大后悔值是 130 万元，经过比较，A 方案的最大后悔值最小，所以选择 A 方案。

（4）平均法（等概率法）。这种决策方法是将未来不明的自然状态出现的可能完全等同地加以看待，因此，设各种自然状态出现的概率都相同，从而将其转化为风险型决策。

上述四种方法，在实际中往往是同时运用，并将用四种方法选中次数最多的方案作为决策方案。

［管理素养］

谋略为上

宋代，一场大火烧毁了皇宫。皇帝命大臣丁谓负责皇宫修复工程。该工程量相当大，用料多，且运输距离遥远，修复工程正常工期将长达 25 年。而丁谓经过巧妙运筹，制定了一个综合方案：将宫前的几条主要街道挖成水渠，从中取土，就地烧成砖瓦；同时引汴水入渠，使用竹排木筏从水路将远道而来的建筑材料直接运到施工现场；待皇宫竣工后，再将工程废料填入水渠中，修复道路。这样一举三得，不但节省了巨额资金，而且大大缩短了工期。

这故事堪称“运筹之经典”。

思考与践行：作为管理者，要深刻认识到计划与决策是决定成败的首要因素，精心运筹比辛苦蛮干更有效率，弯道超车比一味追赶更易超越。你应努力提高创新与运筹能力，在未来的管理实践中坚持“以智取胜”。

（案例来源：单凤儒. 管理学基础［M］. 7版. 北京：高等教育出版社，2021. 有改动）

项目小结

决策与计划职能是管理的首要职能。本项目的主要内容包括三个方面：一是了解决策与决策过程，主要学习决策的概念、决策的分类、决策的程序和影响决策的主要因素；二是分析环境，主要学习环境分析概述与环境分析的方法；三是掌握决策方法，主要学习定性决策方法和定量决策方法。决策的定量方法是本项目的一大重点与难点。

同步训练

一、基础知识练习

（一）单选题

1. 管理的首要职能是（　　）。

A. 人员配备　　B. 组织　　C. 决策与计划　　D. 指导与控制

2. 外部环境中最直接、最明显影响企业经营的是（　　）。

A. 行业　　B. 政策　　C. 市场　　D. 经济

3.（　　）面对未来可能呈现的多种状态，决策者虽无法事先确定究竟呈现何种状态，但可以判断各种状态出现的概率。

A. 确定型决策法　　B. 风险型决策法

C. 不确定型决策法　　D. 追踪决策法

4. 只有获取全面准确的信息，我们才能做出符合客观规律的决策。这体现的是决策的（　　）原则。

A. 信息准确　　B. 选准目标　　C. 集体决策　　D. 分层决策

5. 产业环境的分析方法是（　　）。

A. SWOT 分析法　　B. 五力模型法

C. 价值链分析法　　D. 环境因素分析法

6. 按原已规定的程序、处理方法和标准进行的决策是（　　）。

A. 非程序化决策　　B. 既定决策　　C. 程序化决策　　D. 规范决策

7. 每种备选方案只有一种确定结果的决策，即决策事件未来的自然状态明确，只要比较各方案的结果即能选出最优方案的决策是（　　）。

A. 不确定型决策　　B. 风险型决策　　C. 明确化决策　　D. 确定型决策

8. 邀请专家、内行，针对组织内某一个问题或某一个议题，让大家开动脑筋，畅所欲地发表个人意见，充分发挥个人和集体的创造性，经过互相启发，产生连锁反应，集思广益，而后进行决策的方法是（　　）。

A. 德尔菲法　　B. 头脑风暴法　　C. 个人决策法　　D. 集体决策法

9. 决策事件未来的各种自然状态完全未知，各种状态出现的概率也无法估计，只能凭决策者主观经验做出的决策是（　　）。

A. 不确定型决策　　B. 确定型决策　　C. 风险型决策　　D. 主观型决策

10. 盈亏平衡点分析法是一种用于（　　）的方法。

A. 确定型决策　　B. 不确定型决策　　C. 风险型决策　　D. 定性决策

（二）判断题

1. 定性决策法，又称“硬方法”，是决策者根据个人或专家的知识、经验和判断能力，充分发挥集体智慧进行决策的方法。（　　）

2. 决策遵循的是最优原则，而不是满意原则。（　　）

3. 一般而言，组织在进行环境分析时，分析内部环境要采用价值链分析法，分析外部环境则采用五力竞争分析法和PEST分析法。（　　）

4. 在不确定型决策的方法中，选择折中原则法的决策者认为，方案的各种自然状态的发生概率是均等的。（　　）

5. 由于人们很难获得最优决策，只能接受满意决策，而满意决策完全取决于决策者的主观判断，所以结果往往是“走一步，看一步，摸着石头过河”。（　　）

（三）简答题

决策的程序有哪些？

（四）计算题

某厂正在就生产一种新产品进行论证与决策。这种产品如果上马，预测其总固定成本为40万元，单位变动成本为20元，产品销售价格为30元。为服务决策，经理要你预测几个数据：

（1）该厂的盈亏平衡点产量应为多少？

（2）如果要实现利润4万元，其产量应该是多少？

管理测试——测试你的决策能力有多强

表3-7所示的自测题能够帮助你评估自己的决策能力。答题时应尽可能客观。如果你回答“从不”，则选择1，回答“总是”，则选择4，等等。将你的得分加起来，并根据最后的分析来判断你的决策能力，从而确定你是否需要提高决策能力。

表3-7　测试你的决策能力

决策行为表现	从不	有时	经常	总是
1. 我及时做出决策，并及时实施	1	2	3	4
2. 决策前我仔细而全面地分析了情况	1	2	3	4
3. 我把不必自己亲自做出的决策授权给下属去完成	1	2	3	4
4. 我将理智和创新结合起来做出决策	1	2	3	4
5. 我在开始具体决策前分析决策的类型	1	2	3	4
6. 根据自己对企业文化的理解来获得同事对决策的支持	1	2	3	4

表3-7(续)

决策行为表现	从不	有时	经常	总是
7. 我根据一定标准来确定优先因素	1	2	3	4
8. 对战略性决策我花大力气对待	1	2	3	4
9. 决策过程中我最大限度地寻求别人的参与	1	2	3	4
10. 在完成一个正确决策的过程中，我咨询合适的人以获得他们的帮助	1	2	3	4
11. 对自己及竞争对手的优劣势条件进行全面分析	1	2	3	4
12. 我用具有挑战性的、创新性的方法来剔除陈旧的观点	1	2	3	4
13. 我鼓励大家团结协作而不是各自为战	1	2	3	4
14. 我在会议前认真地准备方案，也鼓励其他人这样做	1	2	3	4
15. 我根据最终的目标客观地分析和评估所有可选方案	1	2	3	4
16. 我尽可能地从公司内部和外部收集各种有用的信息	1	2	3	4
17. 我考虑实施决策的计划及决策的效果	1	2	3	4
18. 在分析结果时，我客观地判断每种方案成功的可能性	1	2	3	4
19. 在适当的时候，我应用计算机帮助自己进行决策	1	2	3	4
20. 我努力降低风险，但是在有把握的时候冒点风险也是必要的	1	2	3	4
21. 我采用不同的情境设计来完善计划，并测试计划的可行性	1	2	3	4
22. 我实事求是地决策，而不考虑决策提出者与自己的利害关系	1	2	3	4
23. 在整个过程中，我努力寻求他人的支持	1	2	3	4
24. 在制订行动计划时，我要求所有人都参与进来	1	2	3	4
25. 我指定一个特定的人对某个具体的行动负责	1	2	3	4
26. 我与同事们公开地、真诚地并尽可能及时地交换对决策的看法	1	2	3	4
27. 我努力鼓励他人对决策提出反对意见	1	2	3	4
28. 我在适当的地方设置监督系统，并利用它们来监测进展的情况	1	2	3	4
29. 在一个项目完成之后，我回顾行动过程以期发现和吸取经验教训	1	2	3	4
30. 我将决策解释清楚，并努力使其他人理解它	1	2	3	4
31. 我对自己招聘的人的行为负全部责任	1	2	3	4
32. 我努力使每一次会议都有明确的结论和决策	1	2	3	4

管理游戏——荒岛逃生记

考察决策和计划能力。

游戏背景：

假如你在旅行中私人飞机坠落在荒岛上，只有6人存活。这时逃生工具只有一个只能容纳一人的橡皮气球吊篮，没有水和食物。

要求：5~8人分成一组，各小组权衡利弊，寻找最优的求生方案。角色分配：

1. 孕妇：怀胎八月；

2. 发明家：正在研究新能源（可再生、无污染）汽车；

3. 医学家：经过多年研究艾滋病的治疗方案，已取得突破性进展；

4. 宇航员：即将远征火星，寻找适合人类居住的新星球；

5. 生态学家：负责热带雨林抢救工作组，

6. 流浪汉。

建议按照“分析环境——明确目标、原则（全体获救原则；一人逃生原则；时间长短原则等）——拟定方案——筛选方案”的逻辑框架进行讨论，安排一人控制时间、一人负责记录总结就可以很好地配合完成讨论。

项目实训——个人职业生涯SWOT分析

SWOT分析对个人职业生涯的分析而言是一种有用的工具。进行个人SWOT分析，包括严格地审视你个人的长处和短处，然后评估你感兴趣的各种职业生涯道路的机会和威胁。

步骤1：评估你个人的长处和短处。我们所有的人都具有某种特殊的技能、才能和能力，我们都喜欢做某些事，不喜欢做另一些事。例如，有些人不喜欢整天坐在桌子旁，另一些人在与生人打交道时感到紧张。列出你喜欢的活动和你擅长的事情，然后识别你不喜欢的事情和你不擅长的方面。重要的是认识到你的短处，从而你能够要么试图改正它，要么在你的职业生涯中避开它。列出你个人的长处和短处，并标出那些你认为特别重要的特质。

步骤2：识别职业生涯的机会和威胁。我们知道，不同的产业面临不同的外部机会和威胁，重要的是识别这些外部因素，因为你选择的职位和未来的职业生涯将会受到这些机会和威胁的重要影响。一个处于衰退产业中的公司是很少可能提供职业生涯成长机会的。此外，身处前景光明的产业中，你的工作前景也将是光明的。列出2~3个你感兴趣的产业，批判性地提出这些产业所面临的机会和威胁。

步骤3：描绘未来5年职业生涯目标，进行你的SWOT评估。列出4~5个在未来5年中你要实现的目标。这些目标可能包括在你毕业后找到一份称心的工作，你打算管理多少个下属，或者你希望你的工资水平达到多高等。记住，理想的情况是，你应当使你的优势与所在产业的机会相吻合。

步骤4：描绘未来五年职业生涯的行动计划。现在到了使你的计划具体化的时候了，写出实现你的职业生涯目标的具体行动计划，确切地描述你在什么时候应该做什么。例如，你的SWOT分析可能表明，为了实现你期望的职业生涯目标，你需要选修更多的管理课程或者会计学的课程等。你的职业生涯的行动计划应当表明，你什么时候选修这些课程。你的职业生涯的具体行动计划将为你未来的决定提供指南，正如组织的计划为管理者的决策提供指南一样。

（资料来源：斯蒂芬·P. 罗宾斯. 管理学［M］. 7版. 孙健敏，等译. 北京：中国人民大学出版社，1997.）

项目四　编制计划

项目导读

决策计划职能是组织管理的首要职能，是实现其他管理职能的前提。决策计划使组织的经营管理活动具有方向性、目的性和自觉性。同时，计划贯穿组织各部门和各方面的工作中，是一项全面性、综合性的管理工作。因此，组织和管理者必须树立计划意识，重视计划工作。

本项目主要介绍管理的计划职能，内容包括了解计划与计划制定过程、掌握编制计划的方法等。

学习目标

知识目标

1. 理解计划的概念、特征与意义；
2. 熟悉不同类型的计划；
3. 熟悉计划的制订过程，掌握计划的编制方法。

能力目标

1. 能运用编制计划的程序与方法制定计划；
2. 能运用目标管理的方法分析和解释企业的管理行为；

素养目标

1. 强化“欲善其事，计划先行”的理念和行为习惯；
2. 增强执行能力，培养为实现既定目标而顽强奋斗的意志。

任务一　了解计划与计划制订

［导入案例］

艾琳化妆品公司的计划

艾琳在一家大公司里当过区域经理，管理过250多个推销员。离开这家大公司后，艾琳便开始经营自己的化妆品公司——艾琳化妆品公司。她从意大利一家小型香水厂购置了一套化妆品配制流水线，租用了一家旧仓库，并安装了一套小型化妆品灌瓶与包装生产线。3年过去了，艾琳化妆品公司初见成效，于是艾琳打算拓展公司的产品线，建立分销网络。以下是她针对这一计划将采取的措施：

（1）她准备了一份计划报告。该报告指出"艾琳化妆品公司准备生产一套化妆品系列，并通过百货商店与专业商店在美国东北部分销上市"。为此，她还建立了3个长期目标：一是成为意大利香水在美国市场的主要代理商，二是只销售高级化妆品，三是以高收入顾客为主要销售对象。

（2）艾琳打算在美国东部的5座大城市开设自己的经销办事处。她初选了10座城市，最后选中其中5座城市作为最佳落脚点，并确定办事处的开张营业时间。办事处开张之前，她还要协调好签署租约、添置办公设备、雇佣办事员、招聘或续聘推销员、通知客户等事宜。

（3）艾琳为艾琳化妆品公司设立的另一个目标是，下一年度的销售额达到300万美元。销售部经理说，这个目标并不现实。艾琳又询问生产部经理，如果所有的生产线都运作起来，工厂是否能完成每年300万美元的订单任务。生产部经理回答说，这些必须等他核准生产能力的各项指标之后才能给予答复。

（4）面对这么多要完成的目标，艾琳决定将一定的职权委派给公司主要部门的经理。她逐一与他们交谈，一一落实要达到的目标。她给生产部经理定下了3个目标：一是提高生产力，每月生产1万件产品；二是降低破损率至5%；三是保持工薪支出在50万美元以内。生产部经理提出了异议，认为有的指标不合理。到了年终，生产部经理完成了前两个目标，但工薪支出却超出预算10万美元。

请思考：

1. 如何才能使艾琳"成为主要代理人"的目标更加具体化？
2. 在开设新办事处的过程中，艾琳忽略了计划制订的哪一步骤？
3. 艾琳在处理公司主要计划与派生计划间的关系时存在哪些问题？

（案例来源：张建贵，周万中. 管理学［M］. 2版. 南京：江苏大学出版社，2021. 有改动）

一、计划概述

（一）计划的概念与内容

计划有狭义和广义之分。狭义的计划是指管理者事先对未来应采取的行动所做的谋划与安排；广义的计划是指人们编制、执行计划，以及检查计划执行情况等一系列计划管理工作，简称为计划工作。确切地说，计划工作包括分析预测未来的情况与条件，确定目标，决定行动方针与行动方案，并依据计划去配置各种资源，进而执行任务，最终实现既定目标的整个管理过程。计划工作是一项既广泛又复杂的管理工作，涉及组织的每一项活动，需要深入细致地分析研究和非常高的技术技能。

管理大师孔茨曾形象地把计划工作比喻成一座桥梁，指出计划可以把我们所处的此岸和我们要去的彼岸连接起来，以克服这一天堑。制订计划即在时间和空间两个维度上进一步分解任务和目标；执行计划包括实现任务和目标的方式、进度规定；检查计划是对行为结果的检查与控制等。

（二）计划的内容——5W1H

西方的管理学家用“5W1H”来概括计划工作的任务。

（1）目标——明确做什么（what）：明确计划工作的具体任务、要求，明确每一个时期的中心任务和工作重点。

（2）意义——回答为什么（why）：明确计划工作的宗旨、目的、战略、策略，并论证可行性。

（3）时间——何时才做（when）：规定计划中各项工作任务的开始和执行的进度，以便进行有效的控制和对各种资源（如人力、物力、财力、技术等）进行及时的调整、平衡。

（4）地点——在哪里做（where）：规定计划实施地点或场所，了解计划实施的环境条件和限制，以便合理安排计划实施的空间组织和布局。

（5）人员——谁去做（who）：计划任务要明确由哪个主管部门负责。例如，在计划执行过程中的各个阶段，明确由哪个部门负主要责任，哪些部门协助；各个阶段交接时，明确由哪些部门和哪些人员参加鉴定和审核，等等。

（6）方式与手段——如何去做（how）：制定完成计划任务的措施，以及相应的政策、规则，对各种资源分配方案、各种派生计划进行综合平衡等。

实际上，一个完整的计划还应包括控制标准和考核指标的制订，也就是告诉实施计划的部门或人员，做成什么样、达到什么要求才算完成了任务。

二、计划的特征与作用

（一）计划的特征

计划工作的特征可以概括为五个主要方面：目的性、首位性、普遍性、效率性和创新性。

1. 目的性

计划工作是为实现组织目标服务的，组织是通过精心安排的合作实现目标而得以生存的。计划作为管理的一项基本活动，应有助于实现组织的目标，从时间上和空间上对决策做进一步的展开和细化。

各种计划及其所有支持性计划，都是旨在促使组织的总目标和各个时期目标的实现。在为集体里一起工作的每个人设计环境，使每个人有效地完成任务时，管理人员最主要的任务，就是努力使每个人理解集体的总目标和一定时期的目标。如果要使集体的努力有成效，组织成员一定要明白组织期望他们完成的是什么。这种计划工作的职能在所有管理职能中是最基本的。

［**管理案例**］

向员工传达目标要清楚

当富士康还是一个全球员工不超过15 000人的中型企业的时候，有一次总裁到下属的企业巡视，正好看到工人们正在擦拭冲压好的电脑机箱，每个机箱都擦了3次。于是，总裁就问现场的工人为什么要擦3次，工人回答说："我也不知道为什么要擦3次，上边这么规定的，我们就这么做了。"总裁当时没说什么，回去之后，他把负责生产的总经理叫到办公室，问他为什么每个机箱都要擦3次。生产总经理说："擦3次是为了更好地把机箱冲压时造成的油污擦掉。"总裁说道："那你为什么不告诉工人们擦3次的目的，而只告诉他们需要擦3次呢?"

当天晚上开月会的时候，总裁要求生产总经理当着2 000多人的面站着开会，并让他第二天在工厂门口罚站，作为他没有明确告知员工工作目标，而是生硬地规定员工执行的惩罚。

点评：在没有被明确告知工作目标的前提下，工人错误地认为其工作目标就是擦拭3遍机箱。这样，他们就会对真正的工作目标——擦拭油污失去了判断和应变的能力。由此可见向员工明确传达工作目标的重要性。

（案例来源：郑雪玲. 管理学基础［M］. 厦门：厦门大学出版社，2019.）

2. 首位性

计划工作处于管理职能的首位。把计划工作摆在首位，不仅因为从管理过程的角度来看，计划工作先于其他管理职能，而且因为在某些场合，计划工作是付诸实施的唯一管理职能。计划工作的结果可能得出一个决策，即无须进行随后的组织工作、领导工作及控制工作等。计划工作具有首位性的原因还在于计划工作影响和贯穿于组织工作、人员配备、领导工作和控制工作。计划工作对组织工作的影响是，可能需要在局部或整体上改变一个组织的结构，设立新的职能部门或改变原有的职权关系。

3. 普遍性

组织中，所有的管理人员都要做计划工作。通常，计划工作的特点和范围会因各级主管人员职权的不同而不同，但开展好这项工作却是各级主管人员的一个共同职能，管理人员都要有一定程度的自主权，并承担制订计划的责任。

所有管理人员，从总经理到第一线的基层主管都要制订计划。有意思的是，人们发现基层主管在工作中取得成绩的主要因素，就是他们有从事计划工作的能力。

4. 效率性

计划工作的任务，不仅是要确保实现目标，而且是要从众多方案中选择最优的资源配置方案，以求得合理利用资源和提高效率。用通俗的语言来表达，就是既要“做正确的事”，又要“正确地做事”。显然，计划工作的任务同经济学所追求的目标是一致的。计划工作的效率，是以实现企业的总目标所得到的利益，扣除为制订和执行计划所需要的费用和其他预计不到的损失之后的总额来测定的。

5. 创新性

计划工作总是针对需要解决的新问题和可能发生的新变化、新机会做出决定。因而，它是一个创造性的管理过程，是对管理活动的设计，如对新产品或新项目的设计、战略目标的创新等。

（二）计划的作用

1. 指明方向，协调活动

良好的计划可以通过明确组织目标和建立组织各个层次的计划体系，将组织内成员的力量凝聚成一股朝着同一目标方向的合力，从而减少内耗，降低成本，提高效率。

2. 预测变化，降低风险

计划是面向未来的。而在未来，无论是组织生存的环境还是组织自身，都具有一定的不确定性和变化性。而计划工作可以让组织通过周密细致的预测，预见变化，考虑变化的冲击，制定适当的对策。计划工作可以减小不确定性，使管理者能够预见到行动的结果，从而尽可能地变“意料之外的变化”为“意料之内的变化”，用深思熟虑的决策来代替草率的判断从而面对变化也能变被动为主动、变不利为有利，减少变化带来的冲击。

3. 配置资源，减少浪费

计划工作的首要任务是使组织的未来活动均衡发展。组织在实现目标的过程中，各种活动会出现前后协调不一、联系脱节等现象，同样，在多项活动并行的过程中也往往会出现不协调现象。良好的计划能通过设计好的协调一致、有条不紊的工作流程来避免上述现象的发生，从而减少重复和浪费性的活动。计划工作可以使组织的经营活动的费用降至最低限度，从而实现对各种生产要素的合理分配，使人力、物力、财力紧密结合，取得更好的经济效益。

4. 有效控制，纠正偏差

计划和控制是一个事物的两个方面。组织在实现目标的过程中离不开控制，而计划则是控制的基础。控制即纠偏。在计划中，我们设立目标；在控制环节，我们将实际的绩效与目标进行比较，发现可能发生的重大偏差，采取必要的校正行为。没有计划，就没有控制。控制中几乎所有的标准都来自计划。

此外，计划还可以通过对各种方案进行详细的技术分析来选择最佳的活动方案，从而能够大大减少由于仓促决策而造成的损失。计划工作还有助于在最短的时间内完成工作，减少迟滞和等待，促使各项工作均衡稳定地进行。计划工作对组织的经营管理工作起着直接的指导作用。

［管理故事］

运筹帷幄之中，决胜千里之外

刘邦打败了西楚霸王项羽，当上了皇帝，行赏的时候，把张良评为头功。韩信听了很不高兴，认为天下是自己一刀一枪打下来的，为什么论功却不如张良？刘邦知道后，说了一句："运筹帷幄之中，决胜千里之外。"意思就是，因为有张良在大帐里出谋划策，你韩信才能在千里之外取胜。韩信听后心服口服。

管理启示：刘邦所说的运筹，即谋划和筹划，也就是管理上所讲的计划。可见，计划的地位和作用十分重要。

［管理思考］ 俗话说"计划赶不上变化"。那你认为做计划还有用吗？

三、计划的类型和层次

依照不同的标准，可以将计划分为不同的类型。各种类型的计划不是彼此割裂的，而是由分别适用于不同条件下的计划构成一个计划体系。

（一）计划的类型

最普遍的方法，是根据计划的时间跨度、广度、明确性和所涉及内容对计划进行分类。

1. 长期计划、中期计划和短期计划

计划可以按照时间的长短，分成长期计划、中期计划和短期计划。一般是将 1 年及其以内的计划称为短期计划，1 年以上 5 年以内（不含 5 年）的计划称为中期计划，5 年及以上的计划称为长期计划。但是，对一些环境条件变化很快、本身节奏很快的组织活动，也可能 1 年计划就是长期计划，季度计划就是中期计划，月度计划就是短期计划。

这三种计划中，长期计划描述了组织在较长时期的发展目标和方针，规定了组织的各个部门在较长时间内从事某种活动应达到的目标和要求，绘制了组织长期发展的蓝图，是组织长期发展的纲领性文件。中期计划是根据长期计划制订的。它比长期计划要详细具体，是考虑了组织内部和外部的条件与环境变化情况后制订的可执行计划。短期计划则比中期计划更加详细具体。它是指导组织具体活动的行动计划，具体规定组织各部门在近期，特别是最近的时段中，应该从事何种活动及相应的要求，从而为组织成员近期内的行动提供依据。它一般是中期计划的分解与落实。

在管理实践中，长期计划、中期计划和短期计划必须有机地衔接起来，长期计划要对中期计划、短期计划起指导作用，而中期计划、短期计划的实施要有助于长期计划的实现。

2. 战略计划、战术计划和作业计划

计划可以按照所涉及的组织活动范围，可以划分为战略计划、战术计划和作业计划。其中，战略计划是对组织全部活动所做的战略安排。为组织设立总体目标，需要通盘考虑各种确定性与不确定性条件，谨慎制订，以指导组织全面的活动。战术计划一般是一种局部性的、阶段性的计划。它多用于指导组织内部某些部门的共同行动，以完成某些具体的任务，实现某些具体的阶段性目标。作业计划则是部门或个人的具体行动计划。作业计划通常具有个体性、可重复性和较大的刚性，一般情况下是必须执行的命令性计划。

战略计划、战术计划和作业计划强调的是组织纵向层次的指导和衔接。具体来说，战略计划往往由高层管理人员负责，战术计划和作业计划往往由中层、基层管理人员甚至是具体作业人员负责。战略计划对战术计划、作业计划起指导作用，而战术计划和作业计划的实施要确保战略计划的实施。

作业计划趋向于覆盖较短的时间间隔，如月度计划、周计划、日计划；战略计划趋向于较长的时间间隔，通常为 5 年甚至更长时间，且覆盖较广的领域。就确立目标而言，两者完全不同。设定目标是战略计划的一个重要任务，而作业计划是在目标已确定的条件下制订的. 它只是提供实现目标的方法。

3. 指导性计划和具体计划

计划按照明确性程度，可以划分为指导性计划和具体计划。其中，指导性计划只规定一些重大方针，而不局限于明确的特定目标或特定的活动方案上。这种计划可以为组织指明方向，统一认识，但并不提供实际的操作指南。具体计划则恰恰相反，要求必须具有明确的可衡量目标以及一套可操作的行动方案。具体计划不存在模棱两可，没有容易引起误解的问题。

指导性计划具有内在的灵活性，而具体计划便于及时、有效地完成特定的程序、方案和各类活动目标。组织通常根据面临的环境的不确定性和预见性程度的不同，选择制订这两种不同类型的计划。

4. 综合计划、专业计划和项目计划

计划按照其所涉及的活动内容，可以划分为综合计划、专业计划与项目计划。其中，综合计划一般会涉及组织内部的许多部门和许多方面的活动，是一种总体性的计划。专业计划是涉及组织内部某个方面的计划，如企业的生产计划、销售计划、财务计划等。它是一种单方面的职能性计划。项目计划通常是组织针对某个特定课题所制订的计划，如某种新产品的开发计划、某项工程的建设计划、某项具体组织活动的计划等。它是针对某项具体任务的事务性计划。

（二）计划的层次体系

从抽象到具体，可以将计划分为宗旨（使命）、目标、战略、政策、程序、规则、方案（或规划）和预算。计划的要素如表 4-1 所示。

表 4-1　计划的要素

计划要素	内容解释
宗旨（使命）	指明一定的组织机构在社会上应起的作用、所处的地位
目标	是宗旨的具体化和数量化，说明了组织活动所要达到的预期结果
战略	是为实现组织目标而选择的发展方向、行动方针及各类资源分配方案的总纲。带有对抗含义，所以必须进行环境分析
政策	是管理者决策时考虑问题的指南，允许对某些事情有酌情处理的自由
程序	是完成某项具体活动的方法和步骤，它将一系列行为按照某种顺序进行排列组合。实践中，程序表现为组织的规章制度。可以把程序看作一系列的规则
规则	是在具体场合或具体情况下，针对特定行动的规定
方案（或规划）	指为了实施既定方针而制订的综合性计划，它包括目标、政策、程序、规则、任务分配、步骤及要使用的资源等。它可大可小，一般具有纲领性的作用
预算	是一份用数字表示预期结果的报表。通常为规划服务

计划的层次体系如图 4-1 所示。

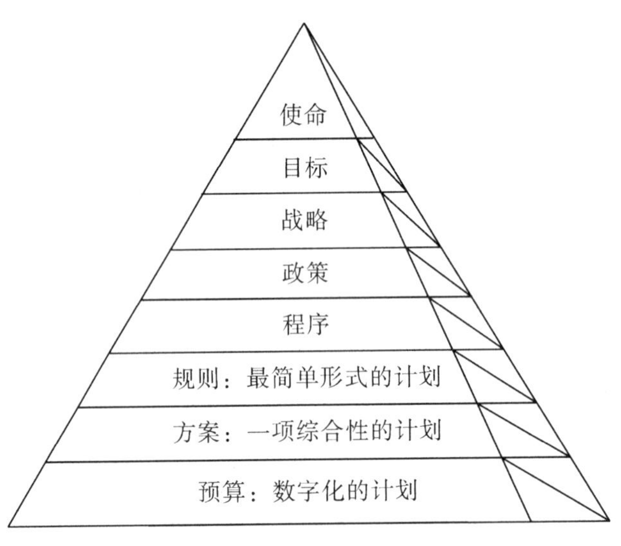

图 4-1　计划的层次体系

四、计划的制订过程

制订一个完整的计划需要八个步骤，分别是机会分析、确定目标、明确计划前提、提出可行方案、评价备选方案、选择方案、拟订支持计划、编制预算。计划的制订步骤如图 4-2 所示。

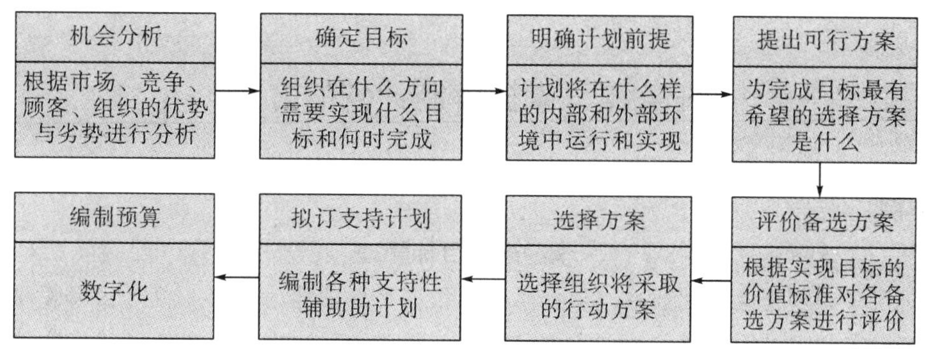

图 4-2　计划的制订步骤

1. 机会分析

组织的计划工作是从分析组织面临的机会和挑战开始的。这需要组织的管理者认真分析组织拥有的资源、条件，面临的环境状况，预测其变化趋势，从中寻找发展机会。

2. 确定目标

管理者通过预测和机会分析，对组织面临的机会和挑战及应对策略形成了初步判断，以此确定出组织的阶段目标和长远目标。

3. 明确计划前提

明确计划实施时的环境状态是制订计划的前提，全面、确切地掌握计划实施时的环境和资源是计划成功实现的保证。为了实现组织目标，使所制订的计划切实可行，管理者必须准确地预测实施计划时的环境和资源状况。

4. 提出可行方案

要围绕组织目标，尽可能多地提出各种可行方案，做到群策群力、集思广益、大胆创新。多种方案的提出可以为选择最优方案或满意方案打下基础。

5. 评价备选方案

当提出各种可行方案后，管理者必须对每一种方案的优缺点进行分析、比较，即评价备选方案，这是选择方案的前提。方案的优劣取决于评价方法的选择和评价者的素质，要从方案的客观性、合理性、可操作性、有效性、经济性、机动性、协调性等方面来衡量。

6. 选择方案

依据方案评价的结果，管理者可从若干可行方案中选择一种或几种优化方案，认真比较各种方案的优点和缺点，在方案选择的过程中充分发扬民主，广泛征求意见。

7. 拟订支持计划

选择的方案一般是组织的总体计划，为了使它具有更强的针对性和可操作性，还需要制订一系列支持计划，即总体计划的子计划。

8. 编制预算

计划工作的最后一步是将计划数字化，即编制预算。预算使得计划的人、财、物等资源和任务分配变得容易，有利于对下级分配适当的权利与责任。预算本身也是衡量绩效的标准，必须认真核定。

任务二　掌握编制计划的方法

［导入案例］

李经理的目标管理

优诺公司李经理在一次职业培训中学习到很多目标管理的内容。他对目标管理逻辑上简单清晰的特点及其预期收益的印象非常深刻。因此，他决定在公司内部实施这种管理方法。首先他需要为公司的各部门制定工作目标。李经理认为，由于各部门的目标决定了整个公司的业绩，因此应该由他本人为他们确定较高目标。确定了目标之后，他就把目标下发给各个部门的负责人，要求他们如期完成，并口头说明在目标完成后要按照目标的要求进行考核和奖惩。但是，他没有想到的是中层经理在收到目标计划书的第二天，就集体表示无法接受这些目标，致使目标管理方案无法顺利实施。李经理对此感到很困惑。

请思考：李经理制定目标的方法是否妥当？请说说你的理由。

一、目标管理

（一）目标的含义及作用

目标是根据组织的使命提出的组织在一定时期内所要达到的预期效果，是一个组织在一定时间内奋力争取达到的、所希望的未来状况。目标有如下作用：

1. 为组织管理工作指明方向

管理是一个为了达到共同目标而协调集体努力的过程。如果不是为了达到一定的目标就无须管理，明确的目标为管理指明了方向。

2. 对组织成员有激励作用

目标是激励组织成员的力量源泉。从组织成员个人的角度来看，目标的激励作用具体体现在两个方面：

（1）个人只有明确了目标，才能激发其潜能，尽力而为，创造出最佳成绩；

（2）个人只有在达到目标后，才会有成就感和满足感。

3. 对组织有一定的凝聚作用

共同的目标对于组织的成员具有一种凝聚力，特别是当组织目标充分体现了组织成员的共同利益，并能够与组织成员的个人目标和谐一致时。

4. 目标达成度是考核员工绩效的客观标准

大量管理实践表明，将上级的主观印象和价值判断作为对管理者绩效的考核依据是不客观、不合理的，不利于调动下级管理者的积极性。

[管理故事]

目标能激发活力

有人做过这样一个实验：组织甲、乙、丙三组人，让他们沿着公路步行，分别向10千米外的三个村子行进。

甲组不知道去哪个村子，也不知道它有多远，只知道跟着向导走就是了。这个组刚走了两三千米时就有人叫苦了，走到一半时，有些人开始愤怒了。他们抱怨为什么要大家走这么远，何时才能走到。有的人甚至坐在路边，不愿再走了，越往后走，人们的情绪越低，七零八落，溃不成军。

乙组知道去哪个村庄，也知道它有多远，但是路边没有里程碑。人们只能凭经验大致估计需要走多长时间。这个组走到一半时才有人叫苦，大多数人想知道他们已经走了多远。比较有经验的人说："大概刚刚走了一半儿路程。"于是，大家又一起继续向前走，当走到4/5路程的时候，大家的情绪又开始低落，觉得疲惫不堪，而余下的路程似乎还很长。当有人说快到了的时候，大家又振作起来，加快了脚步。

丙组最幸运，大家不仅知道所去的是哪个村子，距离有多远，而且路边每一千米处都有一块里程碑。人们一边走一边留心看着里程碑，每看到一个里程碑，大家便有了一阵小小的满足。这个组的情绪一直很高涨，走了七八千米以后，大家确实觉得都有些累了，但他们不仅不叫苦，反而开始大声唱歌、说笑，以消除疲劳。最后的两三千米，大家越走情绪越高涨，速度反而加快了，因为他们知道，他们要去的那个村子就在眼前了。

请思考：该实验对我们的启示是什么？

（资料来源：路宏达. 管理学基础［M］. 5版. 北京：高等教育出版社，2023.）

（二）目标的制定原则——SMART原则

目标设定的SMART原则源于管理大师彼得·德鲁克的《管理的实践》，有五个基本的原则：

（1）目标必须是具体的（specific）；

（2）目标必须是可以衡量的（measurable）；

（3）目标必须是可以达到的（attainable）①；

（4）目标必须和其他目标具有相关性（relevant）；

（5）目标必须具有明确的截止期限（time-based）。

（三）目标管理的含义与过程

目标管理（managing by objectives，MBO）是20世纪50年代源于美国的一种综合的管理方法。著名的管理学家彼得·德鲁克是目标管理最热心的倡导者之一。德鲁克在其1954

---

① 期望理论：只有当人们预期到某一行为能给个人带来有吸引力的结果时，个人才会采取这一特定行为。所以某项活动对某人的激励力取决于该活动结果给此人带来的价值，以及实现这一结果的可能性。

年出版的《管理实践》一书中主张，并不是有了工作才有目标，而是相反，有了目标才能确定每个人的工作。

目标管理要求组织中的上级和下级一起协商，根据组织的战略确定一定时期内组织的战略目标或总目标，由此决定上下级的责任和分目标，并把这些目标作为组织评估和奖励每个单位和个人贡献的标准。

目标管理最突出的特点是强调成果管理和自我控制。由于目标管理被认为更适合于对管理人员的激励和评价，所以目标管理常常被人们称为“对管理者的管理”。

目标管理的六个步骤见前言中的图 1。

1. 制定目标

制定目标包括确定组织的总体目标和各部门的分目标。总体目标是组织在未来从事活动要达到的状况和水平，其实现有赖于全体成员的共同努力。为了协调这些成员在不同时空的努力，各个部门的各个成员都要建立与组织目标相结合的分目标。这样就形成了一个以组织总体目标为中心的一贯到底的目标体系。在制定每个部门和每个成员的目标时，上级要向下级提出自己的方针和目标，下级要根据上级的方针和目标制订自己的目标方案，在此基础上进行协商，最后由上级综合考虑后做出决定。

目标可以设置为任何期限，如一个季度、一年、五年，或在已知环境下的任何适当期限。在大多数情况下，目标设置可与年度预算或主要项目的完成期限相一致。在制定目标时，主管人员也要建立衡量目标完成的标准，如果制定的是定量的、可考核的目标，无论是时间、成本、数量、质量等这些衡量标准都要写到目标里去。在制订目标系列方案时，主管人员和下级应该一起行动，而不应该不适当地强制下级制定各种目标。

2. 明确责任

理想的情况是，每个目标和子目标都应有某一个人的明确责任。然而，几乎不可能去建立一个完美的组织结构以保证每一特定的目标都成为某个个人的责任。例如，在制定一种新产品投入的目标中，研究、销售和生产等部门的主管人员必须仔细地协调他们的工作。组织通常采用设立一名产品主管人员来统一协调各种职能。

3. 执行目标

组织中，各层次、各部门的成员为达成分目标，必须从事一定的活动，活动中必须利用一定的资源。为了保证他们有条件组织目标活动的开展，必须授予相应的权力，使之有能力调动和利用必要的资源。有了目标，组织成员便会明确努力的方向；有了权力，组织成员便会产生与权力使用相应的责任心，从而能充分发挥他们的判断能力和创造能力，使目标执行活动有效地进行。

4. 评价成果

评价成果既是实行奖惩的依据，也是上下左右沟通的机会，还是自我控制和自我激励的手段。评价成果既包括上级对下级的评价，也包括下级对上级、同级关系部门相互之间以及各层次组织成员对自我的评价。上级、下级之间的相互评价，有利于信息、意见的沟通，有利于组织活动的控制；横向的关系部门相互之间的评价，有利于保证不同环节的活动协调进行；各层次组织成员的自我评价，有利于促进他们的自我激励、自我控制以及自我完善。

5. 实行奖惩

组织对不同成员的奖惩是以上述各种评价的综合结果为依据的。奖惩既可以是物质的，也可以是精神的。公平合理的奖惩有利于维持和调动组织成员饱满的工作热情和积极性，奖惩有失公正，则会影响成员的工作积极性。

6. 制定新目标并开始新的目标管理循环

成果评价与成员行为奖惩，既是对某一阶段组织活动效果以及组织成员贡献的总结，也为下一阶段工作提供了参考和借鉴。在此基础上，组织成员及各个层次、部门制定新的目标并组织实施，即展开目标管理的新一轮循环。

（四）目标管理的特征

1. 目标管理是参与式管理的一种形式

在目标管理中，目标的制定者就是目标的执行者。在传统管理中，组织目标的制定是最高层管理者的特权，下级管理者和普通员工只有执行的义务，目标的制定和目标的贯彻是相分离的；目标管理强调组织目标的制定要由上下级共同参与，目标的制定方式是由上而下和由下而上的结合，目标的达成过程也是上下级共同参与的。

2. 强调自我管理、自我控制

传统管理采用的是一种监督和强迫的方式，而目标管理注重自我控制和自我管理。目标管理的主旨在于，用自我控制的管理代替压制性的管理，它使管理人员能够控制自己的行为。这种自我控制可以成为更强大的动力，促使人们尽力把工作做好，而不仅仅是过得去就行。

3. 促使下放权力

集权和分权的矛盾是组织的基本矛盾之一，唯恐失去控制是阻碍授权的主要因素之一。推行目标管理有助于协调这一对矛盾，促使权力下放，有助于在保持有效控制的前提下，使组织更有活力。

4. 注重成果

传统管理的考评工作常常以被考评对象的品质、态度等为依据，考评是上级单方面的权力，下级无发言权；目标管理强调考核要以工作实绩为依据，员工首先对照目标进行自我检查，然后由上、下级共同确定考核结果，并以此作为奖惩的依据。

（五）目标管理的益处

1. 有利于组织全面提高管理水平

现实可行的目标依赖于计划工作的保证，同样，计划必须以最终目标为依据才有意义。这就迫使管理人员为实现最终目标而制订计划，同时也促使他们考虑为实现目标所采用的手段。

2. 有利于改善组织结构

为了将目标落实到岗位上，人们必须明确组织结构的状况，从而发现组织结构设计中所存在的缺陷，以及授权不足与职责不清等缺陷。

3. 有利于增强人们的责任感

通过实施目标管理，每一个员工都参加了为自己拟定目标的工作，他们不再是被动的接受者，而是有着明确目标的、能够掌握自己命运的主动的追求者。

4. 有助于开展有效的控制工作

控制就是对进行着的业务活动加以衡量，发现计划实施过程中发生的偏差并采取措施加以纠正，从而保证既定目标的实现。能否正确适当地衡量业务活动取决于所使用的标准，而一套明确的、可考核的目标将是最好的控制标准。

（六）目标管理的局限性

1. 目标常常难以确定

有许多工作难以量化、具体化，在技术上难以分解，再加上环境的变化越来越快，组织活动日益复杂，组织活动的不确定性越来越大。这使得组织的许多活动难以制定量化的目标。

2. 缺乏灵活性

组织必须根据变化了的内、外部条件对目标进行修正，但目标管理要取得成效，又必须保持稳定性，从而产生了不灵活的危险。

3. 注重短期

目标管理所确定的目标都是短期的，很少超过一年。过于强调短期目标的弊病是显而易见的。

4. 增加管理成本

目标的商定要上下沟通、统一思想，这很费时间。每个单位、个人都关注自身目标的完成，可能忽略相互协作和组织目标的实现，致使产生本位主义、临时观点和急功近利的倾向。

5. 目标管理的哲学假设不一定都存在

目标管理在一定意义上建立在Y理论（参见项目二中任务二的“X理论和Y理论”）的基础之上，依据的是乐观假设。这种假设并非总是成立的，在许多情况下，目标管理所要求的承诺、自觉、自治的气氛难以形成。

二、滚动计划法

这种方法是在每次编制修订计划时，要根据前期计划执行情况和客观条件变化，将计划期向未来延伸一段时间，使计划不断向前滚动、延伸，故称滚动计划法。

滚动计划法具有以下两个特点：一是计划期分为若干个执行期，近期计划内容制订得详细、具体，是计划的具体实施部分，具有指令性；远期计划的内容则较笼统，是计划的准备实施部分，具有指导性。二是计划在执行一段后，要对以后各期计划内容做适当修改、调整，并向未来延续一个新的执行期（见图4-3）。

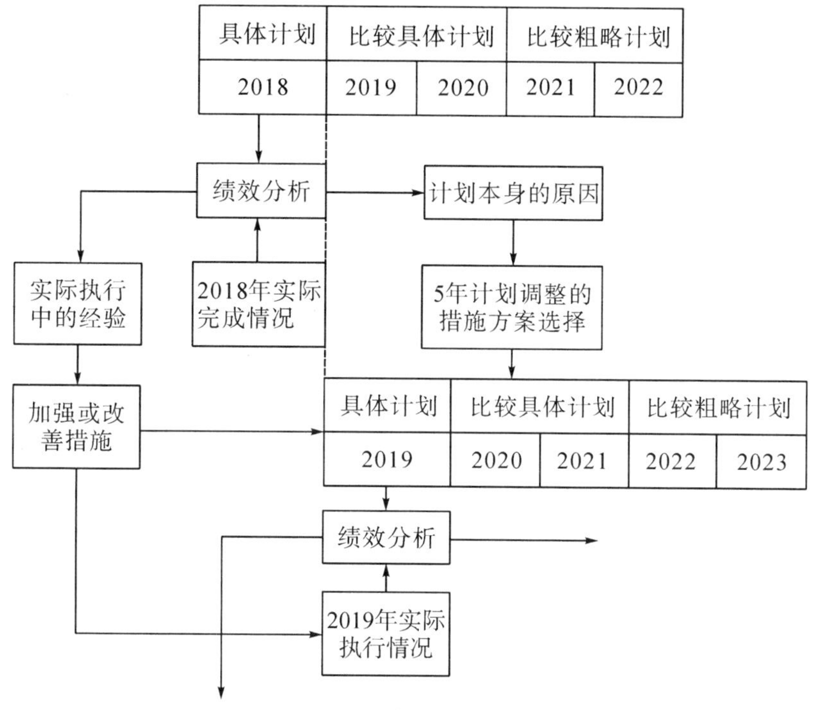

图 4-3　滚动计划法

例如，某公司在 2017 年制订了 2018—2022 年的五年计划，采用滚动计划法。到 2018 年年底，该公司的管理者就要根据 2018 年计划的实际完成情况和客观条件的变化，对原定的五年计划进行必要的调整和修订，据此编制 2019—2023 年的五年计划，以此类推。

滚动计划法具有以下三个优点：一是可以使计划与实际紧密结合，提高计划的准确性，更好地发挥计划的指导作用；二是可以使长期计划、中期计划、短期计划有机结合，从而使计划与不断变化的环境因素相协调，使各期计划在调整中一致；三是具有相当的弹性，可以有效规避风险，适应竞争需要，提高组织应变力。

三、甘特图法

甘特图又叫横道图、条状图。它是在第一次世界大战时期发明的，以提出者亨利・甘特先生的名字命名。

甘特图的内在思想简单，即以图示的方式通过活动列表和时间刻度形象地表示出任何特定项目的活动顺序与持续时间。甘特图是一张线条图，横轴表示时间，纵轴表示活动（项目），用线条表示在整个期间内计划和实际的活动完成情况（见图 4-4）。

甘特图直观地表明任务计划在什么时候进行，以及实际进展与计划要求的对比。管理者由此可以便利地弄清一项任务（项目）还剩下哪些工作要做，并可以评估工作推进度。

（1）明确项目牵涉的各项活动、项目，其内容包括项目名称、开始时间、任务类型（依赖/决定性）及依赖于哪一项任务。

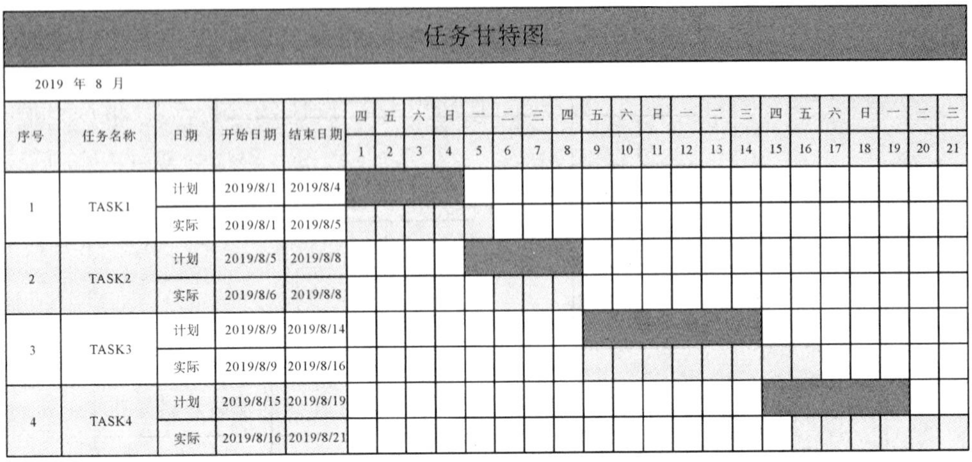

任务甘特图

2019 年 8 月

序号	任务名称	日期	开始日期	结束日期	四	五	六	日	一	二	三	四	五	六	日	一	二	三	四	五	六	日	一	二	三
					1	2	3	4	5	6	7	8	9	10	11	12	13	14	15	16	17	18	19	20	21
1	TASK1	计划	2019/8/1	2019/8/4																					
		实际	2019/8/1	2019/8/5																					
2	TASK2	计划	2019/8/5	2019/8/8																					
		实际	2019/8/6	2019/8/8																					
3	TASK3	计划	2019/8/9	2019/8/14																					
		实际	2019/8/9	2019/8/16																					
4	TASK4	计划	2019/8/15	2019/8/19																					
		实际	2019/8/16	2019/8/21																					

图 4-4　甘特图

（2）创建甘特图草图，将所有的项目按照开始时间、工期标注到甘特图上。

（3）确定项目活动依赖关系及时序进度，使用甘特图草图，按照项目的类型将项目联系起来，并安排项目进度。

（4）计算单项活动任务的工时量。

（5）确定活动任务的执行人员，适时按需调整工时。

（6）计算整个项目时间。

四、网络计划技术

网络计划技术是指用于工程项目的计划与控制的一项管理技术。它是 20 世纪 50 年代末发展起来的，根据起源有关键路线法与计划评审法之分。

1956 年，美国杜邦公司在制订企业不同业务部门的系统规划时，形成了第一套网络计划。这种计划借助网络表示各项工作上所需要的时间，以及各项工作的相互关系，通过网络分析研究工程费用与工期的相互关系，并找出在编制计划及执行计划过程中的关键路线。这种方法被称为关键路线法。

1958 年，美国海军武器部在制订研制“北极星”导弹计划时，同样应用了网络分析方法与网络计划，但它更注重对各项工作安排的评价和审查。这种计划被称为计划评审法。

项目小结

决策与计划职能是管理的首要职能。本项目的主要内容包括两个：一是计划与计划制订过程，包括计划的概念、特征与意义、类型及层次、计划的制订过程等，二是编制计划的方法，其中目标管理是本项目的重点与难点。

同步训练

一、基础知识练习

（一）选择、判断题

1.【单选题】企业的年度综合经营计划属于（　　）。

A. 项目计划　　B. 综合计划　　C. 作业计划　　D. 专业计划

2.【单选题】某企业想用滚动计划法制订 2021—2025 年的五年计划，则该企业应将（　　）年的计划制订得最为详细。

A. 2024　　B. 2023　　C. 2022　　D. 2021

3.【单选题】（　　）是管理的首要职能，是组织生存发展的必要条件。

A. 组织　　B. 决策　　C. 沟通　　D. 计划

4.【多选题】计划应根据组织自身及环境的特点来制订，一般来说，影响计划制订的因素包括（　　）。

A. 组织的层次　　B. 组织的周期　　C. 组织的文化　　D. 组织的波动

5.【多选题】计划的分类方式很多，按照其所针对的管理活动类型的不同，计划可以分为（　　）。

A. 程序性计划　　B. 指令性计划　　C. 指导性计划　　D. 非程序性计划

6.【多选题】计划是管理的首要职能，在各项管理职能中处于优先地位。计划的作用主要包括（　　）。

A. 指明方向，协调活动　　B. 预测变化，降低风险

C. 配置资源，减少浪费　　D. 有效控制，纠正偏差

7.【判断题】甘特图以横轴表示任务或项目，以纵轴表示时间刻度。（　　）

8.【判断题】作为管理的基本职能之一，计划具有首位性、目的性、唯一性和确定性等显著特点。（　　）

（二）简答题

1. 计划的意义有哪些？
2. 怎么理解计划是整个管理工作当中的首要职能？
3. 计划的类型有哪些？

二、案例分析

A 公司的目标管理

A 公司从 2012 年 7 月份开始实行目标管理，当时属于是试行阶段，后来人力资源部由于人员不断的变动，这种试行也就成了不成文的规定执行至今，到现在运行了将近一年

的时间了。执行的过程并不是很顺利，每个月目标管理卡的填写或制作似乎成了各个部门经理的任务或者说是累赘，总感觉占用了他们大部分的时间或者说是浪费了他们许多的时间。每个月都是由办公室督促大家填写目标管理卡。除此之外某些部门，如财务部门每个月的常规项目占据所有工作的90%，目标管理卡内容的重复性特别大；另外，一些行政部门的临时工作特别多，这个月很难确定下一个月的目标管理卡。

A公司的目标管理按如下几个步骤执行：

一、目标的制订

1. 总目标的确定

前一财年末公司总经理在职工大会上做总结报告是向全体职工讲明下一财年的大体的工作目标。财年初的部门经理会议上总经理和副总经理、各部门经理讨论协商确定该财年的目标。

2. 部门目标的制订

每个部门在前一个月的25日之前确定出下一个月的工作目标，并以目标管理卡的形式报告给总经理，总经理办公室留存一份，本部门留存一份。目标分别为各个工作的权重以及完成的质量与效率，由权重、质量和效率共同来决定。最后由总经理审批，经批阅以后方可作为部门的工作最后得分。

3. 目标的分解

各个部门的目标确定以后，由部门经理根据部门内部的具体的岗位职责以及内部分工协作情况进行分配。

二、目标的实施

目标的实施过程主要采用监督、督促并协调的方式，每个月月中由总经理办公室主任与人力资源部绩效主管共同或是分别到各个部门询问或是了解目标进行的情况，直接与各部门的负责人沟通，在这个过程中了解到哪些项目进行到什么地步，哪些项目没有按规定的时间、质量完成，为什么没有完成，并督促其完成项目。

三、目标结果的评定与运用

（1）目标管理卡首先由各部门的负责人自评，自评过程受人力资源部与办公室的监督，最后报总经理审批，总经理根据每个月各部门的工作情况，对目标管理卡进行相应的调整以及自评的调整。

（2）目标管理卡最后以考评得分的形式作为部门负责人的月考评分数，部门的员工的月考评分数的一部分源于部门目标管理卡。这些考评分数作为月工资的发放的主要依据之一。但是，最近部门领导人大多数反映不愿意每个月填写目标管理卡，认为这没有必要，但是明显在执行过程中，部门员工能够了解到本月自己应该完成的项目，而且每一个项目应该到什么样的程度是最完美的。还有在最近的一次与部门员工的座谈中了解到有的部门员工对本部门的目标管理卡不是很明确，其中的原因主要就是部门的办公环境不允许把目标管理卡张贴出来（个别的部门），如果领导每个月不对本部门员工解释明白，他们根本就不知道他们的工作目标是什么，只是每个月领导让干什么就干什么，显得很被动……可是部门领导如今不愿意作目标管理这一块，而且有一定数目的员工也不明白目标管理分解到他们那里的应该是什么。

问题：

1. A 公司的目标管理总体上存在哪些问题？

2. 既然财务、市场、行政等部门在工作内容、方式方面大不相同，那该如何针对不同部门的职能特点设计目标管理卡？

3. 显然 A 公司的部门管理者不支持目标管理，为什么会出现这样的问题？如何让各部门的管理者意识到目标管理的重要性和必要性？

4. 为什么会出现“员工不知道他们的工作目标是什么，领导让干什么就干什么”的情况，这个问题如何解决？

［案例来源：周三多，贾良定. 管理学：原理与方法（第七版）习题与案例指南［M］. 上海：复旦大学出版社，2019.］

项目实训——制定大学生个人发展规划

大学生个人发展规划

一、SWOT 分析（一年级填写）

<table>
<tr><td>二级学院</td><td></td><td>年级专业</td><td></td><td>姓名</td><td></td></tr>
<tr><td colspan="3">优势（个体可控并可利用的内在积极因素）</td><td colspan="3">劣势（个体可控并可努力改善的内在消极因素）</td></tr>
<tr><td colspan="3">性格：</td><td colspan="3">性格：</td></tr>
<tr><td colspan="3">体质：</td><td colspan="3">体质：</td></tr>
<tr><td colspan="3">学习能力：</td><td colspan="3">学习能力：</td></tr>
<tr><td colspan="3">社交能力：</td><td colspan="3" rowspan="2">社交能力：</td></tr>
<tr><td colspan="3">爱好特长：</td></tr>
<tr><td colspan="6">个人成长需要添加的说明：</td></tr>
<tr><td colspan="3">机会（个体不可控但可利用的外部积极因素）</td><td colspan="3">威胁（个体不可控但可使其弱化的外部消极因素）</td></tr>
<tr><td colspan="3">家庭环境：</td><td colspan="3">家庭环境：</td></tr>
<tr><td colspan="3">学校环境：</td><td colspan="3">学校环境：</td></tr>
<tr><td colspan="3">社会环境：</td><td colspan="3">社会环境：</td></tr>
<tr><td colspan="3">职业环境：</td><td colspan="3">职业环境：</td></tr>
</table>

二、现状分析（一年级填写）

要素	现状
思政素质	
职业素质	
文化知识	
职业能力	

三、个人发展规划

<table>
<tr><th>类型</th><th colspan="2">目标</th></tr>
<tr><td>三年目标</td><td colspan="2">根据《普通高等学校学生管理规定》、本学校发布的大学生个人发展规划，结合本人所就读的专业发展需要，特制定本人 3 年成长规划。
一、思政素质目标
二、职业素质目标
三、文化知识目标
四、职业能力目标</td></tr>
<tr><td rowspan="5">分年度目标</td><td colspan="2">填写说明：请结合专业人才培养方案 1~2 学期的课程任务表填写，突出文化基础、职业素养入门知识、对岗位能力的认知等内容</td></tr>
<tr><td>思政素质</td><td></td></tr>
<tr><td>职业素质</td><td></td></tr>
<tr><td>文化知识</td><td></td></tr>
<tr><td>职业能力</td><td></td></tr>
</table>

四、个人发展措施

<table>
<tr><th>要素</th><th>具体措施
填写要求：请按个人年度计划填写，要体现目标、实施方式与手段；每项填写 3 个及以上措施</th></tr>
<tr><td>思政素质</td><td></td></tr>
<tr><td>职业素质</td><td></td></tr>
<tr><td>文化知识</td><td></td></tr>
<tr><td>职业能力</td><td></td></tr>
</table>

年　　月　　日

项目五　组织与人员

项目导读

组织是管理的一项重要职能。企业组织结构是企业的“骨骼系统”，健全的组织可以使组织的人、财、物和信息等要素之间实现有机结合，以保证组织目标的顺利完成，提高组织应变能力和竞争能力。

本项目包括认识组织职能、分析组织结构形式和配备岗位人员三个任务。通过对本项目的学习，学生要了解和掌握组织及组织职能的内涵与相关理论，理解组织结构设计的原则和横纵向设计方法、各种组织结构形式的特点，掌握职权、集权与分权、授权、人员配备及管理等内容。

学习目标

知识目标

1. 理解组织职能内涵、组织结构设计的原则、影响组织结构设计的因素；
2. 熟悉各种组织结构形式的特点，掌握职权与职权类型、集权与分权、授权；
3. 掌握人员配备的原则；
4. 掌握人力资源管理工作的内容。

能力目标

1. 能够进行组织结构的设计；
2. 能够配备组织岗位人员；
3. 能够运用团队的力量实现组织目标。

素养目标

1. 增强个人利益服从组织利益的大局意识；
2. 增强团队意识，践行集体主义价值观。

任务一　认识组织职能

［**导入案例**］

摩西携民逃荒

《圣经》记载，摩洛哥大旱之时，居民们为了活命，就跟着一个叫摩西的人去欧洲逃荒。这支队伍刚开始也是扶老携幼、拖男带女、乱乱纷纷、熙熙攘攘，行进速度非常缓慢。人们大小事情都找摩西解决，搞得摩西狼狈不堪。

后来，摩西听从了岳父的意见，将居民以10人一组分成若干组，每组选1个能干的人当“十夫长”，再从“十夫长”中选出更加精明的人当“五十夫长”。如此逐级递推，依次选出“百夫长”“千夫长”，最后选出若干个“首领”。这些首领则由摩西直接指挥。居民有事，逐级处理或上报；摩西有令，逐级下达和执行。这样一来，居民们就形成了有秩序的队伍，行进速度加快了很多，很快便到达了目的地。

请思考：摩西携民逃荒为什么能成功？

组织是管理的重要职能，任何计划都必须依靠一系列组织活动来贯彻落实。组织工作做得好，可以形成整体力量的汇聚和放大效应，否则，就容易出现“一盘散沙”的局面。只有做好组织工作，才能顺利实施计划方案，保证组织目标的实现。

一、组织与组织职能

（一）组织的含义

组织是两个或两个以上的人为实现某个共同目标而协同行动的集合体。这个定义有两层含义：

1. 组织有一个共同的目标

目标是组织存在的前提和基础，任何一个组织都有一个共同的目标，它是组织内成员协作的必要前提。组织之所以存在，是因为它有一个共同的目标，否则就会失去其存在的理由。

2. 组织包括不同层次的分工协作

组织内部必须有分工，而在分工之后，就要赋予各个部门及每个人相应的权力，以便实现目标。组织为达到目标和提高效率，就必须进行合作，把组织上下左右联系起来，形成一个有机的整体。

［**管理思考**］俗话说：“一个和尚挑水吃，两个和尚抬水吃，三个和尚没水吃”，三个和尚的力量原本应该比一两个和尚更大，能够挑来更多的水，可为什么人越多，水却越来越少呢？

（二）组织职能

组织职能是指为有效实现活动或系统的目标，建立组织结构、配备人员、使组织协调运行的一系列活动。

（1）建立组织机构。首先，应按照不同业务工作的分工，将组织分为若干部门或单位；其次，应根据管理工作的分工，设立各种层次的管理机构；最后，应明确规定不同层次、不同部门之间的纵向隶属关系和横向协作关系。

（2）划分职责权力。职责是为完成任务所必须承担的工作，权力是具备为完成任务所需手段的能力。组织存在的意义就是要明确划分职责与权力，避免在同一层次出现职权重叠或职责空白，造成推诿扯皮的现象，影响工作效率。

（3）形成信息渠道。组织组建机构、划分职权的过程，也是形成信息沟通渠道的过程。信息沟通是将组织各部门、各成员联系在一起，以实现共同目标的有效手段，任何组织都有必要建立畅通无阻的信息沟通渠道。

（4）有效配置资源。组织的资源是有限的，组织的职能就是要以最少的资源消耗实现最多的既定目标。配置资源就是要保证人力、物力、财力在组织各部门及各环节的合理比例关系。

二、组织结构设计的原则

组织所处的环境、采用的技术、制定的战略、发展的规模不同，所需要的部门及其相互关系也不同，但是任何组织在进行组织设计时，都必须遵守如表 5-1 所示的几个原则。

表 5-1　组织结构设计的原则

统一指挥原则	组织中的每个下属应当而且只能向一个上级主管直接汇报工作，以避免多头领导、责权不明等问题
目标一致原则	组织的目标至高无上，每个部门或个人的目标都要与组织的目标相一致
分工协作原则	组织中各部门及个人都要有明确的任务分工，并且要相互配合，共同实现组织的目标
管理幅度适度原则	管理人员直接指挥和监督的下属数量要适当，幅度过大会造成监督不力，幅度过小又会造成效率低下
责权对等原则	既要明确部门或职务的职责范围，又要赋予其完成任务所必需的权利，使职责与职权保持对等一致
集权与分权相结合原则	分清集权与分权的优缺点，组织的管理权力不能过于集中，而应适当分散和下放
稳定性与适应性相结合原则	既要保证组织的相对稳定，又要根据环境变化及时调整组织的部门结构和人员配备，以提高竞争能力

三、组织结构设计的影响因素

组织结构的产生是组织参与社会活动的客观需要，组织结构作为帮助管理者实现目标的手段经历了从无到有、从低级到高级、从简单到复杂的发展历程。影响组织结构设计的因素包括以下七个方面：

（1）行业特点。每个企业都从属于一定的行业，行业的不同使组织的管理方式和管理重点有所差别，导致组织结构不同。

（2）组织环境。组织作为一个开放的系统与社会有着密切的联系。组织的每一个构成部门都有其相应的外界环境，都以各自特有的方式适应着环境。稳定环境下的组织结构与不稳定环境下的组织结构存在差别。

（3）组织规模。组织规模对组织结构影响较大。一般来讲，大型组织的管理层次与部门比中小型组织多一些，中小型组织结构较为简单。

（4）技术。随着生产过程中所采用的技术复杂程度的提高，企业生产组织逐渐从单件小批生产转化为大批大量生产，进而发展到连续生产。成功的单件小批生产和连续生产的组织具有柔性结构，成功的大批量生产的组织具有刚性结构。

（5）组织战略。实施保守型战略的组织，其组织结构可能会表现得较为刚性，具体表现为：严格分工，高度集权，规范化的规章和程序，以成本和效率为中心的计划体制，生产和成本控制管理者占重要地位，信息沟通以纵向为主。采用风险型战略的组织，其组织结构常常表现为柔性，特征如下：规范化程度较低，分权的控制，计划较粗泛而灵活，市场营销和产品开发研究专家占主导，信息沟通以横向为主。

（6）组织的生命周期。组织的规模不是永远不变的，组织的生命周期通常可以用四个阶段来描述，即诞生阶段、青年阶段、壮年阶段、成熟阶段。在组织的不同生命周期阶段，组织将面临大量的组织结构问题。例如，在组织发展的过渡时期，组织规模变大，分权化程度高，专业化程度加深，参谋职位增多，空间位置分散，对协调的要求更高，控制难度加大。

（7）人员素质。如果组织内部管理与被管理双方人员素质较高、专业水平较高、工作积极主动、相互配合，则组织机构的设置可以简化、精干。

四、组织的横向结构设计

组织的横向结构设计，主要解决组织内部如何按照分工协作原则，对组织的业务与管理工作进行分析归类，组成横向合作的部门问题，即划分部门问题。

（一）部门划分的原则

部门划分就是将组织总的管理职能进行科学分解，按照分工合作原则，相应组成各个管理部门，使之各负其责，形成部门分工体系的过程。

部门划分的原则包括以下三个：

（1）有效性原则。部门划分必须以有利于组织目标实现作为出发点和归宿。

（2）专业化原则，即按专业分工，将相似职能、产品、业务汇集到一个部门。

（3）满足社会心理需要原则。划分部门不宜过度专业化，而应按照现代工作设计的原理，使员工的工作实现扩大化、丰富化，尽可能使其满意于自己的工作。

（二）部门设计的方式

部门设计的方式见表5-2。

表5-2　部门设计的方式

方式	内涵
产品部门化	指按照产品或服务的要求对组织活动进行划分。其优点主要是：目标单一，力量集中，可以提高产品质量和生产效率；分工明确，易于协调和实现机械化；部门独立，便于管理和绩效评估
顾客部门化	指根据目标顾客的不同利益需求对组织中的业务活动进行划分。其优点是能够使产品或服务更加切合顾客的实际要求，其缺点是降低了技术专业化的优势
地区部门化	指按照地理位置的分散程度对组织的业务活动进行划分。其优点是相关部门可以更加充分地了解所负责的地区，各项业务的开展也更加切合当地的实际需要；其缺点是容易产生各自为政的弊端
职能部门化	指以职能为基础进行部门划分，即把相同或相似的工作岗位放在同一部门。其优点是可以实现责、权统一，便于专业化；其缺点是会因责权过分集中而出现决策迟缓和本位主义现象
生产部门化	指根据生产流程对组织的业务活动进行划分。其优点是所形成的部门专业化程度较高，因此生产效率也比较高，通常用于组织大批产品的加工制造

五、组织的纵向结构设计

组织的纵向结构设计主要是科学地设计有效的管理幅度与合理的管理层次问题。

（一）管理幅度与管理层次

（1）管理幅度也称管理跨度或者管理宽度。管理幅度是指一名管理者直接而且有效管理下级的人数。一个管理者的管理幅度是有一定限制的，管理幅度过小会造成资源的浪费，管理幅度过大又难以实现有效的控制。

决定管理幅度的主要因素有以下四个：一是管理工作的性质与难度，二是管理者的素质与管理能力，三是被管理者的素质与工作能力，四是工作条件与工作环境。

（2）管理层次。管理层次是指组织内部从最高一级管理组织到最低一级管理组织的组织等级。管理层次的产生是由管理幅度的有限性引起的。正是由于有效管理幅度的限制，所以我们才必须通过增加管理层次来实现对组织的控制。

（3）管理幅度与管理层次之间存在反比关系。对于一个人员规模既定的组织，管理者有较大的管理幅度，意味着可以有较少的管理层次；而管理者的管理幅度较小时，意味着该组织有较多的管理层次。

（二）组织的金字塔结构与扁平结构

管理幅度与管理层次两个变量的取值不同，组织结构可分为金字塔结构与扁平结构两种类型。

（1）金字塔结构。金字塔结构是指组织的管理幅度较小，从而形成管理层次较多的组织结构。其优点是：有利于控制、权责关系明确、有利于增强管理者权威、可以为下级提供更多晋升机会。其缺点是：增加管理费用、影响信息传输、不利于调动下级的积极性。

（2）扁平结构。扁平结构是指组织的管理幅度较大，从而形成管理层次较少的组织结构。其优点是：有利于发挥下级的积极性和自主性、有利于培养下级的管理能力、有利于信息传输、节省管理费用。其缺点是：不利于控制、对管理者素质要求高、横向沟通与协调难度大。

任务二　分析组织结构形式

［导入案例］

王厂长的等级链

王厂长总结自己多年的管理实践，提出在改革工厂的管理机构中必须贯彻统一指挥原则，主张建立执行参谋系统。他认为，一个人只有一个婆婆，即全厂的每个人只有一个人对他的命令是有效的，其他的是无效的。例如，书记有什么事只能找厂长，不能找副厂长。下面的科长只能听从一个副厂长的指令，其他副厂长的指令对他是不起作用的。这样做中层干部高兴了，认为是解放了。原来工厂有13个厂级领导，每个厂级领导的命令都要求下边执行就吃不消了。一次，有个中层干部开会时在桌子上放一个本子、一支笔就走了，散会他也没回来。事后，我问他搞什么名堂，他说有三个地方要他开会，你这里热，所以就放一个本子，以便应付另外的会。此事不能怨中层领导，只能怨厂级领导。后来我们规定，同一个时间只能开一个会，并且事先要把报告交到党委和厂长办公室统一安排。现在我们实行固定会议制度，厂长一周两次会，每次两小时，而且规定开会迟到不允许超过五分钟，所以会议很紧凑，每人发言不许超过15分钟，超过15分钟就停止。

上级、下级领导界限要分明。副厂长是我的下级，我做出的决定他们必须服从，副厂长和科长之间也应如此，厂长对党委负责，我要向党委打报告，把计划、预算、决算弄好后，经批准就按此执行。所以，我和党委书记有时一周也见不上一面，和副厂长一周只见一次面。我认为这样做是正常的。我们规定，报忧不报喜，工厂一切正常就不用汇报，有问题来找我，无问题各忙各的事。

王厂长认为，一个人管理的能力是有限的，所以规定领导人的直接下级只有5~6个人。我现在多了一点，有9个人（4个副厂长、2个顾问、3个科长）。这9个人我可以直接布置工作，有事可直接找我，除此以外，任何人不准找我，找我也一律不接待。

请思考：王厂长的哪些领导方法可以借鉴？哪些领导方法需要完善？

（案例来源：单凤儒. 管理学基础［M］. 5版. 北京：高等教育出版社，2014.）

一、直线制

直线制是指组织没有职能机构，从最高管理层到最低基层，实行直线垂直领导（如图5-1所示）。其优点是沟通迅速、指挥统一、责任明确；其缺点是管理者负担过重，难以胜任复杂职能。直线制主要适用于小型组织。

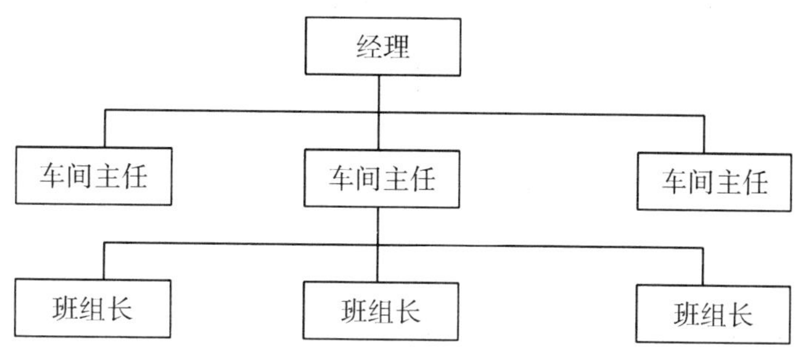

图 5-1　直线制组织结构形式

二、职能制

职能制是指在组织内设置若干职能部门，并都有权在各自业务范围向下级下达命令，也就是各基层组织都接受各职能部门的领导（如图 5-2 所示）。其优点是有利于专业管理职能的充分发挥，其缺点是破坏统一指挥原则。这种原始意义上的职能制无现实意义。

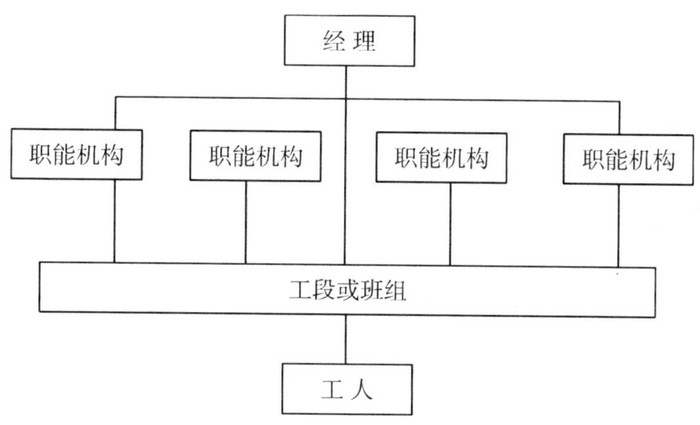

图 5-2　职能制组织结构形式

三、直线职能制

直线职能制是指在组织内部，既设置纵向的直线指挥系统，又设置横向的职能管理系统，以直线指挥系统为主体建立的两维的管理组织（如图 5-3 所示）。其优点是既保证组织的统一指挥，又加强了专业化管理；其缺点是直线人员与参谋人员关系难协调。中型组织多采用这种组织结构形式。

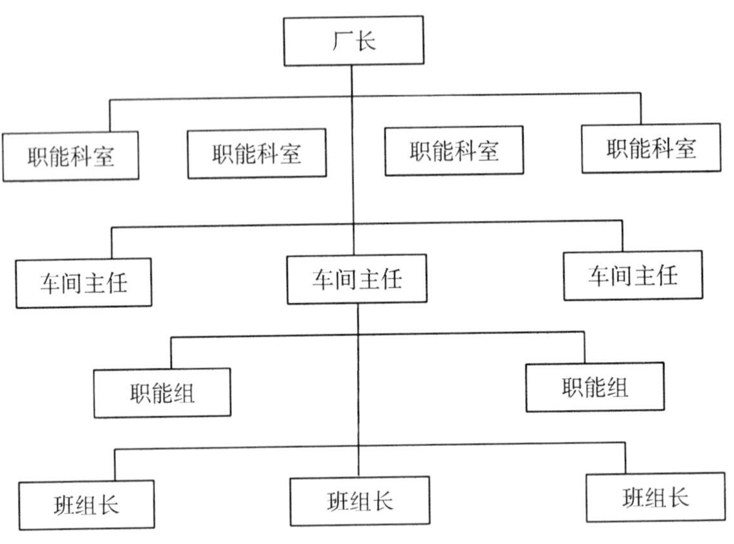

图 5-3　直线职能制组织结构形式

四、事业部制

事业部制是指在直线职能制框架的基础上，设置独立核算，自主经营的事业部，在总公司领导下，统一政策，分散经营。事业部制是一种分权化体制。其优点是：有利于发挥事业部的积极性、主动性，更好地适应市场；公司高层集中思考战略问题；有利于培养综合管理人员。其缺点是：指挥不灵，机构重叠；对管理者要求高。事业部制主要适用于面对多个不同市场的大规模组织。

事业部制组织结构形式如图 5-4 所示。

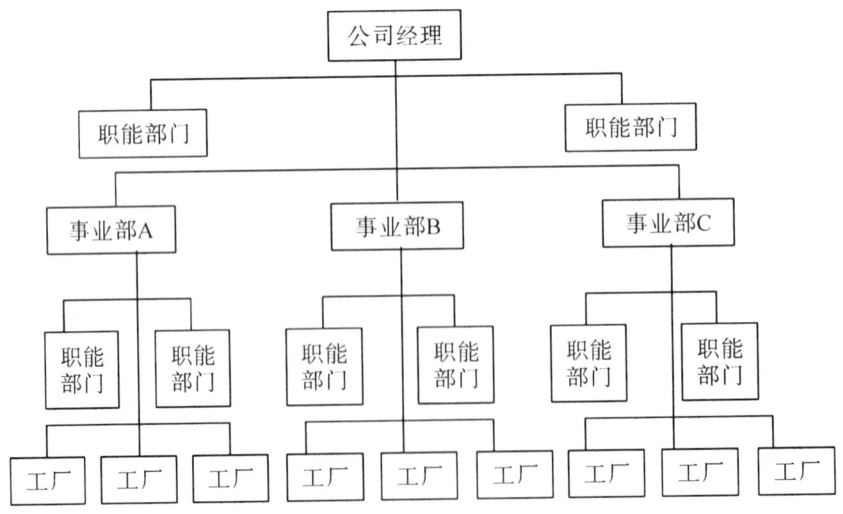

图 5-4　事业部制组织结构形式

学生讨论：请分析比较事业部制与直线职能制的联系与区别。

五、矩阵制

矩阵制是指由按职能划分的横向指挥系统与按项目组成的纵向系统结合而成的组织（如图 5-5 所示）。其优点是：纵横结合，有利于配合；人员组合富有弹性，是一种柔性组织。其缺点是：容易破坏命令统一原则。矩阵制主要适用于突击性、临时性任务，如比赛项目集训、大型赛事组织、科研项目等。

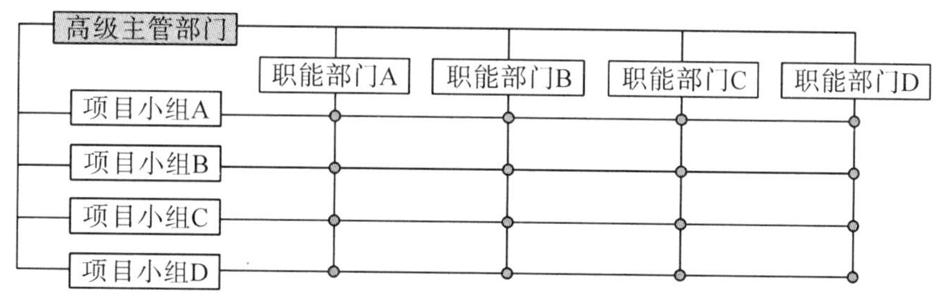

图 5-5　矩阵制组织结构

学生讨论：就你所了解的组织或工作，指出矩阵制所适应的对象。

六、委员会制

委员会制是一种执行某方面职能而设置的管理者群体组织形式。它实行集体决策、集体领导的体制，在组织中被广泛使用。组织中的委员会，既可以是临时的，又可以是常设的；其职权属性，既可以是直线性质的，又可以是参谋性质的。其优点是：集体决策，更加科学可靠；可以代表各方利益，协调各种职能；如果是临时性的委员会，可以不设专职人员，富有弹性。其缺点是：决策速度慢；可能出现决策的折中性；集体决策，责任不清。委员会制主要适用于一些经常性的专项管理职能或临时性的突击工作。

［**管理窗口**］

管理名人：斯隆

斯隆是美国的高级经理人员，曾长期担任美国通用汽车公司的总经理和董事长。他是事业部管理体制的首创人之一。他在 1921—1922 年就提出了一种叫“集中政策控制下的分散经营”的组织结构模式，这是事业部制的雏形。他把通用汽车公司按产品划分为 21 个事业部，分属 4 个副总经理领导。有关全公司的大政方针，如财务控制、重要领导人员的任免、长期计划、重要研究项目的决定等，由公司总部掌握，其他具体的业务则完全由各事业部负责。斯隆认为，这种管理体制贯彻了“政策决定与行政管理分开”这一基本原则，因而能使集权与分权得到较好的平衡。通用汽车公司经过斯隆的改革和整顿以后，迅速发展成为世界上最大的汽车公司，斯隆因此被称为第二个“20 世纪最杰出的企业家”。斯隆在 1963 年出版的《我在通用汽车公司的岁月》一书中介绍了他在通用汽车公司的工作经验。

七、几种组织结构形式的比较

几种组织结构形式的比较见表5-3。

表5-3　几种组织结构形式的比较

类型	组织结构的优点	组织结构的缺点	适用组织类型
直线制	命令统一， 权责明确， 结构比较简单	缺乏横向联系， 权力过于集中， 对变化反应较慢	小型组织， 简单环境
职能制	高度专业化管理， 轻度分权管理， 培养选拔人才	多头领导， 权责不明， 部门间缺乏横向联系	专业化组织
直线职能制	命令统一， 职责明确， 分工清楚， 稳定性高， 积极参谋	缺乏部门间交流， 直线与参谋冲突， 系统缺乏灵敏性	中型组织
事业部制	有利于控制风险， 有利于内部竞争， 有利于专业管理， 有利于锻炼人才	需要大量管理人员， 组织内部缺乏沟通， 资源利用效率较低	大型组织、特大型组织
矩阵制	密切配合， 反应灵敏， 节约资源， 高效工作	双重性领导， 素质要求高， 组织不稳定	协作性组织， 复杂性组织

八、职权与职权类型

职权是经由一定的程序赋予某一职位的权力，是构成组织结构的核心要素，是组织联系的主线，对于组织的合理构建与有效运行起关键性作用。

1. 职权与职责

职权是指由于占据组织中某一职位而拥有的权力。职责是指担任某一组织职位而必须履行的责任。职权是履行职责的必要条件与手段。职责则是行使权力所要达到的目的和必须履行的义务。

2. 职权类型

（1）直线职权，即直线人员所拥有的决策指挥权。直线职权是掌握在直线人员手中的，从厂长到车间主任一直到班、组长都拥有各自相应的直线职权，只不过每一个管理层次的功能不同，其职权的大小、范围不同而已。这样，从组织的上层到下层的主管人员之间，便形成一条权力线，这条权力线被称为指挥链或指挥系统。在这条权力线中，权力的指向由上到下，由于在指挥链中存在不同管理层的直线职权，故指挥链又叫层次链。它颇像一座金字塔，通过指挥链的传递，从上到下或从下往上地进行信息传递。所以，指挥链既是权力线，又是信息通道。

（2）参谋职权，即参谋人员所拥有的咨询权和专业建议权。参谋的形式有个人与专业之分。参谋人员是直线人员的咨询人员，他协助直线人员执行职责。专业参谋常常为一个独立的机构或部门，就是所谓的“智囊团”或“顾问班子”。它聚合了一些专家，运用集体智慧协助直线主管进行工作。

（3）职能职权，即某职位或某部门被授予的原属于直线管理者的那部分权力。职能职权是伴随组织规模的逐渐扩大和专业化程度的逐渐提高而产生的。由于管理者缺乏某些方面的专业知识，以及存在着对方针政策有不同解释的问题等，因此为提高管理效率，管理者将一部分职权授予参谋人员或另外一个部门的管理者。其实质就是直线主管把本来属于自己的一部分直线权力分离出来，授予参谋专家或某个部门的主管人员，使他们也可以按照规定和程序在授权范围有权做出决定，有权直接向下一级直线组织发布指示。

九、集权与分权

（一）集权与分权的性质与特征

集权与分权是指职权在不同管理层之间的分配和授予。职权的集中和分散是一种趋向性，是一种相对的状态。组织中的权力较多地集中在组织的高层，即为集权；权力较多地下放给基层，则为分权。集权有利于组织实现统一指挥、协调工作和更为有效的控制；但是，集权也会加重上层领导者的负担，从而影响决策质量，并且，不利于调动下级的积极性。而分权的优缺点则与集权相反。

决定集权与分权的关键在于所集中或分散权力的类型与大小。高层管理者应重点控制计划、人事、财务等决策权，而将业务与日常管理权尽可能多地放给基层。

（二）影响集权与分权的主要因素

（1）组织因素。一是组织规模的大小，二是所管理的工作的性质与特点，三是管理职责与决策的重要性，四是管理控制技术发展程度。

（2）环境因素。一是组织所面临环境的复杂程度，二是组织所属部门各自面临环境的差异程度。

（3）管理者与下级因素。一是管理者的素质、偏好与个性风格，二是被管理者的素质、对工作的熟悉程度与控制能力，三是管理者与被管理者之间的关系等。

（三）分权的实施

1. 分权的标志

（1）决策的数量。大量的决策由基层做出，则分权程度较高。

（2）决策的范围。基层决策涉及的范围越广，说明分权程度越高。

（3）决策的性质。较多的重大性质的决策由基层做出，则分权程度较高。

（4）决策的审核。下级做出的决策需要经常向上级请示与汇报，则分权程度较低。

2. 分权的途径

分权的途径包括两种：①制度分权。制度分权是在组织设计时，考虑到组织规模和组织活动的特征，在工作分析、职务和部门设计的基础上，根据各管理岗位工作任务的要求，规定必要的职责和权限。②工作授权。

［管理思考］

秘书的权力很大

在中国古代，一些生活、工作在皇帝身边的太监常常拥有相当大的权力，以至于许多文武大臣、皇亲国戚都要对其恭恭敬敬。事实上，在职权等级链上，太监的身份、地位是很低的，之所以会出现上述现象，是因为他们是皇帝身边受信任的人，被授予了相当大的权力。这种现象并非在中国古代才有，现代管理活动中也常常出现这样的事情，一位独当一面的中层经理会小心谨慎地同一个初入职场的小姑娘打交道，因为她是这位中层经理上司的秘书。

思考：该如何避免这种情况的发生呢？

十、工作授权

（一）工作授权的程序

授权是组织为了共享内部权力，激励员工努力工作，而把某些权力或职权授予下级。它包含三层意思：一是分派任务，二是授予权力，三是明确责任。

（二）工作授权与制度分权的区别

工作授权是分权的方式之一，是上级把权力授予给下级个人，随时可以收回。其特点是：一是随机性，二是相对不固定。

制度分权是上级把决策权力通过正规程序分配给相关职位。其特点是：一是必然性，二是从组织整体出发，三是相对稳定，四是以一定原则为指导。

（三）工作授权的优越性

一是工作授权有利于组织目标的实现；二是授权有利于领导者从日常事务中超脱出来，集中力量处理重要决策问题；三是授权有利于激励下级，调动下级的工作积极性；四是授权有利于培养、锻炼下级。

（四）工作授权的要求

一是依工作任务的实际需要授权；二是适度授权，该放给基层的权力一定要放下去，但也要防止授权过度；三是在授权过程中，必须使下级的职、责、权、利相当；四是实行最终职责绝对性原则，即上级授权给下级，但对工作的最终责任还是要由上级来承担；五是上级必须坚持有效监控原则，授权不等于放任自流，上级必须保有必要的控制。

［**管理思考**］一个领导者授权有三种选择：一是授权留责；二是权责都授；三是只授责，不授权。你如何评价这三种做法？

任务三　配备岗位人员

［导入案例］

选谁来当继任者

这是一家集软件开发、硬件制造和销售于一体的科技公司，总部设在北京市，其销售网点遍及北京、上海、广东等地，用户达到 1 000 余家，每年的销售业务以 20%以上的速度递增。该公司设有产品研发部、销售部、技术支持部、人力资源部等部门。销售部经理姜楠向总经理提出辞职，理由是其他公司给了他更加优厚的薪酬。总经理几经挽留，但他去意已定。现在急需找到继任者，已知有以下三位候选人：

庞震：才思过人，业绩突出、分析透彻、对外在变化永不退缩、能立刻适应情况；但咄咄逼人，不喜欢听别人的意见，目中无人，与其他部门的人合作困难，学历太低。

李健：生性平和，团结下属，做事毅力十足，百折不挠，做事不张扬，把名利看得很淡；但做事不够果断，有点优柔寡断，缺乏领导魄力，心太软，不愿意裁掉业绩不佳的员工。

赵颖：H 公司的销售经理，能力突出，最近与他们公司的老板闹翻了，正要辞职。

请思考：假如你是人力资源部经理，该怎样合理安排才能使总经理满意？

美国钢铁大王卡内基曾经宣称："你可以剥夺我的一切：资本、厂房、设备，但只要留下我的组织和人员，十年以后我将又是一个钢铁大王。"人员对于企业成功之重要，由此可见一斑。

一、岗位人员配备的任务和原则

（一）配备岗位人员的任务

人员配备是根据组织的目标和任务正确选择、合理使用、科学考评和培训人员，让合适的人去完成组织结构中规定的各项任务，从而保证整个组织目标和各项任务完成的职能活动。人员配备是指对组织中的全体人员的配备，既包括主管人员的配备，又包括非主管人员的配备，即为每个岗位配备合适的人。在进行人员配备时，一是要满足组织的需要，因为组织是为了完成相应的工作才需要安排与其相匹配的人才；二是要考虑组织成员个人的特点、爱好和需要，使每个人能真正适应为其安排的岗位和工作。由此可知，人员配备的任务可以从组织和组织成员两个不同的角度去考察。

1. 从组织的角度考察

（1）使组织系统正常运转。如果想使设计合理的组织系统有效地运转，必须使机构中的每个工作岗位都配有适当的人，实现组织目标所必须进行的每项活动都有适当的人去完成。这就是人员配备的基本任务。

（2）为组织发展储备干部力量。组织总是处在一个不断变化发展的社会经济环境中。组织的目标、组织活动的内容和组织的结构都需要经常根据环境的变化做适当的调整。组织的机构和岗位不仅会发生质的改变，而且会不断发生量的变化。所以，我们在为组织目前的机构配备人员时，还需要考虑可能发生的变化，为将来的组织储备工作人员，特别是储备管理人员。管理人员的成长往往需要较长的时间，因此组织要在培养成员工作能力的同时，培训未来的管理人员，要注意管理人员培训计划的制订和实施。

（3）维持成员对组织的忠诚。人才流动对个人来说可能是重要的，它可以使自己通过不断尝试找到最适合自己、给自己带来最大利益的工作。对整个组织来说，人才流动虽有可能给组织带来“输入新鲜血液”的好处，但其破坏性可能更甚。人员不稳定、离职率高，特别是优秀人才的外流，往往会使组织多年的培训心血付之东流，而且有可能破坏组织的人事发展计划，甚至会影响组织发展过程中对管理人员的需求。因此，组织需要通过人员配备来稳住人心，留住人才，维持成员对组织的忠诚。

2. 从组织成员的角度考察

留住人才，不仅要留住其身，而且要留住其心。只有这样，才能达到维持他们对组织忠诚的效果。然而，组织成员是否真心实意、积极地为组织努力工作，要受到许多因素的影响。

（1）通过人员配备，每位组织成员的知识和能力得到公正的评价和应用。工作的要求与自身的能力是否相符，是否感到“大材小用”“怀才不遇”，工作的目标是否有挑战性，这些因素与组织成员在工作中的积极、主动、热情程度有着极大的关系，在很大程度上影响组织成员的工作积极性、主动性，进而影响工作绩效。

（2）通过人员配备，每位组织成员的知识和能力不断发展及素质不断提高。知识和技能的提高，不仅可以满足组织成员的心理需要，而且往往是其职务晋升的阶梯。因此，在人员配备过程中，应使每位组织成员都能看到这种机会和希望，从而稳定人心，提高工作绩效，以保证人员配备适应组织发展需要。

（二）岗位人员配备的原则

1. 因事择人的原则

选人的目的在于使其担当一定的职务，从事与该职务相对应的工作。要使工作卓有成效地完成，工作者就必须具备相应的知识和能力。

2. 责、权、利相一致的原则

责、权、利相一致的原则是指组织若想要尽快地实现目标，则配备的组织成员要保持权力、责任和利益的有机统一。

3. 公开竞争原则

组织若要提高管理水平，就要对空缺的主管职位等的接班人实行公开竞争，空缺的职位必须对任何人都开放，通过公平、公开、公正的筛选来保证当选人比其他任何人更能胜任该职位的工作。

4. 用人之长的原则

不同的工作要求不同的人去完成，而不同的人也具有不同的能力和素质，能够从事不同的工作。从人的角度来考虑，管理者根据人的特点来安排工作，才能使人的潜能得到最充分地发挥，使人的工作热情得到最大限度地激发。中国有句古话："尺有所短、寸有所长。"管理者在选配人员时不能过分苛刻求全，而应当知人善任、扬长避短。用人之长的原则也就是要做到人尽其才，人尽其用。

［**管理故事**］

刘邦用人

经垓下之战，刘邦战胜项羽并登上皇位。问及成功的原因，群臣皆把功劳归于刘邦一人，并极尽赞美之词。刘邦却说："你们讲得都不对。我之所以能成功，是因为我会用人。运筹帷幄，决胜千里，我不如张良；囤积粮草，安抚百姓，我不如萧何；两军对垒，百战百胜，我不如韩信。他们都是人中豪杰，而我能够重用他们，这就是我成功的原因。项羽虽有一个范增，却因怀疑戒备而不能重用，这就是项羽失败的原因。"

管理启示：用人之长，人事相宜。巧匠无弃木，圣人无弃才。为官择人者治，为人择官者乱，在用人问题上一定要讲求艺术、用人不疑。

5. 人事动态平衡的原则

人与事的配合需要进行不断的调整，使能力得到发展并被充分证实的人去从事更高层次、更多责任的工作，使能力不符合职位要求的人有机会进行其他力所能及的活动，以使每个人都能得到最合理的使用，实现人与事的动态平衡。

［**管理故事**］

为沙漠而生的骆驼

一天，骆驼妈妈和小骆驼正在闲逛，小骆驼突然问妈妈："妈妈，我能问你一些问题吗？"妈妈回答说："当然可以了，我亲爱的儿子，你有什么问题呢？"小骆驼问："我们骆驼为什么有驼峰呢？"妈妈回答说："因为我们是沙漠动物，我们需要驼峰来储存水分，这样我们在没有水的情况下也能生存。"小骆驼说："是这样啊。那我们的腿为什么这么长呢？""这当然是为了便于在沙漠中行走了。有了四条长腿，我们在沙漠中比谁走得都快！"妈妈骄傲地回答。

小骆驼说："噢，明白了。那么，为什么我们的眼睫毛这么长呢？有时候它会挡住我的视线。”“哦，这又粗又长的眼睫毛可以保护咱们的眼睛不受风沙的伤害。”妈妈得意地眨着眼睛说。

小骆驼说：“我知道了。驼峰是为了我们在沙漠中储存水分，长腿是为了在沙漠中行走，眼睫毛是为了在沙漠中保护我们的眼睛……那我们为什么待在动物园里呢？”

管理启示：员工的知识、技巧、能力和经验，只有放在正确的位置，才能发挥出价值。我们常常听到企业高薪引进人才之后又抱怨他们徒有虚名，其实在抱怨之前应该先好好想想自己是不是真的明白该怎样使用这些人才。人才要放在正确的位置上。

二、人力资源计划

（一）人力资源计划的功能

（1）人力资源计划能增强企业对环境变化的适应能力，为企业的发展提供人力保证。

（2）人力资源计划有助于实现企业内部人力资源的合理配置，优化企业内部人员结构，从而最大限度地实现人尽其才，提高企业的效益。

（3）人力资源计划有助于满足企业成员的心理需求和发展要求，为员工和企业建立共同的愿景。

（二）人力资源需求和供给的预测及其方法

（1）人力资源需求的预测及其方法包括趋势分析法、维持现状法、经验判断法、单元预测法、德尔菲法、计算机模拟法、劳动生产率分析法、数学预测法等。

（2）人力资源供给的预测及其方法主要是马尔科夫分析预测法。

（三）人员招聘的依据

选拔组织员工，首先应明确选拔的依据是什么，即用什么标准来选拔人才。总的要求是德才兼备，此外还应该考虑以下两个方面：

（1）职位的要求。为了有效选拔组织成员，必须首先对拟派去担任的职位的性质和目的有一个清楚的了解，即通过职位分析来确定某一职务的具体要求。职位分析的主要内容通常有：该职务是做什么的？在组织中处于什么样的地位？应该怎么做？需要什么样的知识与技能？有无别的方法实现目标？若有，则新的要求又是什么？

（2）被选拔对象应具备的素质与能力。被选拔者的素质与能力是人员选拔中非常重要的一个方面，被选拔者的素质与能力密切相关，它虽然不是工作能力的决定因素但却是其工作能力大小的基础。通常，员工素质包括思想品德素质、文化业务素质、身体素质等。员工的工作能力包括认识问题能力、分析问题能力、解决问题能力、技术能力、人事能力和概念能力等。其中，认识问题能力、分析问题能力、解决问题能力和人事能力对组织的所有员工都很重要，而技术能力和概念能力则视员工所在的管理层次不同，其重要性也不同。

此外，被选拔者从事该工作的主观要求即其工作欲望，对他本人的工作效率也会产生影响。

（四）人员招聘的方式与程序

人员招聘既可以考虑从内部提升，也可以考虑从外部招聘。外部招聘是根据一定的标准和程序，从组织外部的众多候选人中选拔符合空缺岗位工作要求的管理人员；内部提升是指根据工作需要，从组织内部成员中选拔优秀的人员担任更为重要的管理职务。不论从内部提升还是从外部招聘，都应该鼓励人才公开竞争。

人员招聘的程序如下：

（1）初次面试。初次面试多半是根据招聘的一些标准与条件来进行筛选，淘汰明显不符合职务要求的应聘者。在这一阶段，招聘者所提的问题大多直截了当。

（2）审查申请表。审查申请表的目的是帮助招聘人员对应聘者有基本的了解，并根据其条件，决定是否有必要对其进行进一步考核。一般来说，申请表的内容包括姓名、年龄、性别家庭情况、受教育情况、特长、简历等，通过申请人所填的具体内容，招聘者即可做出有效的初步判断。

（3）录用面试。面试的目的是进一步获取应聘者的信息，在初次面试和审查申请表的基础上，加深对应聘者的认识，有助于对应聘者合格与否做出判断。同时，计划得当的面试可以达到宣传企业形象的目的。

（4）测试。测试是运用系统的、统一的标准及科学的、规范化的工具，对不同人员的各种素质加以公正、客观的评价。它是选聘过程中重要的辅助手段，特别是对于那些用其他手段无法确定的个人素质，如能力、个性特征实际技能等。最常用的测验包括智力测验、知识测验、个性测验和兴趣测验等。

（5）人才评价。这是选聘重要管理职位或高技能岗位人才而采用的方式，即让候选人参加一系列管理情景模拟活动，评估人员观察和分析受试者在一个典型的管理环境中如何运作，以考察其实际管理技能或技术技能。参加评估的人员是评估专家和经过培训的企业高级领导者，由待选聘岗位的顶头上司参与最后结论评估，并由评估小组集体讨论做出结论。

（6）对新员工进行上岗教育。上岗教育一方面包括向新员工介绍企业、企业的职能、任务和人员等情况；另一方面，使新的管理人员适应工作，包括学习工作所需要的知识和能力，执行任务采取的合适态度，适应本单位的准则和价值观念。

（五）人员组合

人员组合是指组织内按管理或技术与业务需要所进行的人员配置。在实践中，人员组合综合效应有三种类型：最佳效应组合（1+1>2）、低效应组合（1+1=2）、最差效应组合（1+1<2）。

（1）组织成员的相容性。这是指组织的成员之间具有相同或相似的思想、志向、性格等，关系融洽，愉快共事。这是最佳组织人员组合的基础。

（2）组织成员的互补性。这是指组织成员之间具有不同的素质、能力、个性风格，使其形成一种互补效应，从而发挥人员组合的整体优势。组织的管理者应对其组织的成员进行科学组合，在注意人员组合同质化的同时，寻求适度异质组合，实现组织的相容性与互补性的结合，以建立最佳组合。

（六）招聘渠道与人员甄选

1. 招聘渠道

招聘渠道主要有内部招聘与外部招聘。内部招聘与外部招聘的比较见表5-4。

表5-4 内部招聘与外部招聘的比较

员工招聘来源	招聘方式	优点	缺点
内部招聘	布告法、推荐法、档案法	有利于调动员工的积极性，带来示范效应，否则人才会外流；聘任者可以快速地开展工作；误用人才的风险较小；费用低	选才范围有限，有可能失去更能胜任某个岗位的人才；不利于引进新思想和新方法；如果竞争太过于激烈，可能挫伤员工的积极性
外部招聘	校园招聘、劳务市场、人才交流中心、网上招聘、人才猎取	选才范围广；避免“近亲繁殖”，给组织带来新思想、新方法；人才现成，节省培训费用	误用人才的风险较大，容易挫伤内部员工的士气与积极性，新任主管难以进入角色

2. 人员甄选

人员甄选的主要步骤见图5-6。

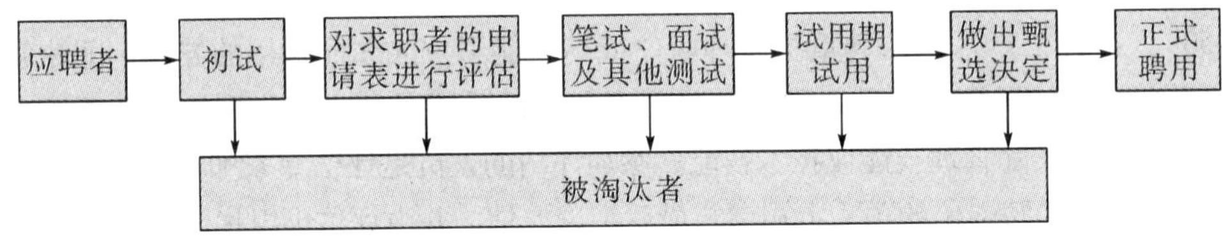

图5-6 人员甄选的主要步骤

在选聘过程中，需要注意以下三个方面的问题：一是选聘的条件要适中，二是对应聘者要客观、公正，三是注意应聘者的潜能。

［管理故事］

面试

这是一家美商独资企业，坐落在上海浦东金桥。面试是在一个大雨滂沱的早晨。要走到考官面前必须经过一个一尘不染却无处放置雨具的大厅，大门边站着一位笑容可掬的接待小姐，你是径自走进去还是和旁人一样面面相觑地站着？接着，要请你用电脑打字，中英文各一份，上面有许多十分明显的错误，你是否需要纠正？要求你在规定的时间内完成。

三、人员培训

（一）人员培训的基本内容

各级、各类人员的素质、能力要求不同，故其具体培训内容也不同。培训的基本内容包括三个部分：一是政治思想与职业道德教育，二是技术与业务理论知识，三是技术与业务能力。如果是对管理者进行培训，那么技术与业务理论知识、技术与业务能力的培训中均应包括管理的理论与技能。

培训内容主要根据以下三个方面来确定：一是组织本身的要求，即根据组织的宗旨、目标与所处的环境等因素确定培训的内容；二是与企业经营任务和工作本身有关的要求，即可以根据工作的具体内容和市场与技术未来发展需要等因素来选择培训的内容；三是根据受培训者的工作表现与能力及其自身发展需要等因素选择培训内容。

（二）人员培训的方式

人员培训主要包括管理者培训和普通员工培训。

1. 管理者培训

管理者培训的具体方式主要包括以下六种：

（1）轮换工作。轮换工作的目的是扩大受培训人员的知识面，通过不同岗位的轮换，既可以了解企业不同岗位的职能，掌握公司业务与管理的全貌，又可以培养他们的协作精神和系统观念。轮换工作大致包括：对分配的工作进行观察，在各种管理岗位上工作，将受培训者不固定地轮换到生产、销售、财务等不同部门的不同管理岗位上锻炼。

（2）设立助理职位。这种方法可以使受培训者逐步接触高层次管理实务，并通过处理这些实务积累高层管理工作的经验，熟悉高层管理工作的内容与要求，学习高管人员的管理经验与方法。

（3）临时性晋升。当正式管理人员由于某种原因导致职位空缺时，指派受培训者担任“代理”管理者，这种临时性晋升是一种培养管理者的有效办法。代理管理者在任职期间做出决定并承担完全责任，这种管理工作的经验对于受培训者是很宝贵的。

（4）参加委员会工作。让受培训者参加委员会等组织的工作，使其有机会与有经验的管理者交往，与他们一起参与管理决策工作，学会在集体中协调、决策，便于他们从中得到锻炼。

（5）在岗辅导。管理者在执行工作职务的同时，除自我提高外，还要接受有经验管理者的辅导。辅导是每一个部门经理的职责。有效的辅导能调动下属的积极性，发挥其潜在的能力，并帮助他们克服缺点。

（6）外部培训。组织还可以派受聘人员去大学、培训中心等专门的学校进行培训。

2. 普通员工培训

对于非管理者的普通员工进行培训的方式主要包括以下四种：

（1）上岗培训。员工上岗前，必须接受系统的培训。其培训内容主要包括生产技术规程与标准、安全生产规范、企业规章制度、职业道德等。

（2）岗位练兵。在生产经营过程中边干边学，不断学习新知识、新技术，提高技术操作的熟练程度。

（3）集中培训。企业根据发展的需要或引进新设备、新技术的需要，组织员工进行中的培训。

（4）脱产进修。为培养技术骨干，企业将员工送到专门学校或培训班进行系统的学习进修、技术考核与晋级。技术考核与晋级可以调动员工通过自学自练、提高技术水平的积极性，会有力地促进员工技术水平的提高。

［管理案例］

小米公司的员工培训

2019 年 8 月，小米公司成立企业内部大学“清河大学”，目标是打造一所具有小米特色的企业大学。2021 年，“清河大学”变身为集团学习发展部，作为组织小米集团层面培训活动的负责部门，持续为公司各部门、各级别员工提供线上线下培训并量身定制或升级了各类培训计划。

小米公司的发展不断加速，2019 年小米公司进入世界 500 强。小米公司员工人数从 2019 年的 18 170 人，增加到了 2021 年的 35 415 人，两年的时间几乎翻了一倍。因此，小米公司在员工培训上的投入不断加大，直接反映到培训课程的数量、学习项目、员工受训平均小时数等数据都有不同程度的大幅增加。2021 年，小米公司员工受训百分比为 97.42%，受训平均小时数为 25.76。

（案例来源：《小米集团年度环境、社会及公司治理报告》）

四、人员考核

人员考核是指按照一定的标准，采用科学的方法，衡量与评定人员完成岗位职责任务的能力与效果的管理方法。

（一）人员考核的内容与结构

对员工进行考核主要涉及德、能、勤、绩和廉五个方面。

（1）德。德即员工的思想政治表现与职业道德，特别是职业道德，对于企业员工来说具有重要的意义。它直接关系到员工的工作质量、为社会所做的贡献、对社会精神文明的影响等。

（2）能。能即员工的业务知识水平与实际能力，由基本能力和特殊能力组成。一是基本能力，包括分析判断能力、基本工作能力（表达能力、说服能力、归纳能力等）、身体能力等；二是特殊能力，包括专业技术能力、领导能力、创造能力、执行能力、经验能力等。能力已成为判断员工价值、使用员工及组织支付薪酬的重要依据。

（3）勤。勤即员工主观上的工作积极性和员工的工作态度，包括在工作中表现出来的热情与干劲。员工的工作态度对工作的成果与贡献也具有十分重要的意义，因此构成考核的重要内容。员工的工作态度主要包括积极性、主动性、责任感、组织纪律性、进取心等。

（4）绩。绩即员工在工作过程中的实际成绩与效果，这是最重要的考核内容。对员工绩效的考核是确定对其评价、奖酬所使用的最基本的依据。考核绩效主要包括员工所完成工作成果的数量、质量及时效等。

（5）廉。廉即员工在廉洁自律、奉公守法等方面的表现。

[管理思考] 习近平总书记指出，新时代好干部的标准是“信念坚定、为民服务、勤政务实、敢于担当、清正廉洁”，请问这二十字标准与人员考核的五个方面有什么联系吗？

（二）人员考核的程序

（1）制订考核计划。必须先制订周密的考核计划。要根据组织的基本要求和具体的核目的，结合当时的实际情况，确定本次考核的目标、对象、程序，实施时间与日程，考核主体等，并明确相应的考核要求与事项。

（2）制定考核标准，设计考核方法，培训考核人员。一是制定考核标准。考核标准主要有两种：一种是职务标准，即组织所期望或要求做的工作内容与水平；另一种职能条件，即组织期望与要求个人应具备的能力内容和水平。二是设计考核方法。应根据考核对象的工作性质与特点考核标准的要求以及组织的实际情况，灵活地选择和设计考核的方法。三是培训考核人员。在考核前应对考核人员进行培训，使他们掌握考核的目的与要求、程序与方法，包括进行必要的客观公正的教育等。

（3）衡量工作，收集信息。这是考核的具体实施阶段和考核过程的主体。一是要深入实际、深入群众，这是获取真实、准确信息的基础；二是要做好思想发动与相关人的思想工作，获得知情人的积极配合；三是要采用事先设计的科学的考核方法，客观、公正地进行衡量；四是收集的信息要真实准确，并尽可能实行量化。

（4）分析考核信息，做出综合评价。一是对收集到的信息要进行筛选、审核与提炼，特别是要去伪存真，确保信息的准确性；二是对信息进行科学分类、系统整理；三是对信息进行全面综合、系统分析等，正确地做出考核结论。

（5）考核结果的运用。考核结果要上报给上层管理者，并同本人见面。考核结果可以作为了解员工、激励工作、开发能力、奖酬发放、调整使用、晋职晋级等的依据。

（三）人员考核的方式与方法

人员考核方式有自我考核、上级考核、群众考核等，常用的考核方法有考试法、成绩记录法、对比法、自我考核法等。

[管理案例]

阿里的招聘理念：招聘是一切战略的开始

阿里的招聘理念：招聘是一切战略的开始。企业成败的关键取决于一开始是否用对人。员工的招聘是个系统性的工作，一定要站在战略的高度，谨慎再谨慎。无论招人多么急迫，都要明确一点：缺少人不会让公司出问题，而招错人会让公司和团队都陷入被动的局面。

在阿里，从 CEO 到各个事业部的高管，再到基层管理者，对于招聘都很重视。CEO 在 2018 年的内部讲话时说道："招聘是公司之大事，决定公司的生死存亡之大事。会招人的管理者才是真正的管理者。"

CEO 的话为企业敲响了警钟，在招人时，管理者要清楚地知道：我们要什么"味道"的人？我们请什么样的人进来？请哪些不适合的人离开？总之，企业不能因为业务缺少人而迅速招人。

很多企业的问题究其源头，从招人开始就错了。在这一点上，企业应该学习阿里的招聘理念。在阿里，一个管理者至少要花 30%的时间和精力在招人这件事上。管理者不是要找更多的人，而是要从无数人中找到真正对的人。

这也是为什么在阿里发展的早期，CEO 重视并参与每一次招聘的原因。这也是阿里绝对不会把招聘外包给其他机构的原因。CEO 当年反复强调招人的权利，这个人是否能进来，要管理者自己做决策。

在阿里成立之初，从保安到前台接待，都是 CEO 亲自面试的。在 CEO 严格地把关下，阿里能培养出一些有传奇性的代表人物，也就不足为奇了。例如，如今阿里的首席人力资源官——童文红就是这批传奇人物中的代表。谁能料想到一个前台接待员最终会成为首席人力资源官？如果是在普通的公司，由普通的行政经理面试，那么她的前途可能只通向行政经理。但在阿里，她是由 CEO 亲自面试的，这也为她的职业之路提供了更多可能性。

童文红从前台接待员一步一个脚印走到了行政经理的位置，然后开始接手业务管理、客服人员管理工作。在这个过程中，她不断积累管理经验，慢慢地成长为菜鸟董事长，最终成为整个阿里集团的首席人力资源官。正所谓"世有伯乐，然后有千里马"，正是有了 CEO 这样的"伯乐"，才造就了童文红的"千里马"传奇，而她的传奇不止于此。

从童文红的例子中，我们可以看出招聘其实是管理者的事情，如果管理者重视招聘，可能会为企业带来不可多得的人才，否则，就会带来很多问题。

有一些中小企业的管理者认为招聘与他无关，是 HR 应该做的事情。在阿里，为了让管理者认识到招人是管理者的事，甚至还采用了"跨四级招人"的招聘方式。比如，在阿里广州区的业务线中，销售或者客服人员是基层员工，上一级是业务主管，再上一级是城市经理，最高级为广东区的总经理，而总经理需要面试销售或者客服人员。这种跨级招聘的方式，将招聘彻底变成管理者的事情。

（案例来源：王建和．阿里巴巴管理三板斧［M］．北京：机械工业出版社，2020．有改动。）

［**管理素养**］

团结永远是成功的基石

华为作为一家民营企业，能成为世界5G领先者，除了依靠强大的科技竞争力外，其团结拼搏的企业文化成为其巨大支撑力。这个世界顶级科技公司实行的是全员持股制，作为创始人和华为领袖的任正非，仅持有1.4%的股份！充分体现了他所信奉的“财聚人散，财散人聚”信条。同时，他认为管理班子的团结、团队的战斗力更是公司团结的核心。他明确提出并严格执行一条“硬规则”：干部只能在先进团队中选拔。团队只有齐心协力，共同将业绩做好才有出路。那种领导班子之间争权夺势，相互拆台导致内耗的“潜规则”在华为完全行不通。这从机制上杜绝了班子不团结。

毛泽东主席多次强调团结的重要性，讲到各民族团结时强调“国内各民族的团结，这是我们的事业必定要胜利的基本保证”；讲到国际团结时强调“要团结一切可以团结的力量”。习近平总书记也高度重视团结的作用，讲到民族团结时强调“民族团结就是各族人民的生命线”；讲到对外交往时强调“力量不在胳膊上，而在团结上”。历史和现实告诉我们：“得民心者得天下。”团结永远是成功的基石！

思考与践行：你作为未来的管理者，必须强化团结意识，“你能团结的规模就是你能管理的规模”，在任何岗位、任何时候，都要“团结一切可以团结的人”，成为“最善于团结的人”。

（资料来源：李双套．论中国人民的伟大团结精神［J］．学习时报，2018（8）．有改动）

项目小结

本项目主要介绍认识组织职能、分析组织结构形式和配备岗位人员三个任务，主要包括组织及组织职能的基本概念与相关理论；各种组织结构形式的特点、职权与职权类型、集权与分权、授权；人员配备等内容。

同步训练

一、基础知识练习

（一）单选题

1. 下列选项中，有关管理幅度和管理层次的论述不正确的是（　　）。
   A. 管理幅度是管理者有效指挥下级人员的数量
   B. 组织的层次和管理人员的数量决定着管理者的管理幅度
   C. 管理层次的多少与管理幅度的大小密切相关
   D. 管理幅度越大，管理层次越少
2. 下列选项中，关于职权与权力的论断，不正确的是（　　）。
   A. 当某人从职位退下后，就不再拥有相应的职位，但仍可能拥有一些权力
   B. 在组织中的地位越高，权力就越大
   C. 职权是权力概念的一部分
   D. 不一定只有管理者才拥有强制的权力
3. 下述选项中，关于授权的论断，正确的是（　　）。
   A. 授权的同时要授责
   B. 书面授权才具效力
   C. 授权必须通过职位进行
   D. 授权是授权者的一种个人行为
4. 按（　　）来划分部门是最普遍采用的一种划分方法。
   A. 产品　　B. 地区　　C. 职能　　D. 时间
5. 组织规模一定时，组织层次和管理幅度呈（　　）关系。
   A. 正比　　B. 指数　　C. 反比　　D. 相关

（二）判断题

1. 组织结构的本质是成员间的分工合作关系。（　　）
2. 组织设计就是组织机构的设计。（　　）
3. 职权等同于权力。（　　）
4. 管理幅度、管理层次与组织规模存在着相互制约的关系。（　　）
5. 管理者授权的同时不承担责任。（　　）
6. 在组织内部，分而治之是一种必要的管理策略，它有利于人员的团结。（　　）
7. 一般来说，组织越大越应该分权。（　　）
8. 企业是以营利为目的的经济组织，因此要不惜一切代价追求经济利益。（　　）

9. 提高组织素质必须以提高人的素质为中心。　（　）

10. 轮岗对每个来讲都是一种不得已的行为，不应该经常进行。　（　）

（三）简答题

1. 如何理解组织结构设计？
2. 试述管理幅度与管理层次。
3. 影响分权的因素有哪些？通过什么途径来实现分权？
4. 简述组织设计的影响因素
5. 简述直线职能制的优缺点。

二、案例分析

后勤集团的发展与改革

某企业的后勤部门，在多年的改革和发展中，通过项目承包、自主经营、实行公司制等方式，现已成为拥有多家子公司的企业集团，经营范围涉及餐饮、食品加工、机械、电子、房地产等多个领域。但其在组织模式上还是沿用过去实行的集权的直线职能制形式，严重制约了公司的发展和员工积极性的提高。最近，公司领导意识到必须改变这一做法以促进公司的进一步发展。

思考：

请你运用组织结构的有关知识，说明目前该公司应采取什么类型的组织结构形式。

项目实训——创办模拟公司

一、实训目标

通过创办模拟公司的实践活动，使学生深入理解组织结构的相关内容，并在实践过程中领悟组织设计的原则与程序。

二、实训内容

1. 分组准备

（1）将全班学生分成若干小组，每个小组至少4位成员，分别负责创办模拟公司的各个环节。

（2）分组观看视频或学习文字材料，了解国内外著名企业在成立之初的组织建设情况，如阿里巴巴、华为、通用集团等的成功案例。

2. 创办模拟公司

（1）工作设计。负责工作设计的学生需要确定本小组模拟公司的业务方向和基本职务，并编制职务说明书，具体说明每项职务的工作任务、职责和权限等。

（2）部门设计。负责部门设计的学生需要将经工作设计确定的岗位，按照职能相似、活动相似、关系紧密等原则进行划分，从而构成公司的各个内部机构。

（3）层次设计。负责层次设计的学生需要在上两步的基础之上，对各个职务和部门进行综合平衡，同时根据每项工作的性质和内容，确定公司的管理层次和管理幅度。

（4）责权分配与整体协调。负责这一环节的学生需要确定公司各部门之间从上到下的纵向关系，同时协调公司各部门之间共同协作的横向关系，保证公司的整体化与同步化。

3. 汇报评价

（1）每个小组的模拟公司初步创办成功后，小组成员需制作一份PPT向全班展示本公司的组织结构。

（2）汇报结束后，学生应向老师提交模拟创办过程中制作的公司职务说明书、公司管理层次和幅度报告等材料。老师根据学生提交的材料及小组的汇报情况进行综合评分。

管理游戏——扮时钟

实训目标：

（1）训练指挥与反应能力。

（2）培养团队合作意识。

游戏的内容与方法：

（1）在班级中找三个人分别扮演时钟的秒针、分针和时针，手上拿着三种长度不一的棍子或其他道具（代表时钟的指针），背对着黑板；

（2）主持人任意说出一个时刻，比如现在是3时45分15秒，要三个分别扮演的人迅速将代表指针的道具指向正确的位置。如果指示错误或指示慢的话，扮演时钟指针的三人均要受罚。

项目六　领导艺术

项目导读

领导是管理的一项重要职能。在实际管理工作中，即使计划完善、组织结构合理，如果没有卓有成效的领导者去协调、影响组织成员的行动和具体指导实施组织计划，就很可能导致管理秩序混乱、工作效率低下，以至于偏离组织原定的目标。

本项目包括树立领导理念、掌握领导理论和提高领导艺术三个任务。这些具体任务的实施有助于学习者熟悉各种领导理论、树立领导观念、提升灵活运用几种重要的领导艺术的能力。

学习目标

知识目标

1. 理解领导的概念，正确识别领导与管理的区别；
2. 掌握领导权力的来源，领导的特质、行为及权变理论；
3. 了解领导艺术基本内容。

能力目标

1. 培养运用科学领导方式的能力；
2. 学会运用领导艺术，提升领导能力。

素养目标

1. 树立领导即服务的思想观念；
2. 培养强烈的事业心和高度的责任感。

任务一　树立领导理念

［导入案例］

董明珠的管理之道

董明珠于1975年参加工作，1990年进入当时还叫海乐的格力，现任珠海格力电器股份有限公司董事长、总裁。她先后荣获"全国五一劳动奖章""全国杰出创业女性""全国三八红旗手""世界十大最具影响力的华人女企业家""全球商界女强人50强、全球100位最佳CEO"等称号。她从一名普通业务员做到公司总经理，带领公司创下了连续11年产销量第一的佳绩；一手打造的区域销售公司模式和"从一滴水、一张纸做起"的管理模式均成为业界的标杆。她和她的企业被业界称为传奇。她在多次的演讲中提到：一个企业的成功，不仅是营销的成功，更是靠技术领先和管理领先。

也许有人会认为，女性当领导，在公司的管理上会更加人性化一些。然而，董明珠却不是，恰好相反。在董明珠看来，管理是一种制度，人人必须遵守，赏罚分明，谁也没有例外。

在格力，董明珠推行的是军事化管理，可谓是苛刻到极致。格力内部的员工都知道，在格力里面，人行道和行车道是严格分开的。如果有员工在行车道上走路或是有车辆在人行道上行驶，一律被开除，毫无回旋的余地。

然而，制度的执行，本身就意味着得罪人。董明珠不怕得罪人。任何人、任何事情，只要违反了格力公司的制度，触犯了格力公司的利益，哪怕是天王老子或者是自己的家人，她都不会手下留情。

曾经，有一家公司想通过董明珠的哥哥这一层亲情关系，让格力派发几十万元的货物。当然了，该公司答应在事成之后提供优厚的佣金给董明珠的哥哥。然而，让人始料未及的是，董明珠绝情地挂断了她的哥哥的电话，这个事情就这么夭折了。

本来，董明珠只要稍微变通一下，行个方便，公司既能赚到货款，她哥哥也可以借机发笔横财，可谓是双赢的好局面。但是，这就是董明珠，把公司利益看得比自己的生命还重要的铁娘子，容不得半点私情。为此事，她的哥哥从此怨恨上了董明珠，好几年都不理睬董明珠。

在董明珠看来，她这是在顾全大局，以公司利益为重，凡事都得依据公司的规章制度来办理，没有任何后门可以走。在董明珠的严明纪律与赏罚分明的制度下，格力朝着积极而阳光的方向奋勇直前，走上了康庄大道。

请思考： 有人说格力集团能成为全球500强企业离不开董明珠的卓越领导和坚持，你认同吗?

（案例来源：黄伟芳. 董明珠传［M］. 北京：团结出版社，2019.）

一、领导的概念

领导就是领导者指挥、带领、引导和鼓励部下为实现目标而努力的过程。因此，领导者要具备以下三个要素：

（1）领导者必须有部下或追随者（领导的本质就是被领导者的追随和服从，而这取决于追随者的意愿）；

（2）领导者拥有影响追随者的能力或力量（职权，更多的是个人的感召权、专长权）；

（3）领导的目的是通过指挥、激励部下来实现组织的目标。

二、领导的作用

古话说得好："千军易得，一将难求。"领导者对于组织的作用非常重要。具体来说，领导职能的作用主要体现在指挥、激励、协调和沟通四个方面。

（一）指挥作用

领导的首要作用是指挥与引导。如同乐队指挥一样，领导者的主要作用是指挥整个组织朝着组织目标共同努力。正如群羊走路看头羊，火车跑得快还要车头带，领导者就是一名指挥官，不仅应帮助组织成员认清所处的环境和形势，指明组织活动的目标及达成目标的途径，还应用自己的行动带领和激励下属为实现组织的目标而努力。

（二）激励作用

激励是领导工作的重要方面。现代管理学证明，组织的活力取决于员工的士气。在任何组织活动中，领导者只有使参与组织活动的人都保持高昂的士气和旺盛的工作热情，才能使组织目标有效而快速地实现。

（三）协调作用

组织是通过分工和协作来实现组织目标的，专业的分工可以提高劳动效率，各个部门必须协调一致、密切配合才能保证组织整体目标的实现，否则组织会陷入混乱、效率低下的境地。因此，组织需要由具有一定协调、沟通谈判能力的领导者来协调各部门的活动，以保证组织目标的实现。

（四）沟通作用

领导在信息传递方面发挥着重要的作用，是信息的传播者、监听者、发言人和谈判者，在管理的各层次中起到上情下达、下情上报的作用，以保证管理决策和管理活动的顺利进行。

[管理案例]

《西游记》中的唐僧在团队中起到了什么领导作用？唐僧懂得运用各方，能用众力，能用众智。唐僧其实不是一个累赘，他虽然没有强大的法术，但是唐僧却拥有一颗坚定不移、拜佛求经、大慈大悲普度众生的心，唐僧就是取经路上的核心。就像一个企业，如果没有核心，盲目地去干事，没有一个领路人，很容易就会垮掉，只有核心目标明确了，才能最终走向成功。

三、领导与管理的关系

领导是从管理中分化出来的，在领导活动和管理活动中有较强的兼容性和互补性。领导是率领并引导大家朝着一定方向前进，而管理就是负责某项工作使它顺利进行。也就是说，领导是要做正确的事情，管理是要正确地做事情。让自己既是管理者又是领导者，是管理干部追求的最高境界。

（一）领导与管理的区别

（1）领导是从战略的角度对系统的方向、目标，方针等重大问题进行谋划和决策；而管理则是在这类战略性的全局问题明确之后，不断地进行计划、组织、协调、控制等的贯穿执行过程。

（2）从时间上看，领导活动注重的是全面的、长期的目标或方向；而管理则注重微观、短期的成绩或效果。

（3）从专业或行业上看，领导更注重其整体性、联合性；而管理则更注重专业化，要求被管理的对象适合担任某项工作。这点在大型企业或超大型企业体现得尤为明显。

（4）领导能带来实用、战略性的变革；而管理则是为了维持这种变革所做的努力。美国著名的管理学家哈罗德·孔茨在他与海因茨·韦里克所著的《管理学》中指出：“管理工作要比领导工作广泛得多”“领导是管理的一个重要方面”“有效地进行领导的本领是作为一名有效管理者的必要条件之一”。

（二）领导与管理的联系

（1）管理过程包含着领导，即领导是从管理中分化出来的。

（2）在领导活动和管理活动中有较强的兼容性和互补性。强调过分管理而领导无方，势必会造成重微观轻宏观、重短期行为忽视战略规划、过分注重专业化而轻视集体和整体的效应；领导有力而管理不足，则会导致强调长远规划不注意短期的计划和利益、太过注重群体文化而不注意细微的专业分工和规则等。

（三）领导者和管理者的联系

就组织中的个人而言，可能既是领导者，又是管理者；可能只是领导者，而不是管理者；可能是管理者，而不是真正的领导者。两者分离的原因在于：管理者的本质是依赖被上级任命而拥有某种职位所赋予的合法权利而进行管理，被管理者往往因追求奖励或害怕处罚而服从管理。而领导者的本质就体现在被领导者的追随和服从，它完全取决于追随者的意愿，而并不完全取决于领导者的职位与合法权利。领导者与管理者的区别见表6-1。

表 6-1 领导者与管理者的区别

管理者	领导者
强调效率	强调效能
强调过程管理	强调结果管理
强调现状	强调未来的发展
注重系统	注重人
强调控制	培养信任
运用制度	强调价值观念
运用职位权力	运用个人魅力
避免不确定性	敢于冒险
理性	感性
处理事务	规划战略
正确地做事	做正确的事

四、领导权力的来源

领导的核心在于权力。领导权力通常是指影响他人的能力，在组织中则是指排除各种障碍完成任务、达到目标的能力。一般来说，领导权力有五种来源，见图 6-1。

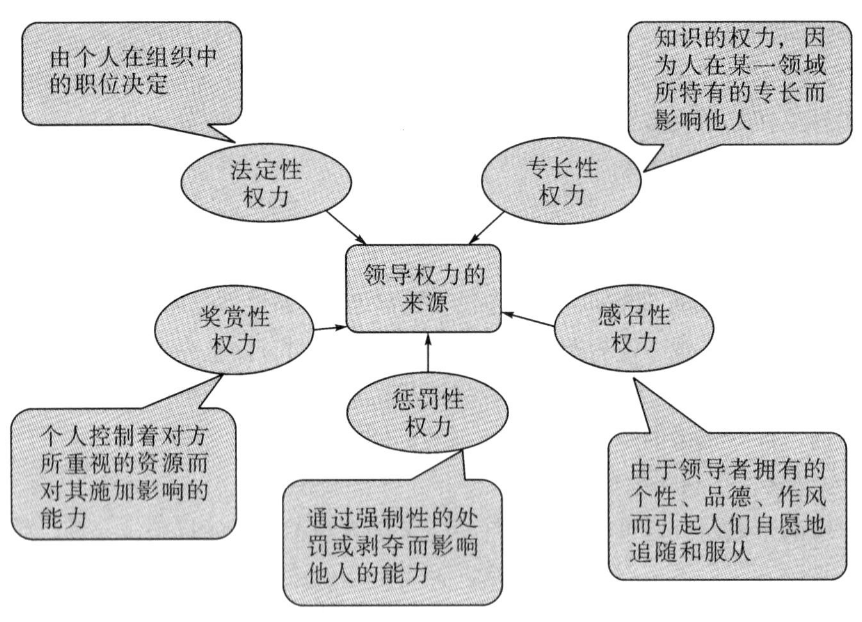

图 6-1 领导权力的来源

（一）法定性权力

法定性权力是由个人在组织中的职位决定的。个人由于被任命担任某一职位，因而获得了相应的法定权力和权威地位。例如，在政府和企业等层级组织中，上级在自己的职责范围有权给下级下达任务和命令，下级必须服从；教练有权决定谁上场和比赛的策略，队员必须服从；裁判有权判定是否犯规和是否得分，并有权用出示黄牌或红牌提出对某一队员的警告或处罚，队员必须服从；老师有权布置作业，出试题和给分，学生必须服从，等等。但拥有法定权力的权威，并不等于就是领导，虽然我们通常把层级机构中担任各级职位的官员都称为领导。其实这些负责人可能是有效的领导者，也可能不是有效的领导。有些官员根本没有自愿的追随者，只是凭借手中的权力作威作福而已，这样的人并不是真正的领导者。

同时，应当充分认识到下层甚至普通员工也拥有宪法、劳动法、合同法、工会法等法律和规章制度赋予他们的法定权力，他们凭借这种权力，也可以有效地影响和抵制领导者的领导行为。

［**管理思考**］你如何理解“人一走，茶就凉”这一现象？

（二）奖赏性权力

奖赏性权力是指个人控制着对方所重视的资源而对其施加影响的能力。例如，上级在其职权范围可以决定或影响下级的薪水、晋升、提拔、奖金、表扬，或分配有利可图的任务、职位，或给予下属所希望得到的其他物质资源或精神上的安抚、亲近、信任、友谊等，从而有效地影响他人的态度和行为。

奖赏性权力是否有效，关键在于领导者要确切地了解对方的真实需要。人们的需要是多方面的，也可能各不相同，不一定都是金钱或官位，所以必须采用适当的方式、有针对性地雪中送炭才能取得良好的效果。

被领导都也拥有某种奖赏权。例如，对领导者的忠诚、顺从，更加积极地忘我工作，为了组织利益不计个人安危的英雄行为，甚至对领导者的热情招呼、演讲后的热烈鼓掌等，都可以看作被领导者对领导者的奖赏。这种奖赏权也能有效地影响领导行为。

（三）惩罚性权力

惩罚性权力是指通过强制性的处罚或剥夺而影响他人的能力，如批评、罚款、降职、降薪、撤职、除名、辞退、开除、起诉等，或者调离到偏远、劳苦、无权的岗位上去。这实际上是利用人们对惩罚和失去既得利益的恐慌心理而影响和改变他的态度和行为。

应当注意，惩罚权虽然十分必要，见效也很快，但毕竟是一种消极性权力，因此务必慎用。惩罚权如果使用不当，可能会产生严重的消极后果。例如，下属在合法范围拥有消极怠工、抗议、静坐、罢工等权力，员工可以利用这种合法权利来对领导者的不当行为进行惩罚等。

（四）感召性权力

感召性权力是指领导者拥有吸引别人的个性、品德、作风而引起人们的认同、赞赏、钦佩、羡慕，从而自愿地追随和服从他。例如，无私工作、刚正不阿、主持正义、清正廉洁，思路敏捷、开拓创新、不畏艰险、有魄力、关心群众疾苦、保护下属利益、倾听不同意见、结交下层朋友等模范行为，都会引来大批追随者，形成巨大的模范权力。

感召性权力的大小与职位高低无关，只取决于个人的行为。不过，具有高职位的人，其行为会有一种放大的乘数效应。一些行为对普通人来说可能是很平常的事，但对某些高层领导者就会变成非常感人的行为，产生巨大的感召性权力。但是，在任何组织中，总是有许多没有任何职位的人，也往往会有巨大的感召性权力，成为非正式的群众领袖。他们对人们的影响力可能远远大于拥有正式职位的领导者。对组织有利的做法是后者应对前者有更多的尊重和争取更好的合作。

（五）专长性权力

专长性权力是指因为人在某一领域所特有的专长而影响他人的能力。一位医术精湛的医生在医院中具有巨大的影响力；一位资深的大牌教授、著名学者可能没有任何行政职位，但在教师和学生中具有巨大的影响力；企业中的一位财务专家、营销专家、工程师等都可能拥有某种专长性权力，而在一定领域内发挥巨大的影响。

任何领导者绝对不可能在所有领域内都具有专长权，所以对组织中正式职位的领导者而言只要在他的工作职责范围具有一定的专长性权力就可以，而不必要求一定是某一领域的专家。例如，大学校长只要具有正确的办学理念，能充分尊重和依靠各领域的专家教授，能筹集到足够的办学经费就行，不一定非要“院士”不可。实践证明，许多院士在本领域有专长权、有追随者、有无可争辩的权威地位，但面对全校错综复杂的局面往往一筹莫展。这样，既耽误了组织的发展机遇，又浪费了专家的宝贵精力，荒芜了专长业务的长进，给组织和个人都带来无可挽回的损失。

[**管理思考**] 领导者的权力有哪些是源于领导者个人？这些权力与我们通常说的人才选拔要“德才兼备”有什么联系？

组织中的各级领导者只有正确地理解领导权力的来源，正确地运用这些权力，才能成为真正有效的领导者。

真正有效的领导者，必须清醒地认识到领导者与追随者、领导者与管理者的正确关系。没有追随者就没有领导者，没有埋头苦干的管理者，领导者也难以获得成功。一个组织的成功必须依靠领导者、追随者、管理者的共同努力；不仅领导者要成为有效的领导者，追随者也要成为有效的追随者，而不是一味地盲从，管理者也要成为有效的管理者，而不能只满足于循规蹈矩地工作。

在现实生活中，处于层级组织各级职位的领导者在不同情况下，往往要扮演多种角色。在上级领导者面前，他是顺从的追随者、精明的管理者；在下层面前，他是令人敬畏的领导者。从最底层的领导者，到最高层的领导者，概莫能外。即便是国家元首，也不是绝对的领导者，他必须成为民众意愿的积极追随者，成为广大人民群众利益的忠实代言人，否则就可能动摇领导者的权威地位。这就是中国古语中所说“水能载舟，亦能覆舟”的道理。

［**管理素养**］

争做品德高尚的先锋

德行是人的根本素养，评价一名党员是否合格，“德”永远居于第一位，大德、公德、私德缺一不可。大德即政治品德，公德包括社会公德和职业道德，私德为家庭美德。有德有才是正品，有德无才是次品，有才无德是危险品，无才无德是废品。对有德有才的人大胆用，有德无才的人培养用，有才无德的人坚决不用。一直以来，中央和上级党委都反复强调，领导干部要常修为政之德，做到以德修身、以德服众、以德领才、以德润才。做一名合格党员，就要上好道德修养这一人生必修课，把修身、立德、养性、做人作为终身课题去实践，做到明大德、守公德、严私德。全体党员尤其是党员领导干部，要树立正确的世界观、人生观、价值观和道德观，带头传承党的优良作风，弘扬中华民族传统美德，践行社会主义核心价值观，尊崇文明礼仪，提升道德修养，保持积极健康的生活方式，培育良好的家风，从自身做起、从点滴做起、从细节做起，用良好的德行为全体党员树立标杆和示范，坚守住共产党人的精神家园。要珍重人格、珍爱声誉、珍惜形象，锤炼政治品德，讲求职业道德，遵守社会公德，弘扬传统美德，远离低级趣味，抵制歪风邪气，努力做思想纯洁、品行端正、生活正派、情趣健康、崇德向善、明白事理的优秀党员。

（资料来源：人民网）

任务二　掌握领导理论

［导入案例］

副总经理家失火以后

一家公司的销售副总经理，在外出差时家里失火了。他接到妻子电话后，连夜火速赶回家。第二天一早去公司向总经理请假，说家里失火要请几天假安排一下。按理说，也不过分。但总经理却说："谁让你回来的？你要马上出差，如果你下午还不走，我就免你的职。"这位副总经理很有情绪，无可奈何地从总经理办公室里出来后又马上出差走了。总经理听说销售副总经理已走，马上把党、政、工、团负责人都叫了过来，要求他们分头行动，在最短的时间内，不惜一切代价把副总经理家里的损失弥补回来，把家属安顿好。

请思考：你赞成这位总经理的做法吗？有何建议？

一、领导特质理论

特质，狭义指个性特质，就是一个人给他人的印象和直观的领导力，如形象、气质、语言风格，以及基础性、习惯性的心理结构和行为方式。

特质理论是20世纪最流行的领导理论，也是最早对领导活动及行为进行系统研究的尝试。研究的依据和方法是从优秀的人物身上寻找共同的东西：为什么他们能够成为领导？什么是领导力的决定因素？领导者与普通人的区别是什么？

研究者发现有六项特质与有效的领导有关，如表6-2所示。

表6-2　领导的六项特质

六项特质	表现
内在驱动力	领导者非常努力，有着较高的成就愿望。他们进取心强、精力充沛，对自己所从事的活动坚持不懈、永不放弃，并有高度的主动性
领导愿望	领导者有强烈的愿望去影响和统率别人，他们乐于承担责任
诚实与正直	领导者通过真诚无欺和言行一致在他们与下属之间建立相互信赖的关系
自信	为了让下属相信自己的目标和决策的正确性，管理者必须表现出高度的自信
智慧	领导者需要具备足够的智慧来收集、整理和解释大量信息，并能够建立目标、解决问题和做出正确决策
工作相关知识	有效的领导者对有关企业、行业和技术的知识十分熟悉，广博的知识能够使他们做出睿智的决策，并能认识到这些决策的含义

二、领导行为理论

领导行为理论是以研究领导者偏好的行为风格为基础的理论。

（一）基于职权运用的领导风格分类

1. 三种基本的领导方式

（1）专制式领导（authoritarian leadership）是指将权力定位于领导者个人，靠权力和强制命令实施领导。专制式领导具有以下领导风格：一是所有决策均由领导者做出，二是领导者制订计划进行安排，三是领导者靠命令、纪律和惩罚实施管理，四是领导者与下属保持一定距离。

（2）民主式领导（democratic leadership）是指将权力定位于群体，靠以理服人、以身作则实施领导。民主式领导具有以下领导风格：一是决策在领导者鼓励和协助下，由组织成员集体讨论决定；二是下属有较大的工作自由、选择性和灵活性；三是主要以非正式权力实施领导；四是领导者与下属关系融洽。

（3）放任式领导（laissez-faire leadership）是指将权力定位于组织中的每一个成员，采取放任自流的领导方式。放任式领导具有以下领导风格：一是极少运用权力，二是下属有高度的独立性，三是没有规章制度。

2. 领导行为连续统一体理论

在以领导者为中心的专制型领导方式和以下级为中心的民主型领导方式之间，存在多种领导方式，共同构成“连续的统一体”。该理论表明，在专制型领导方式和民主型领导方式之间有多种选择，并不是非此即彼。有效的领导者应根据自身能力、下级能力及任务要求等因素，灵活地选择最为适当的领导方式。

领导方式连续统一体理论见图 6-2。

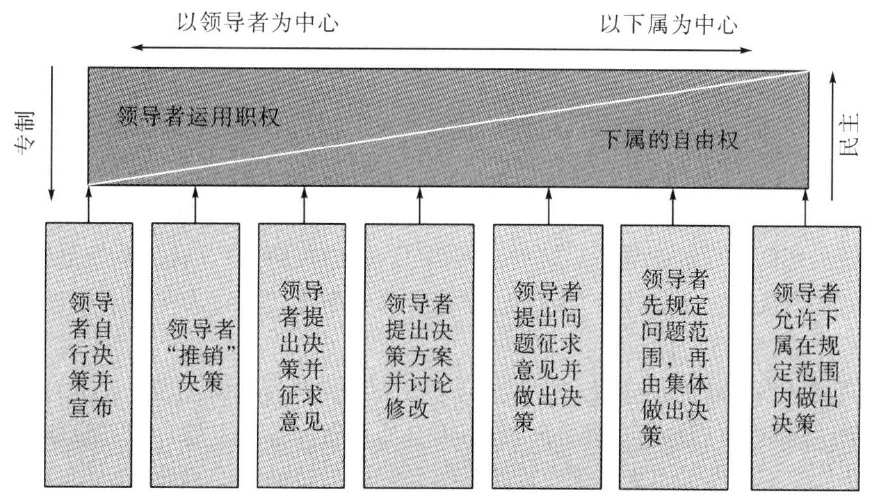

图 6-2　领导方式连续统一体理论

（二）基于态度行为取向的领导风格分类

1. 四分图理论

俄亥俄州立大学的二维构面理论又称领导双因素模式，是美国俄亥俄州立大学的研究者弗莱西和他的同事从 1945 年起，对领导问题进行广泛研究得出的理论。他们发现，领导行为可以利用两个构面加以描述：一是关怀，二是定规。所谓“关怀”，是指一位领导者对其下属所给予的尊重、信任以及互相了解的程度。从高度关怀到低度关怀，中间可以有无数不同程度的关怀。所谓“定规”，是指领导者对于下属的地位、角色与工作方式，是否都有规章或工作程序。从高度的定规到低度的定规，也有无数不同程度的定规。因此，二维构面可构成一个领导行为坐标，大致可分为四个象限或四种领导方式，如图 6-3 所示。

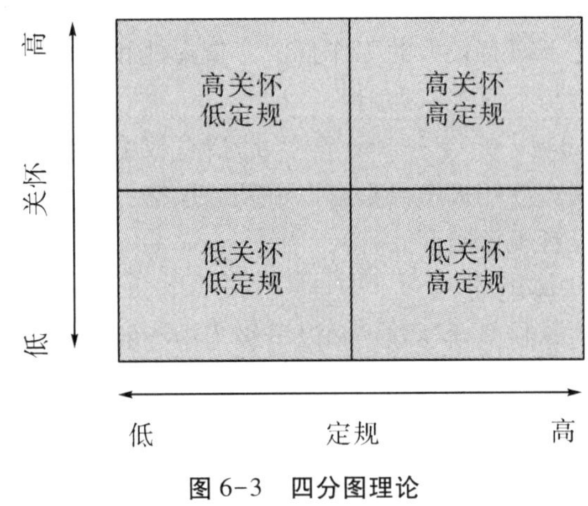

图 6-3　四分图理论

（1）高关怀低定规的领导者。这种领导者注意关心爱护下属，经常与下属交换思想、交换信息，与下属感情融洽；但是组织内规章制度不严，工作秩序不佳。这是一个较仁慈的领导者。

（2）低关怀高定规的领导者。这种领导者注意严格执行规章制度，建立良好的工作秩序和责任制；但是，不注意关心爱护下属，不与下属交流信息，与下属关系不融洽。这是一个较为严厉的领导者。

（3）低关怀低定规的领导者。这种领导者不注意关心爱护下属，不与下属交换思想、交流信息，与下属关系不太融洽，也不注意执行规章制度，工作无序，效率低下。这是一个无能、不合格的领导者。

（4）高关怀高定规的领导者。这种领导者注意严格执行规章制度，建立良好的工作秩序和责任制，同时关心爱护下属，经常与下属交流信息，沟通思想，想方设法调动组织成员的积极性，在下属心目中既可敬又可亲。这是一个高效成功的领导者。但这种领导者并不总是产生积极效果。

2. 管理方格图理论

管理方格理论是美国得克萨斯大学的行为科学家罗伯特·布莱克和简·莫顿在 1964 年提出的。他们认为，领导者在对生产（工作）关心与对人关心之间存在多种复杂的领导方式，因此，以横坐标代表领导者对生产的关心，以纵坐标代表领导者对人的关心。各划分九个格，反映关心的程度。这样形成 81 种组合，代表各种各样的领导方式，如图 6-4 所示。

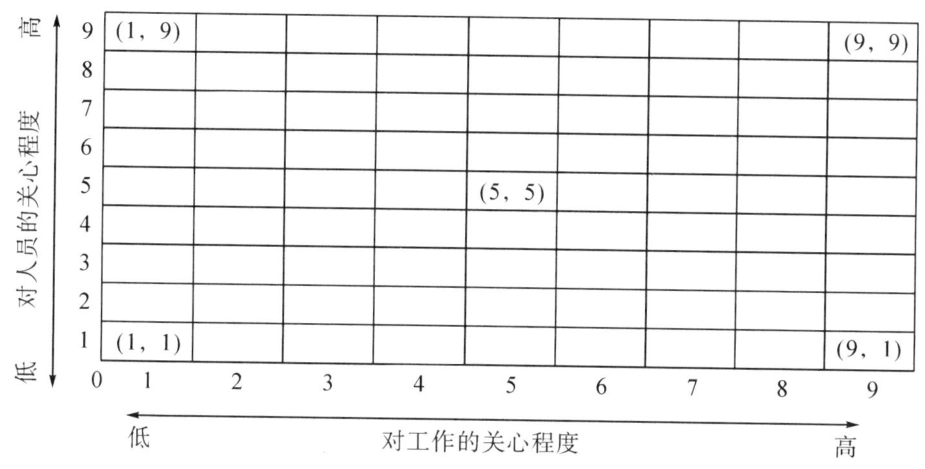

图 6-4　管理方格理论的领导方式

管理方格中有五种典型的领导方式，简要分析如下：

①（1，1）：放任式管理。领导者既不关心生产，也不关心人。

②（9，1）：任务式管理。领导者高度关心生产任务，而不关心员工。这种方式有利于短期内生产任务的完成，但容易引起员工的反感，对长期管理不利。

③（1，9）：俱乐部式的管理。领导者不关心生产任务，而只关心人，热衷于融洽的人际关系，这不利于生产任务的完成。

④（9，9）：团队式的管理。领导者既关心生产，又关心人，是一种最理想的状态。但是，在现实中是很难做到的。

⑤（5，5）：中间道路式管理，即领导者对生产的关心与对人的关心都处于一个中等的水平上。在现实中，相当一部分领导者都属于这一类。

一个领导者较为理性的选择是：在不低于（5，5）的水平上，根据生产任务与环境等情况，在一定时期内，在关心生产与关心人之间做适当的倾斜，实行一种动态的平衡；并努力向（9，9）靠拢。

[管理案例]

看球赛引起的风波

东风机械厂发生了这样一件事。金工车间是该厂唯一进行倒班的车间。一个星期六晚上，车间主任去查岗，发现上夜班的年轻人几乎都不在岗位。据了解，他们都去看电视上现场转播的足球比赛去了。车间主任气坏了，在星期一的车间大会上，他一口气点了10多个人的名。没想到他的话音刚落，人群中不约而同地站起几个被点名的青年，他们不服气地异口同声地说："主任，你调查了没有，我们并没有影响生产任务，而且……"主任没等几个青年把话说完，严厉地警告说："我不管你们有什么理由，如果下次再发现谁脱岗去看电视，扣发当月的奖金。"

谁知，就在宣布"禁令"的那个周末的晚上，车间主任去查岗时又发现，上夜班的10名青年中竟有6名不在岗。车间主任气得直跺脚，质问当班的班长是怎么回事，班长无可奈何地从工作服口袋中掏出三张病假条和三张调休条，说："昨天都好好的，今天一上班都送来了"，说着，班长瞅了瞅大口大口吸烟的车间主任，然后朝围上来的工人挤了挤眼儿，凑到主任身边讨了根烟，边吸边劝道："主任，说真的，其实我也是身在曹营心在汉，那球赛太精彩了，您只要灵活一下，看完了电视大家再补上时间，不是两全其美吗？上个星期的夜班，据我了解，他们为了看电视，星期五就把活提前干完了，您也不……"车间主任没等班长把话说完，扔掉还燃着的半截香烟，一声不吭地向车间对面还亮着灯的厂长办公室走去，剩下在场的10多个人，你看看我，我看看你，都在议论着这回该有好戏看了。

请思考厂长和车间主任该如何处理这件事。

（案例来源：单凤儒. 管理学基础［M］. 5版. 北京：高等教育出版社，2014.）

三、领导权变理论

（一）领导权变理论的基本内容

领导权变理论的研究始于20世纪60年代，并于20世纪70年代逐渐形成体系。其产生和发展反映了一定时代背景条件下实际管理活动的需要。系统管理学派和经验管理学派是领导权变理论的两大渊源。领导权变理论包括以下三个方面：

（1）企业组织是社会大系统中的一个开放型的子系统，受环境的影响，因此，必须根据企业组织在社会大系统中的处境和作用，采取相应的组织管理措施，从而保持对环境的最佳适应。

（2）组织的活动是在不断变动的条件下以反馈形式趋向组织目标的过程，因此，必须根据组织的近期和远期目标以及当时的条件，采取依势而行的管理方式。

（3）管理的功效体现在管理活动和组织的各要素相互作用的过程中，因此，必须根据组织各要素的关系类型及各要素与管理活动之间相互作用时的一定的函数关系来确定不同的管理方式。

有效领导（领导者，被领导者，环境），即有效的领导是领导自身、被领导者与领导过程所处的环境的函数。

$$S = f(L, F, E)$$

式中，S—— 领导方式，L—— 领导者特征，F—— 追随者的特征，E—— 环境。

领导权变理论的核心概念是指世界上没有一成不变的管理模式。与其说管理是一门理论，更不如说它是一门操作性非常强的技术；与其说管理是一门科学，更不如说它是一门艺术，权变管理能体现出艺术的成分。一个高明的领导者应是一个善变的人，能根据环境的不同及时变换自己的领导方式。领导权变理论告诉管理者应不断地调整自己，使自己不失时机地适应外界的变化，或把自己放到一个适合自己的环境中。

（二）领导权变理论的主要类型

领导权变理论主要包括菲德勒模型、路径-目标理论。

1. 菲德勒模型

菲德勒认为，任何领导方式均可能是有效的，其有效性完全取决于其是否与所处环境相适应。他提出了两种领导方式、三种环境因素、八种情境类型。

菲德勒通过询问领导者对最不与自己合作的同事（LPC）评价来测定领导者的领导方式：如果领导者对这种同事的评价大多用敌意的词语，则该领导趋向于工作任务型的领导方式（低 LPC 型）；如果评价大多用善意的词语，则该领导趋向于人际关系型的领导方式（高 LPC 型）。领导目标与领导环境的关系见图 6-5。

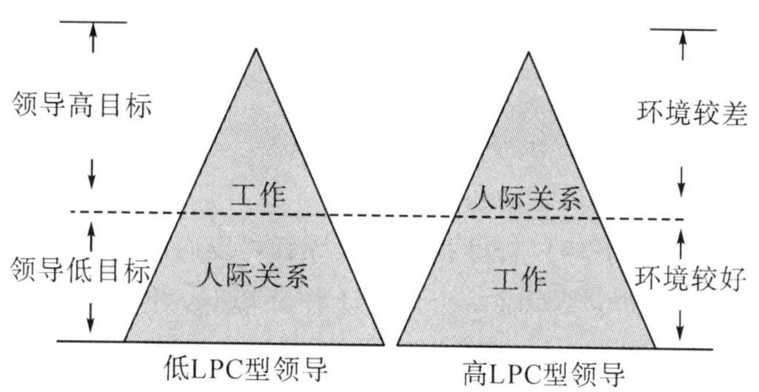

图 6-5 领导目标与领导环境的关系

菲德勒对 1 200 个团体进行抽样调查，得出结论：领导环境决定领导的方式。

在环境较好的Ⅰ、Ⅱ、Ⅲ和环境较差的Ⅶ、Ⅷ情况下，采用工作任务型（低 LPC）领导方式比较有效；在环境中等的Ⅳ、Ⅴ和Ⅵ情况下，采用人际关系型（高 LPC）领导方式比较有效（见表 6-3）。

表 6-3　菲德勒模型

人际关系	好	好	好	好	差	差	差	差
工作结构	简单	简单	复杂	复杂	简单	简单	复杂	复杂
职位权力	强	弱	强	强	强	弱	强	弱
	Ⅰ	Ⅱ	Ⅲ	Ⅳ	Ⅴ	Ⅵ	Ⅶ	Ⅷ
环境		好			中等		差	
领导目标		高			不明确		低	
低 LPC 领导		人际关系			不明确		工作	
高 LPC 领导		工作			不明确		人际关系	
最有效方式		低 LPC			高 LPC		低 LPC	

注：根据 1 200 个团体的抽样调查得出的结论。

2. 路径—目标理论

“路径—目标”是指有效的领导者既要帮助下属充分理解工作目标，又要指明实现目标所应遵循的路径。根据该理论，领导方式可以分为以下四种：

（1）指示型领导方式。领导者应该对下属提出要求，指明方向，给下属提供他们应该得到的指导和帮助，使下属能够按照工作程序去完成自己的任务，实现自己的目标。

（2）支持型领导方式。领导者对下属友好，平易近人，平等待人，关系融洽，关心下属的生活福利。

（3）参与型领导方式。领导者经常与下属沟通信息，商量工作，虚心听取下属的意见，让下属参与决策，参与管理。

（4）成就导向型领导方式。领导者做的一项重要工作就是树立具有挑战性的组织目标，激励下属想方设法去实现目标，迎接挑战。

路径—目标理论（见表 6-4）告诉我们，领导者可以而且应该根据不同的环境特点来调整领导方式和作风。当领导者面临一个新的工作环境时，他可以采用指示型领导方式，指导下属建立明确的任务结构，明确每个人的工作任务；接着可以采用支持型领导方式，有利于与下属形成一种协调和谐的工作气氛。当领导者对组织的情况进一步熟悉后，可以采用参与型领导方式，积极、主动地与下属沟通信息，商量工作，让下属参与决策和管理；在此基础上，可以采用成就指向型领导方式，与下属一起制定具有挑战性的组织目标，运用各种有效的方法激励下属为实现组织目标而努力工作。

表 6-4　路径—目标理论

领导方式	显著特征
指示型领导方式	由领导者发布指示并给予指导，下属不参与决策
支持型领导方式	领导者对于下属很友善，并更多地考虑员工的要求
参与型领导方式	领导者较多地征求并采纳下属的合理建议，员工参与决策和管理
成就导向型领导方式	领导者为下属确立具有挑战性的目标，并相信员工能够完成目标

3. 领导生命周期理论

这一理论把下属的成熟度作为关键的情景因素，认为依据下属的成熟度水平选择正确的领导方式，决定着领导者的成功。成熟度是指个体对自己的直接行为负责任的能力和意愿，包括工作成熟度和心理成熟度。

生命周期论提出任务行为和关系行为两种领导维度，并且将每种维度进行了细化，从而组合成四种具体的领导方式：

（1）指导型（命令型）（telling）领导：高任务—低关系。

（2）推销型（说服型）（selling）领导：高任务—高关系。

（3）参与型（participating）领导：低任务—高关系。

（4）授权型（delegating）领导：低任务—低关系。

领导方式和任务成熟度之间的关系如图 6-6 所示。

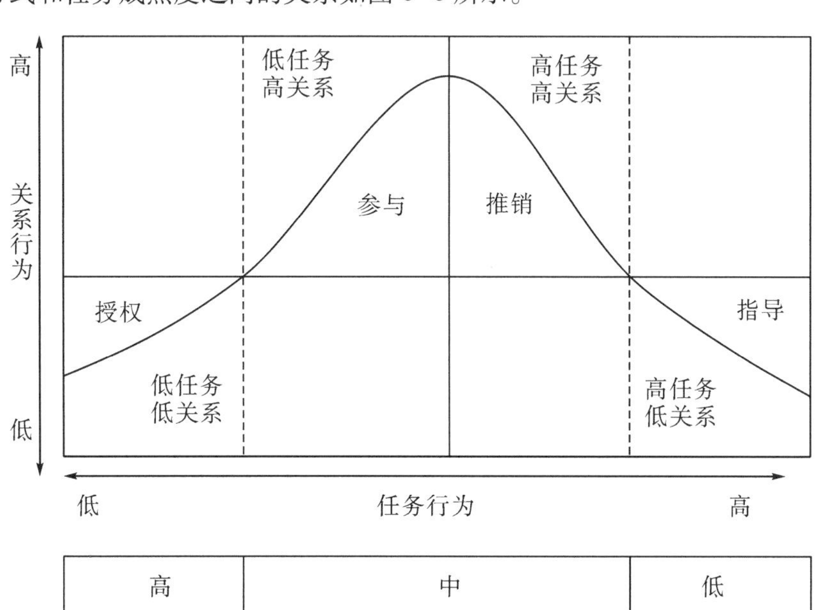

高	中		低
成熟(M_4)	比较成熟(M_3)	初步成熟(M_2)	不成熟(M_1)

图 6-6　领导方式和任务成熟度之间的关系

[**管理故事**]

校长的管理

某校的校长管理教师时分三种情况：对于青年教师，尤其是新来的教师，校长每月给他们布置一次任务，并告诉他们具体应该怎样去完成；对于中年教师，校长很注意关心他们在生活中遇到的困难，也善于听取他们在教学工作上的意见；对于老教师，除了关心他们的身体以外，在日常的教学工作上，校长一概不问。

思考：你赞成这位校长的做法吗？为什么？试用所学理论进行分析。

任务三　提高领导艺术

[导入案例]

刘邦的领导艺术

汉高祖刘邦击败西楚霸王项羽而一统天下，成为汉王朝的第一位帝王，其从弱到强，屡败屡战，并最终一战定天下的故事广为民间所熟悉。从《史记·高祖本纪》中来看，个人认为，刘邦的成功至少有以下两方面因素。

因素一：知人善用建团队。

刘邦之所以成功，最关键的原因就在于自己知人善用。同时也体现了一个政治家虚怀若谷的胸怀。一代帝王在群臣面前居然敢于承认自己与部属相比不足的一面，这足以让部属自惭而更显忠诚。

古人说，一个好汉三个帮，的确不错。刘邦的成功得益于三个人：张良、萧何和韩信。张良的计谋无出其右，萧何的内政管理是当仁不让的拿手好戏，而韩信用兵更是空前。这三个人各有所长，但如果没有碰到刘邦，这三个人也无用武之地，因此，好人才更需要好领导。刘邦无疑就是一个好领导，让这三个人分别发挥自己的长处，利用自己的长处打拼事业，并最终成就霸业。

因素二：从谏如流贤下士。

刘邦出身并不好，自身学历水平也不是很高，但他虚心好学，礼贤下士。如当高阳人郦食其前去求见他的时候，刘邦正叉开两腿坐在床上，让两个女子给他洗脚。郦食其见了并叩不拜，只是略微俯身做了个长揖，说："如果您一定要诛灭没有德政的暴秦，就不应该坐着接见长者。"刘邦一听来者语气不凡，赶紧站起身来，整理衣服，向他道歉，把他请到上座。郦食其劝说刘邦袭击陈留，刘邦采纳，结果得到了秦军储存的粮食，解决了军粮不足的问题。

刘邦的故事告诉我们，知人善用成就一个好团队，也成就领导者的事业。一个好的团队就是各种才能之人的组合与合理分工，做到人尽其能、物尽其用，方能兴业强国。

（资料来源：根据网络资料整理修改）

领导工作是一门科学，也是一门艺术。领导工作是一项创造性的活动，领导者在履行行政职务时，所表现出来的技巧是建立在一定知识、经验基础上的非规范化、有创造性的领导技能。管理工作要求领导者具备灵活运用各种领导方法的能力和技巧，创造性地开展工作，以便实现组织目标。

一、用人的艺术

如何用好人，除了要端正用人思想外，还要让那些想干事的人有事干，能干事的人干好事外，在用人技巧上还要注意以下五个问题：

（一）任人唯贤的艺术

领导者领导活动的一个重要方面就是选拔人才并对其合理使用，而人才选拔最重要的原则就是知人选才，任人唯贤。领导者要避免出现任人唯亲、唯学历是举、唯资历是举等不正确的做法，保证用人上的公平合理性，真正地做到选贤任能。

（二）大度用人的艺术

领导者要从全局出发，需要有宽广的胸襟、包容的态度来对待人才。一是领导者要能够起用有缺点的人。由于每个人都不可能是完美无缺的，所以对待人才不能够吹毛求疵、求全责备。只要他的缺点不影响正常工作，不对他人造成损害就应该加以包容。对于历史上有污点的人，领导者不能对其全面否定，而是要给予其重新发挥作用的机会。二是领导者要能够起用能力超过自己的人。如一个领导者因担心自己的地位受到威胁而不敢起用水平高的人，那么优秀的人才得不到重用，平庸的人占据着关键岗位，工作和事业一片死气沉沉的景象。三是领导者要能够起用与自己意见相左的人。具有真知灼见的人才往往有自己的独立观点和对问题的独到见解，这是难能可贵的。一个领导者要容许组织内有与自己意见相左的人员存在，充分发挥这些人不随声附和、敢于直谏的优势，起到“兼听则明”的作用。

（三）用当其任的艺术

尺有所短，寸有所长。清代顾嗣协曾写道：“骏马能历险，犁田不如牛，坚车能载重，渡河不如舟，舍长以就短，智者难为谋，生才贵适用，慎勿多苛求。”一个人因为其天资、学识、阅历的不同导致每个人有不同的智能、知识结构，一个人既有其擅长的一方面也有其不擅长的一方面。领导者应该仔细分析和观察每个下属的性格特点和能力，分析其强项和弱点并扬其长、避其短，对人才合理利用。用当其任就是要达到人事相宜、对号入座，使“供”与“需”平衡，防止人才使用的“错位现象”，要使其知识、能力、专长等方面的条件与其所从事的工作相称。在这个过程中，要注意因事设人，防止因人设岗等不良现象的出现。

（四）合理授权的艺术

领导者要选择正确的授权方式，做好监督和协调工作，及时解决授权过程中存在的问题。只有这样，才能避免出现因领导者大权独揽、事必躬亲而导致的人才浪费、工作效率低下的现象。

（五）宽严相济的艺术

所谓合理的奖惩，就是领导者要做到以下三点：一是奖惩要公正。奖惩要严格按照规章制度办事，公平公正。这既是人事行政科学与否的重要保证，也是抵制用人问题上各种不正之风的有效方式。二是奖惩要及时。不论是对下属的奖与惩，都要及时。及时奖励有功的下属能激发其积极性，及时惩罚犯错误的下属才对其有震慑性。三是奖惩要适度。如果奖励过滥而惩罚的力度不够，下属就会采取冷漠视之的态度，从而失去奖惩的意义。所谓的宽严相济，就是领导者要处理好对待下属宽容与严格的关系。首先，领导者要宽以待人。所谓宽，就是要宽容下属所犯的非原则性错误，给予其积极改正的机会，为人才的成长和作用发挥营造宽松的环境。毛泽东同志讲过："如果不是与政治的和组织的错误有联系，则不必多加指责，使同志们无所措手足。"这就表明了毛泽东在用人观上宽的一面。其次，领导者要严惩犯原则性错误的下属，给予相应的惩戒来强化组织纪律的权威。只有这样，才能做到防微杜渐，树立组织运行的良好风气。

[**管理故事**]

古木与雁

一天，庄子和他的学生在山上看见一棵参天古木，因为长得歪歪斜斜而免遭砍伐，于是庄子感叹说："这棵树恰好因为它不成材而能享有天年。"

晚上，庄子和他的学生到他朋友的家中做客。主人殷勤好客，便吩咐家里的仆人说："家里有两只雁，一只会叫，另一只不会叫，将那一只不会叫的雁杀了来招待我们的客人。"

庄子的学生听了很疑惑，向庄子问道："老师，山里的古木因为无用而保存了下来，家里养的雁却因不会叫而丧失性命，我们该采取什么样的态度来对待这繁杂无序的社会呢？"庄子回答说："还是选择有用和无用之间吧，虽然这之间的分寸太难掌握了，而不符合人生的规律，但可以避免许多争端，足以应付人世了。"

二、决策的艺术

决策是领导者要做的主要工作，决策一旦失误，对组织就意味着损失，对自己就意味着失职。这就要求领导者增强决策意识，尽快提高决策水平，尽量减少各种决策性浪费。

（一）决策前注重调查

领导者在决策前一定要多做些调查研究，搞清各种情况，尤其是要把大家的情绪和呼声作为自己决策的第一信号，不能无准备就进入决策状态。

（二）决策中注意民主

领导者在决策中要充分发扬民主，优选决策方案，尤其碰到一些非常规性决策，应懂得按照"利利相交取其大、弊弊相交取其小、利弊相交取其利"的原则，适时进行决策，不能未谋乱断，也不能错失决策良机。

（三）决策后狠抓落实

决策一旦定下来，就要认真抓实施，做到言必信、行必果，决不能朝令夕改。一个领导者在工作中花样太多，是一种不成熟的表现。

三、处事的艺术

常听到不少领导者感叹：事情实在太多，怎样忙也忙不过来，其实一个会当领导的人，不应该成为做事最多的人，而应该成为做事最精的人。

（一）要做自己该做的事

领导者对该自己管的事一定要管好，对不该自己管的事一定不要管。尤其是那些已经明确是下属分管的工作和只要按有关制度就可办的事，一定不要乱插手、乱干预，要多着眼于明天的事。领导者应经常反思昨天，干好今天，谋划明天。

（二）多做最为重要的事

什么是最为重要的事呢？比如，如何寻找到一条适合本地经济发展的新路子，如何调动下属的工作积极性，等等。领导者在做事时应先做最重要和最紧要的事，不能主次不分、见事就做。

四、协调的艺术

没有协调能力的人当不好领导者。协调，不仅要明确协调对象和协调方式，还要掌握一些相应的协调技巧。

（一）对上请示沟通

平时要主动多向上级请示汇报工作。若在工作中有意或无意得罪了上级领导，靠“顶”和“躲”是不行的。理智的办法是主动沟通。一是错的要大胆承认，误会的要解释清楚，以求得到领导的谅解；二是要请人调解。这个调解人不仅与自己关系好，而且与领导的关系更要非同一般。

（二）对下沟通协调

当下属在一些涉及个人利益的问题上对组织或领导有意见时，领导者应通过谈心、交心等方式来消解。对能解决的问题一定要尽快处理，一时解决不了的问题，也要向人家说清原因，千万不能以“打哈哈”的方式去对待人或糊弄人。

（三）对外争让有度

领导者在与平级单位的协调中，其领导艺术往往体现在争让之间。大事要争，小事要让；不能遇事必争，也不能遇事皆让；该争不争，就会丧失原则；该让不让，就会影响全局。

五、运时的艺术

时间是一种无形的稀缺资源，领导者不能无视它，更不能浪费它。

（一）增强时间意识

有人做了统计：一个人一生的有效工作时间大约一万天。一个领导者的有效工作时间是10~15年，一旦错过这个有效时间，你思想再好、能力再强，也常常是心有余而力不足。所以，领导者要利用这宝贵的时间多做点有意义的事。

（二）学会管理时间

领导者管理时间应包括两个方面：一是要善于把握好自己的时间。当一件事摆在眼前时，应先问一问自己“这事值不值得做”，再问一问自己“是不是现在必须做”，最后还要问一问自己“是不是必须自己做”。只有这样，才能比较主动地驾驭好自己的时间。二是不随便浪费别人的时间。领导者要力戒“会瘾”，不要动不动就开会，不要认为工作就是开会。即使要开会，也应开短会、说短话。千万不要让无关人员来“陪会”“浪费别人的时间等于谋财害命”。

（三）养成惜时习惯

人才学的研究表明：成功人士与非成功人士的一个主要区别是，成功人士年轻时就养成了惜时的习惯。要像比尔·盖茨那样：能站着说的事情就不要坐着说，能站着说完的事情就不要进会议室去说，能写个便条解决的就不要写成文件。只有这样，才能养成好的惜时习惯。

六、说话的艺术

说话是一门艺术。它是反映领导者综合素质的一面镜子，也是下属评价领导者水平的一把尺子。领导者要提高说话艺术，除了要提高语言表达基本功外，还要提高语言表达艺术。

（一）言之有物

所谓言之有物，就是领导者在下属面前讲话，不能空话连篇、套话成堆，要尽量做到实话实说，让大家能从领导者的讲话中，获取一些新的有效信息，听到一些新的见解，受到一新的启发。

（二）言之有理

领导者在下属面前讲话，一是要讲好道理。讲道理不能搞空对空，一定要与下属的思想、工作、生活等实际紧密结合起来，力求以理服人。二是要注意条理。讲话不能信口开河，语无伦次，一定要让人感到条理清晰，层次分明。三是要通情达理。不能拿大话来压人，要多讲大家眼前最关心的问题、大家心里最想知道的问题，做到言之有味。

（三）生动幽默

领导者在下属面前讲话时，语言要带点甜味，有点新意和幽默感。习近平总书记在他的系列重要讲话中，常用打比方、讲故事的方式阐述深刻的道理，用大白话、大实话等俗文俚语来释疑解惑，比如“小康不小康，关键看老乡”“打‘老虎’、拍‘苍蝇’”“把权力关进制度的笼子里”，这些话既形象又深刻，引来百姓一阵叫好。“打铁必须自身硬”“踏石留印”“抓铁有痕”，简洁到位，生动有力！

[管理案例]

“闲可钓鱼”与“无暇吃鱼”

一、“闲可钓鱼”的王业震

新港船厂是中国船舶工业总公司属下一家较为大型的企业，当时有职工 6 500 人、固定资产 1.2 亿元。该厂有造船平台、修船坞各 2 座，可建造 3 万吨以下各种货船、客船、油轮，兼营修船业务。在技术上和管理上，借鉴日本三井造船、大阪造船等企业的经验，锐意改革。

该厂实行党政职能分开，由厂长全面主持企业生产经营活动。企业内部管理体制设两大系统：直线指挥系统和职能系统。在日常工作中，下级通常只接受其直接上级的指令，上级不可越级指挥，但可越级调查；下级也不越级请示，但可越级投诉。明确每个人只有一个直接上级，而每个上级直接管辖的下属为 3~9 人。厂长王业震本人直接领导的只有 9 人。此外，专设 3 个“厂长信箱”，随时了解职工的意见和建议。一次，某车间工人来信反映某代理工段长不称职，王业震于第二天收阅后批转有关部门查处，经调查属实随即做人事调整，前后仅 5 天时间。

“一个厂长不时时想到为工人服务，就没有资格当厂长。”王业震的话掷地有声。一次，两艘货轮在渤海湾相撞，由该厂承担抢修业务。在夜以继日的抢修中，王厂长让后勤部门把馒头、香肠、鸡蛋送到现场。这次任务提前完成后，该厂盈利 80 万元。王业震和厂领导班子决定破例发给参加抢修的职工加班费和误餐补助费 8 600 元。

新领导班子对会议做了改革。全厂必须召开的 15 个例会，时间、地点、出席人员都通过制度固定下来，一般会议不超过 2 小时，每人发言不超过 15 分钟。王业震本人每周仅召集 2 次会：一次厂长办公会、一次总调度会。

王业震基本上是按时下班，很少加班加点。每逢出差外出，他就委托一位副厂长代行职权。厂里曾经委派一位中层管理人员去日本监造主机，行前又明确授权让他一并购买主机控制台用的配件。那人到日本后，却接连就价格、手续、归期等事项挂国际长途电话向厂里请示。王业震的答复是：“将在外，君命有所不受。你是厂里的全权代表，可以做主，不要遇事请示，那里的事你相机定夺嘛。今后再挂电话来，电话费由你自己付!”

仅仅一年光景，新班子和王业震初试锋芒即见成效。1983 年，新港船厂造船 4 艘、修船 137 艘，工业总产值、利润、全员劳动生产率分别比上年增长 25.6%、116%和 20%。

二、“无暇吃鱼”的步鑫生

海盐衬衫总厂坐落在浙江省海盐县武原镇。该厂的前身是成立于 1956 年的红星成衣社，一个仅有 30 多名职工的合作社性质的小厂。自 1976 年起，该厂由以门市加工为主的综合性服装加工转为专业生产衬衫。此后，该厂陆续开发出了双燕牌男女衬衫、三毛牌儿童衬衫和唐人牌高级衬衫等产品。到 1983 年，该厂已拥有固定资产净值 107 万元，600 多名职工，当年工业总产值 1 028 万元，实现利润 52.8 万元。

成功容易却艰辛。厂长步鑫生为厂里大大小小的事情操心，可谓“殚精竭虑”“废寝忘食”。他性喜吃鱼，却忙得连吃鱼也顾不上了。有一次，食堂里没有别的菜，只有鱼。鱼颇鲜美，正合口味，可是他只吃了几口，因为太费时间，张口将未及咀嚼的鱼连肉带刺吐了出来，三口两口扒饭下肚，急匆匆地走了。他每天工作十五六个小时，从不午睡，每次出差，都是利用旅途小憩，到达目的地立即投入工作。

步鑫生常对厂里职工说：“上班要拿出打老虎的劲头。慢吞吞，磨蹭蹭，办不好工厂，干不成事业。”他主持制定的本厂劳动管理制度规定：不准迟到早退，违者重罚。有位副厂长从外地出差回来，第二天上班迟到了 3 分钟，也被按规定扣发工资。以 1983 年计，全厂迟到者仅 34 人次。步鑫生本人开会、办事分秒必争，今天要办的事绝不拖到明天。在他的带动下，全厂上下形成了雷厉风行的作风。只要厂内广播一通知开会，两分钟内，全厂 30 名中层以下干部凡是在厂的全都能到齐。开会的时间一般不超过 15 分钟。

进入 1984 年，一阵风在中国刮起了“西装热”。步鑫生先是不为所动，继而办起了一个领带车间，最后终于作出了兴办西装分厂的决策。在与上级主管部门来人的一次谈话中，前后不过 2 小时，步鑫生做出了这一重大决策。副厂长小沈闻讯提出异议：“不能这样匆忙决定，得搞出一个可行性研究方案。”然而，这一意见被步厂长一句“你懂什么，老三老四”否定了。一份年产 8 万套西装、18 万美元的估算和外汇额度的申请报告送到了省主管部门，在那里又加大了倍数，8 万套成了 30 万套，18 万美元成了 80 万美元。层层报批、核准，6 000 平方米西装大楼迅速进入施工，耗资 200 万元。

无奈好景不长。宏观经济过热急剧降温，银根紧缩，国家开始压缩基建规模。海盐厂的西装大楼被迫停工。与此同时，市场上一度十分抢手的西装也出现了滞销迹象。步鑫生是靠衬衫起家的，年产 120 万件的产量和“唐人”“三毛”“双燕”三大牌号的衬衫令他引为自豪。但“唐人”牌高级衬衫也在全国同行业产品评比中落选了。

1985 年入秋，步鑫生被选送浙江大学管理专业深造。他并没因此而稍有解脱，企业严峻的经营状况令他放心不下。他频频奔波于厂校两地，在厂的日子远多于在校。半年之后，他退学回厂，决心用 3 年时间挽回企业的颓势。

仍然是精明强干的步鑫生，他的助手多数也很能干，只是当他从早忙着处理厂里的大小事时，他的助手似乎插不上手。步鑫生备尝创业的艰辛，终因企业濒临于破产窘境而被免去厂长之职。

“我没有预感到会有这个结局”。步鑫生这样说。他进而补充了一句：“我是全心全意扑在事业上的。”副厂长小刘也不讳言：“到现在为止，我敢说步鑫生仍是厂里工作热情最高的人。”

思考题：

1. 同为一厂之长，为什么王、步两人忙闲如此悬殊？试从领导方式和管理措施上分析原因。

2. 作为厂长或经理，“从早忙到晚”意味着什么？试评述其得与失。

3. 致使组织中领导者和管理者的时间经常被无效利用的主要原因有哪些？

（案例来源：周三多. 管理学［M］. 5版. 北京：高等教育出版社，2018.）

［管理素养］

《大学》之管理大道

儒家的经典著作《大学》与《论语》《孟子》《中庸》并称为“四书”，《大学》被列为“四书”之首，为历代有识之士所推崇。

“大学”一词在古代有两种含义：一是“博学”的意思；二是相对于小学而言的“大人之学”，就是“做大人的学问”。所谓“大人”，是指有大理想、大勇气、大能力、大智慧、大格局、大心量、大担当、大奉献的人。当今，国家、社会、企业最需要这样的“大人”，《大学》就是教人“学做大人”的学问。

《大学》蕴含了丰富的管理思想和管理智慧。其中的管理精髓不仅适用于古代统治的管理，更是现代管理思想的有机组成部分。《大学》以教人明辨是非为起点，指出人的自我成长之路，即提升自我、融入社会、承担社会责任的过程。它规划出了一个人的人生路线，既有宏观指引，又有微观操作指导。《大学》可以称得上是中国最早的管理学，值得深入研读。

《大学》全篇分为经文和传文两部分，下面仅摘录其经文部分。

大学之道，在明明德，在亲民，在止于至善。

知止而后有定，定而后能静，静而后能安，安而后能虑，虑而后能得。

物有本末，事有始终，知所先后，则近道矣。

古之欲明明德于天下者，先治其国；欲治其国者，先齐其家；欲齐其家者，先修其身；

欲修其身者，先正其心；欲正其心者，先诚其意；欲诚其意者，先致其知，致知在格物。

物格而后知至，知至而后意诚，意诚而后心正，心正而后身修，身修而后家齐，家齐而后国治，国治而后天下平。

自天子以至于庶人，壹是皆以修身为本。

其本乱而未治者否矣，其所厚者薄，而其所薄者厚，未之有也。此谓知本，此谓知之至也。

以管理学的视角，可以从三个层面对《大学》的经文进行简要的解读。

1.“修身为本”的管理次第

《大学》开宗明义，提出了管理的目标：“大学之道，在明明德，在亲民，在止于至善。”“明明德”“亲民”“至善”被称为“三纲领”，是《大学》管理之道所追寻的目标。《大学》表明，实现此项目标是一个梯状进阶的过程，即“古之欲明明德于天下者，先治其国；欲治其国者，先齐其家；欲齐其家者，先修其身；欲修其身者，先正其心；欲正其心者，先诚其意；欲诚其意者，先致其知，致知在格物”。这就是儒家所称“八德目”：“格物”“致知”“诚意”“正心”“修身”“齐家”“治国”“平天下”。在“八德目”中，修身是其中最基础的一条，“自天子以至于庶人，壹是皆以修身为本。”“修身”是什么？就是修正自己错误的思想、言语和行为，从而提升道德修养。

2. 以德为本的人才管理战略

组织的核心竞争力是培养一流的人才。一流的人才必须以德为本、德才兼备。《大学》的核心思想就是造就、培养社会和国家需要的英才，特别是一流的社会管理人才。《大学》强调开启人类本有的德行，以身作则，树立榜样，通过礼乐教化，不断提升自己的德行，立定远大志向，努力奋斗，终生不渝。

3.“内圣外王”的管理逻辑

《大学》提出的“八德目”中，“格物”“致知”“诚意”“正心”“修身”是“内圣”的内容，“齐家”“治国”“平天下”是“外王”的内容。

“内圣”指自我修养；“外王”指以自己的道德和才能影响他人、帮助他人。

“内圣”是基础，“外王”是目的。只有在“内圣”的基础上，才能够实现安邦治国、平天下，达到“外王”的目的。同样，“内圣”也只有达到“外王”的目的才更有意义。实现内生的根本在“修身”，就是有效地管理自己，之后才是去管理“组织和机构”，或者进行更大范畴的治理，即“治国”“平天下”。

思考与感悟：

1. 你是如何理解《大学》中的“三纲领”和“八德目”的？它们之间存在怎样的逻辑关系？

2.“自天子以至于庶人，壹是皆以修身为本”。你理解这句话的深刻含义吗？

3. 学习《大学》对于今天我们学习管理理论及从事管理活动有什么现实意义？

（案例来源：黄江.《大学》中蕴含的管理思想研究［J］. 管理学家，2019（10）.）

项目小结

本项目主要介绍了领导的概念与功能、领导者的权力来源，引导学生理解重要的领导理论，包括特质理论、行为理论、权变理论等，帮助学生了解领导的艺术，从而为培养学生的领导能力奠定基础。

同步训练

一、基础知识练习

（一）单项选择题

1. 按照费德勒模型，当组织内上下级关系好、任务结构明确、职位权力强时，应选择的领导者类型是（　　）。

A. 任务导向　　B. 关系导向

C. 工作与人际关系并重型　　D. 以领导者为中心型

2. 根据领导生命周期理论，适用于下属成熟度低的情况，由领导者告诉下属应该干什么、怎么干以及何时何地干的领导风格是（　　）。

A. 说服型领导　　B. 命令型领导　　C. 参与型领导　　D. 授权型领导

3. 通过人格魅力来影响和改变下属的做法，利用的是（　　）。

A. 权力性影响　　B. 非权力性影响　　C. 职位影响力　　D. 行为影响力

4. 在构成领导影响力的各项权力中，属于非职权影响力的有（　　）。

A. 法定权　　B. 强制权　　C. 专长权　　D. 奖赏权

5. 领导生命周期理论提出的变量因素是（　　）。

A. 下属的成熟度　　B. 任务结构

C. 上下级关系　　D. 职位权力

6. 领导者撒手不管，下属愿意怎么做就怎么做，完全自由属于（　　）领导方式。

A. 任务型　　B. 乡村俱乐部型　　C. 放任型　　D. 团队型

（二）多项选择题

1. 领导方式的主要理论有（　　）。

A. 管理方格理论　　B. 连续统一体理论

C. 激励强化理论　　D. 权变理论

2. 领导的作用包括（　　）。

A. 协调作用　　B. 指挥作用　　C. 激励作用　　D. 沟通作用

3. 按照权力的运用方式，领导方式的主要类型有（　　）。

A. 专制型　　B. 放任型　　C. 民主型　　D. 协商型

4. 用人的艺术主要有（　　）。

A. 任人唯贤的艺术　　B. 疑人不用的艺术

C. 用当其任的艺术　　D. 合理授权的艺术

二、案例分析

哪种领导类型最有效

ABC公司是一家中等规模的汽车配件生产集团。最近，对该公司的三个重要部门经理进行了一次有关领导类型的调查。

一、安西尔

安西尔对他本部门的产出感到自豪。他总是强调对生产过程、出产量控制的必要性，坚持下属人员必须很好地理解生产指令以得到迅速、完整、准确的反馈。安西尔当遇到小问题时，会放手交给下级去处理，当问题很严重时，他则委派几个有能力的下属人员去解决问题。在通常情况下，他只是大致规定下属人员的工作方针、完成怎样的报告及完成期限。安西尔认为，只有这样，才能更好地合作，避免重复工作。

安西尔认为，对下属人员采取敬而远之的态度对一个经理来说是最好的行为方式，"亲密无间"会松懈纪律。他不主张公开谴责或表扬某个员工，相信他的每一个下属人员都有自知之明。

据安西尔说，管理中的最大问题是下级不愿意接受责任。他讲道，他的下属人员可以有机会做许多事情，但他们并不是很努力地去做。他表示不能理解在以前他的下属人员如何能与一个毫无能力的前任经理相处，他说他的上司对他们现在的工作运转情况非常满意。

二、鲍勃

鲍勃认为每个员工都有人权，他偏重管理者有义务和责任去满足员工需要的学说。他说，他常为他的员工做一些小事，如给员工两张下月在伽利略城举行的艺术展览的入场券。他认为，每张门票才15美元，但对员工和他的妻子来说却远远超过15美元。通过这种方式，也是对员工过去几个月工作的肯定。

鲍勃说，他每天都要到工厂去一趟，与至少25%的员工交谈。鲍勃不愿意为难别人，他认为安西尔的管理方式过于死板，安西尔的员工也许并不那么满意，但除了忍耐别无他法。

鲍勃说，他已经意识到在管理中有不利因素，但大都是由于生产压力造成的。他的想法是以一个友好、粗线条的管理方式对待员工。他承认尽管在生产率上不如其他单位，但他相信他的雇员有高度的忠诚与士气，并坚信他们会因他的开明领导而努力工作。

三、查里

查里说他面临的基本问题是与其他部门的职责分工不清。他认为，不论是否属于他们的任务都安排在他的部门，似乎上级并不清楚这些工作应该谁做。

查里承认他没有提出异议，他说这样做会使其他部门的经理产生反感。他们把查里看成朋友，而查里却不这样认为。查里说过去在不平等的分工会议上，他感到很窘迫，但现在适应了，其他部门的领导也不以为意了。

查里认为，纪律就是使每个员工不停地工作，预测各种问题的发生。他认为，作为一个好的管理者，没有时间像鲍勃那样握紧每一个员工的手，告诉他们正在从事一项伟大的工作。他相信如果一个经理声称为了决定将来的提薪与晋职而对员工的工作进行考核，那么，员工则会更多地考虑他们自己，由此而产生很多问题。

他主张，一旦给一个员工分配了工作，就让他以自己的方式去做，取消工作检查。他相信大多数员工知道自己把工作做得怎么样。如果说存在问题，那就是他的工作范围和职责在生产过程中发生的混淆。查里的确想过，希望公司领导叫他到办公室听听他对某些工作的意见。然而，他并不能保证这样做不会引起风波而事情有所改变。他说他正在考虑这些问题。

讨论：

1. 你认为这三个部门经理分别采取了什么领导方式？这些模式都是建立在什么假设的基础上的？试预测这些模式各将产生什么结果？

2. 是否每一种领导方式在特定的环境下都有效？为什么？

管理游戏——成功的领导者是怎么样的?

实训目标：通过游戏，让学生树立信心，巩固领导能力的相关知识。

游戏背景：

做一个成功的领导者，可能取决于很多的因素，比如：

善于鼓舞人	能充分发挥下属优势	处事公正	能坚持原则又不失灵活性
办事能力强	幽默	独立有主见	言谈举止有风度
有亲和力	有威严感	善于沟通	熟悉业务知识
有决断力	善于化解人际冲突	有明确的目标	能通观全局

请你分别从上面所列的因素中选出一个你认为最重要和最不重要的因素。

要求：

首先，给你们 5 分钟时间考虑，然后将答案写在纸上。

接下来，你们几位用 30 分钟时间就这一问题进行讨论，并在结束时拿出一个一致性的意见，即得出一个你们共同认为最重要和最不重要的因素。

然后，派出一个代表来汇报你们的意见，并阐述你们做出这种选择的原因。

如果到了规定的时间你们没有得出一个统一的意见，那么你们每一个人的分数都要相应地减去一部分，最后看哪组得分最高。

项目实训——演讲比赛

一、实训目标

通过演讲比赛，让学生树立信心，了解更多伟人或企业家的领导方式、风格和特点，巩固领导能力的相关知识。

二、实训内容

1. 分组准备

(1) 将全班学生分为 6 个小组，每组选出 1 名小组长，讨论确定组名。

(2) 小组长带领小组成员进行头脑风暴，列举多个适用于演讲比赛的伟人（领导者）或著名企业家。

(3) 组内投票最终确定演讲主题，并搜集各种影像文字资料，合作撰写演讲稿。

(4) 小组长带领组员熟悉演讲稿，并组织每位成员进行模拟演讲，随后通过组内投票选出 1 名成员代表小组参加演讲比赛。

2. 演讲比赛

(1) 邀请 3 位老师组成教师评委团；从全班不参赛的学生中，选取 1 名主持人组织所有小组进行演讲比赛，6 名评分员组成学生评委团，2 名记分员负责统计选手得分，1 名计时员负责提醒选手比赛用时，1 名摄像人员负责拍照留念。

(2) 各参赛选手抽签决定演讲顺序，每位选手的演讲时间为 5 分钟。

(3) 主持人邀请选手上台演讲，并保证演讲比赛的有序进行。

(4) 每位选手演讲结束后，由 3 位评委老师进行点评，学生和教师评委团打分，记分员统计每位选手得分并交给主持人。

(5) 所有选手比赛结束后，主持人公布各参赛选手的最终得分。

3. 评价奖励

(1) 根据选手得分，设置一等奖 1 名、二等奖 2 名、三等奖 3 名，并由全体学生投票选出“最受欢迎奖”“最佳台风奖”和“最佳合作小组奖”，分别颁发奖品以资鼓励。

(2) 老师对此次演讲比赛进行点评和总结，表扬学生优点，发现问题并提出改进方向：将演讲比赛的照片进行整理，张贴在班级文化墙，展示学生风采。

项目七 沟通技巧

项目导读

沟通是人与人之间、人与群体之间思想与感情的传递和反馈的过程，以求达成思想的一致和情感的认同。组织成员的分工合作及行为协调均依赖彼此之间的信息传递与交流。所谓有效沟通，是指通过听、说、读、写等媒介，通过演讲、会见、对话、讨论、信件等方式，准确、恰当地传递思想表达情感，促使对方更好地接受。

本项目包括认识沟通、克服沟通障碍两项任务。这些任务的实施可为学习者掌握有效的沟通艺术，改善沟通方法、提高沟通技巧打下坚实的基础。

学习目标

知识目标

1. 理解沟通的含义与作用，了解沟通的过程与分类，熟悉沟通网络；
2. 掌握发生沟通障碍的原因。

能力目标

1. 能与别人进行有效沟通；
2. 能克服人际沟通和组织沟通障碍。

素养目标

1. 树立平等、尊重、真诚的沟通理念；
2. 在日常沟通中培养同理心与换位思考的思维方式；
3. 学会“用心”沟通。

任务一 认识沟通

［导入案例］

被领导训斥的小王

小王跳槽到了一家新的公司，领导要求小王一周内完成第一个工作任务，但是这个任务小王在以前的工作中并未遇到过。由于对任务不熟悉，小王感到无从下手。但是领导此时出差在外，小王只好用这几天时间来查找资料以便了解此次任务。一周之后，领导回来了，请小王汇报任务进展情况。小王说这个任务他不是特别懂，希望领导给他点意见。领导非常生气地训斥他："不懂可以打电话问，或者发邮件也可以，但是绝对不可以一周什么事情也不做！要主动和领导沟通！"小王当时就傻了，但是也没多说什么，只是请求领导多给一周时间，他会尽力做好。

请思考：初来乍到的小王要如何做才能在规定时间内顺利完成第一个任务呢？

一、沟通的概念与作用

沟通是指可理解的信息或思想在两个或两个以上人群中的传递或交换的过程。

整个管理工作都与沟通有关。如果将组织比喻成一个人，组织结构是他的骨架，那么沟通就是他的神经系统，它负责信息的传递，实现身体良性循环。

（一）沟通是协调各个体、各要素，使企业成为一个整体的凝聚剂

由于组织各个体的地位、利益和能力不同，他们对企业目标的理解、所掌握的信息也不同，这就使得各个体的目标有可能偏离企业的总体目标，甚至背道而驰，这就需要互相交流意见，统一思想认识，自觉协调各个体的工作活动。

（二）沟通是领导者激励下属，实现领导职能的基本途径

领导者必须将自己的意图和想法告诉下属，并且了解下属的想法。

（三）沟通是企业与外部环境之间建立联系的桥梁

企业必然要和顾客、政府、公众和竞争者等发生各种各样的关系，这使得企业不得不和外部环境进行有效的沟通。由于外部环境永远处于变化之中，这就要求企业不断地与外界保持持久的沟通，以便把握成功的机会，避免失败的威胁。

［管理思考］

两个70%

企业中有两个数字可以很直观地反映出沟通在企业中的重要性，就是两个70%。

第一个70%，是指企业的管理者实际上70%的时间用在沟通上。开会、谈判、谈话、

做报告是最常见的沟通形式，撰写报告实际上是一种书面沟通方式，对外拜访、约见也都是沟通的表现形式，所以说管理者实际上70%的时间用在沟通上。

第二个70%，是指企业中70%的问题是由于沟通障碍引起的。比如，企业常见的效率低下问题，实际上往往是有了问题之后，大家没有沟通或不懂得有效沟通所引起的。另外，企业里面执行力差、领导力不强的问题，归根结底，都与沟通能力的欠缺有关。比如经理们在绩效管理的问题上，对于下属，经常有恨铁不成钢的想法，觉得年初设立的目标他们没有达到，工作中给他们的一些期望也没有实现。为什么这种下属达不到目标的情况经常会出现？据企业调研发现，下属对领导的目的或者期望事先是不清楚的。这无论是领导的表达有问题，还是下属倾听领会的能力不行，归根结底都是沟通障碍引起的问题。

（资料来源：根据网络资料整理修改）

二、沟通过程

沟通简单地说就是传递信息的过程。在这个过程中至少存在一个发送者和一个接受者，即发出信息的一方和接受信息的一方。信息在两者之间是怎样传递的呢？图 7-1 描述了沟通过程。

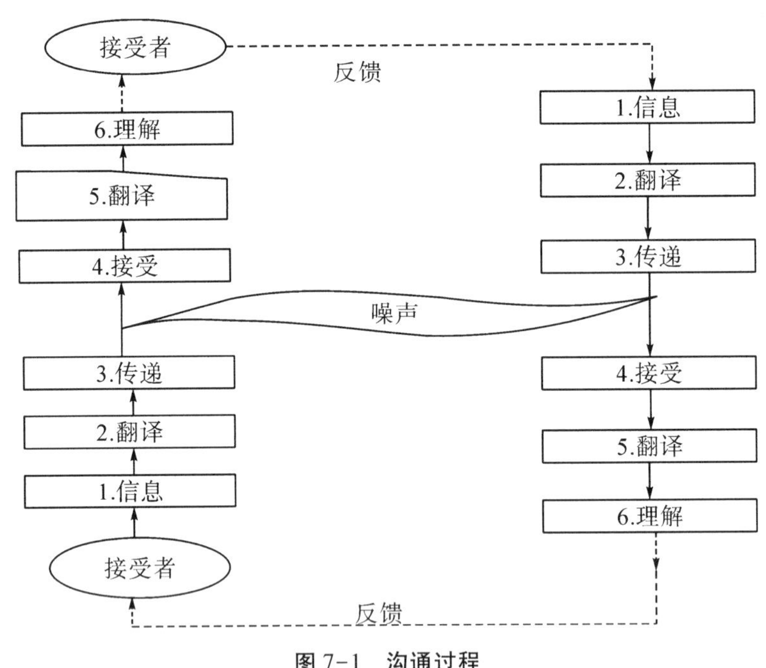

图 7-1　沟通过程

（1）发送者需要向接受者传送信息或者需要接受者提供信息。这里所说的信息包括想法、观点、资料等。

（2）发送者将这些信息译成接受者能够理解的一系列符号。为了有效地进行沟通，这些符号必须能符合适当的媒体。例如，如果媒体是书面报告，符号的形式应选择文字、图表或者照片；如果媒体是讲座，应选择文字、投影和板书。

（3）将上述符号传递给接受者。由于选择的符号种类不同，传递的方式也不同。传递的方式可以是书面的（信、备忘录等），也可以是口头的（交谈、演讲、电话等），甚至还可以通过身体动作来进行（手势、面部表情、姿态等）。如果媒体是网络，就可以选择电子信箱、网上即时通信平台等多媒体方式发送信息和沟通。

（4）接受者接受这些符号。接受者根据这些符号传递的方式，选择相对应的接受方式。例如，如果这些符号是口头传递的，接受者就必须仔细地听；否则，这些符号将会丢失。

（5）接受者将这些符号译为具有特定含义的信息。由于发送者翻译和传递能力的差异，以及接受者接受和翻译水平的不同，信息的内容经常被曲解。

（6）接受者理解信息的内容。

（7）发送者通过反馈来了解他想传递的信息是否被对方准确无误地接受。一般说来，沟通过程中存在许多干扰和扭曲信息传递的因素（通常将这些因素称为噪声），使得沟通的效率大为降低。因此，发送者了解信息被理解的程度是十分必要的。信息的传递与沟通过程中的信息反馈相结合，便构成了信息的双向沟通。

三、沟通的分类

（一）按照沟通方式分类

按照沟通方式划分，可以分为口头沟通、书面沟通、非语言沟通和电子媒介沟通等。各种沟通方式的比较如表 7-1 所示。

表 7-1 各种沟通方式的比较

沟通方式	举例	优点	缺点
口头	交谈、讲座、讨论会、电话	快速传递、快速反馈、信息量很大	传递中经过层次越多，信息失真越严重，核实越困难
书面	报告、备忘录、信件、文件、内部期刊、布告	持久、有形，可以核实	效率低、缺乏反馈
非言语	声、光信号（红绿灯、警铃、旗语、图形、服饰标志）、体态（手势、肢体动作、表情）、语调	信息意义十分明确，内涵丰富，含义隐含灵活	传送距离有限，界限含糊，只可意会，不可言传
电子媒介	传真、闭路电视、互联网或局域网多媒体交流、电子邮件	快速传递、信息容量大、远程传递、一份信息同时传递多人，可以同时上传或下载，也可以面对面实时交流沟通，效率高且廉价	沟通过程中容易产生噪声，且噪声源不易控制

[管理游戏]

游戏——你来比划我来猜

游戏规则：

(1) 自由组合，两人一组，一个比划一个猜；

(2) 每组15个词，限时两分钟，答对题目最多的一组获胜；

(3) 比划的人只能用肢体动作来提示描述，不能使用口头和书面沟通方式；

(4) 猜不出可以喊“pass”，每组有三次喊“pass”的机会；

(5) 观众不能提醒，观众提醒过的题目自动作废。

(二) 按照沟通组织系统分类

按照沟通组织系统划分，可以分为正式沟通和非正式沟通。

一般说来，正式沟通是指以正式组织系统为渠道的信息传递；非正式沟通是指以非正式组织系统或个人为渠道的信息传递。

正如正式组织中都存在非正式组织一样，组织除了需要正式沟通外，也需要并且客观上存在着非正式沟通。非正式沟通的主要功能是传播职工所关心的信息，体现职工的个人兴趣和利益。与正式沟通相比，非正式沟通有以下五个特点：

(1) 非正式沟通的信息交流速度较快。由于这些信息与职工的利益相关或者是他们比较感兴趣的，再加上没有正式沟通那些程序，信息的传播速度大大加快。

(2) 非正式沟通的信息比较准确。据国外研究，它的准确率高达95%。一般说来，非正式沟通中信息的失真主要是因为形式上的不完整。

(3) 非正式沟通的效率较高。非正式沟通一般是有选择地、针对个人的兴趣传播信息。正式沟通则常常将信息传递给本不需要它们的人，管理人员的办公桌上往往堆满了一大堆毫无价值的文件。

(4) 非正式沟通可以满足职工的需要。由于非正式沟通不是基于管理者的权威，而是出于职工的需要，因此，这种沟通常常是积极的、卓有成效的，并且可以满足职工的安全需要、社交需要和尊重的需要。

(5) 非正式沟通有一定的片面性。非正式沟通中的信息常常被夸大、曲解，因而需要慎重对待。

不管人们怎样看待和评价非正式沟通，它都是客观存在的，并且扮演着重要的角色。那么，管理人员应该怎样对待非正式沟通呢？一是管理人员必须认识到它是一种重要的沟通方式，否认、消灭、阻止、打击都是不可取的。二是管理人员可以充分地利用非正式沟通为自己服务，管理人员可以“听”到许多从正式渠道不可能获得的信息，“知道”谁在传播这些信息，谁最喜欢这些信息，管理人员还可以将自己所需要传递但又不便从正式渠道传递的信息，利用非正式渠道进行传递。

［管理故事］

非正式沟通

A 对 B 说："我要离开这个公司。我恨这个公司！"B 建议："我举双手赞成你报复！这破公司一定要给它点颜色看看。不过，你现在离开，还不是最好的时机。"A 问："为什么？"B 说："如果现在走，公司的损失并不大。你应该趁着在公司的机会，拼命去为自己拉一些客户，成为公司独当一面的人物，然后带着这些客户突然离开公司，公司才会受到重大损失。"A 觉得 B 说的话非常在理。于是，A 努力工作，事遂所愿，半年多的努力工作后，他有了许多的忠实客户。再见面时，B 对 A 说"现在是时机了，要跳槽赶快行动哦！"A 淡然笑道："老总跟我长谈过，准备升我做总经理助理了，我暂时没有离开的打算了。"

其实这也正是 B 的初衷。一个人的工作，只有付出大于得到，让老板真正看到你的能力大于位置，才会给你更多的机会为他创造更多利润。

（三）按照方向分类

按照方向划分，沟通可以分为下行沟通、上行沟通、平行沟通等。下行沟通是指上级将信息传达给下级，是由上而下的沟通；上行沟通是指下级将信息传达给上级，是由下而上的沟通；平行沟通是指同级之间横向的信息传递，这种沟通也被称为横向沟通。

（四）按照是否进行反馈分类

按照是否进行反馈划分，沟通可以分为单向沟通和双向沟通。单向沟通是指没有反馈的信息传递。单向沟通比较适合下列四种情况：一是问题较简单，但时间较紧；二是下属易于接受解决问题的方案；三是下属没有了解问题的足够信息，在这种情况下，反馈不仅无助于澄清事实反而容易混淆视听；四是上级缺乏处理负反馈的能力，容易感情用事。双向沟通是指有反馈的信息传递，是发送者和接受者相互之间进行信息交流的沟通。它比较适合于下列四种情况：一是时间比较充裕，但问题比较棘手；二是下属对解决方案的接受程度至关重要；三是下属能对解决问题提供有价值的信息和建议；四是上级习惯于双向沟通，并且能够有建设性地处理负反馈。单向沟通和双向沟通的比较见表 7-2。

表 7-2　单向沟通和双向沟通的比较

因素	结果
时间	双向沟通比单向沟通需要更多的时间
信息理解的准确程度	在双向沟通中，接受者理解信息发送者意图的准确程度大大提高
接受者和发送者的自信程度	在双向沟通中，接受者和发送者都比较相信自己对信息的理解
满意	接受者比较满意双向沟通，发送者比较满意单向沟通
噪声	由于与问题无关的信息较易进入沟通过程，双向沟通的噪声比单向沟通的噪声要大得多

四、沟通网络

所谓沟通网络，是指组织中沟通渠道的结构和类型。一种网络不同于另一种网络的基本特征在于：渠道的分布、数量以及是单向还是双向。图 7-2 表明了一些常见的沟通网络。

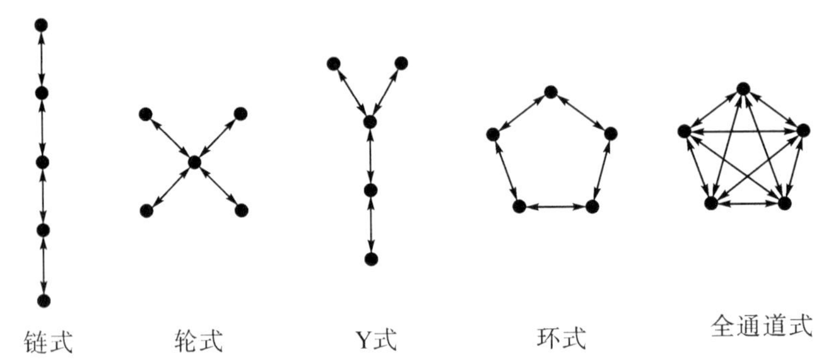

图 7-2　沟通网络示意图

（1）链式。信息在沟通成员间进行顺次传递，形如链条状的沟通网络形态。信息经层层传递、筛选，容易失真；成员之间的联系面很窄，平均满意度较低。在现实组织中，各级主管人员间逐级进行的信息传递就是链式沟通网络应用的实例。另外，链式沟通网络也常见于任务有先后顺序并且相互依赖的群体中，比如流水线等。

［**管理故事**］

哈雷将军开彗星牌汽车

据说，美军有次部队的命令传递是这样的。

营长对值班军官说：“明晚大约 20:00，哈雷彗星可能在这个地区被看到，这颗彗星每隔 76 年才能看见一次。命令所有士兵着野战服在操场上集合，我将向他们解释这一罕见的现象。如果下雨的话，就在礼堂集合，我为他们放一部有关彗星的影片。”

值班军官对连长说：“根据营长的命令，明晚 20:00，哈雷彗星将在操场上空出现。如果下雨，就让士兵穿着野战服列队前往礼堂，这一罕见的现象将在那里出现。”

连长对排长说：“根据营长的命令，明晚 20:00，非凡的哈雷彗星将身穿野战服在礼堂中出现。如果操场上下雨，营长将下达另一个命令，这种命令每隔 76 年才会出现一次。”

排长对班长说：“明晚 20:00，营长将带着哈雷彗星在礼堂中出现，这是每隔 76 年才有的事。如果下雨，营长将命令彗星穿上野战服到操场上去。”

班长对士兵说：“在明晚 20:00 下雨的时候，著名的 76 岁哈雷将军将在营长的陪同下身着野战服，开着他的彗星牌汽车，经过操场前往礼堂。”

管理启示：对于链型沟通网络，管理者在进行沟通时，要注意使用恰当的沟通方式，慎用口头沟通，避免出现信息失真的情况。

（2）轮式。群体中的一个中心成员是信息流入的终点和信息流出的起点，其余的群体成员没有相互沟通的必要，所有成员都是通过与中心成员沟通来完成群体目标的。因此，信息沟通的速度和准确度都很高，中心成员控制力强，但其他成员的满意度低。这种模式不适合于完成复杂的任务，但如果任务简单，而且成员都愿意接受领导者的权威，那么它的效果将是积极的。

（3）Y 式。Y 式的中心性仅次于轮式，Y 式沟通网络中也有一个成员位于沟通网络的中心，成为网络中因拥有信息而具有权威感和满足感的人。与轮式相比，Y 式沟通网络因为增加了中间的过滤和中转环节，容易导致信息曲解或失真，因此沟通的准确性也受到影响，组织成员的士气比较低。

（4）环式。在环式沟通网络中，成员们只可以与相邻的成员相互沟通，而与较远的成员缺乏沟通渠道。因此，中心性已经不存在，成员之间的地位平等，具有较高的满意度。但由于沟通的渠道窄、环节多，信息沟通的速度和准确性都难以保证。

（5）全通道式。每个成员都可以同其他所有成员进行交流。中心化程度低，成员之间的地位平等，有利于提高成员的士气和培养合作精神。但由于这种网络沟通的渠道太多，易造成混乱，沟通过程费时，会影响工作效率。工作委员会方式就是全通道式沟通网络的应用实例。

据研究，各种沟通网络类型在企业中可以起到不同的作用。一般说来，选择哪一种网络取决于外部环境和沟通目的。例如，集权化的网络（链式、Y 式和轮式）在完成比较简单的工作中比分权化的网络更快、更准确，也更有效，它们通过一个中心人物传递信息，以避免不必要的噪声并且可以节省时间。然而，分权化的网络（环式、全通道式等）适合完成比较复杂的任务，它们便于信息交换和充分地利用资源。另外，员工的满意度也与网络的类型有关。领导或中心人物比较满意集权化的网络，普通成员则比较满意分权化的网络。

任务二　克服沟通障碍

[导入案例]

一厢情愿与换位思考

某公司为了奖励市场部的员工，制订了一项出国短期培训计划，名额限定为5人。可是7名员工都想去，部门经理需要再向上级领导申请2个名额。如果你是部门经理，你会如何与上级领导沟通呢？

部门经理向上级领导说："朱总，我们部门7个人都想去培训，可只有5个名额，剩余的2个人会有意见，能不能再给2个名额？"

朱总说："筛选一下不就完了吗？公司能拿出5个名额就已花费不少，你们怎么不多为公司考虑？你们呀，就是得寸进尺，不让你们去就好了，谁也没意见。"

事与愿违，哪里出了问题？

试试像下面这么说：

部门经理："朱总，大家今天听说可以出国培训，非常高兴，觉得公司越来越重视员工了，好感动。朱总，这真是公司给大家的惊喜，不知当时公司是如何考虑的？"

朱总："真的是想给大家一个惊喜，这一年公司效益不错是大家的功劳，考虑到大家辛苦了一年，特制订了这个短期出国培训计划。第一，是让大家增长见识，在业务上能够更上一层楼；第二，顺便可以让大家开眼界，拓展国际视野；第三，增加公司的凝聚力。大家有进步、心情好，我们的目的就达到了。"

部门经理："也许是计划太好了，大家都在争这五个名额。"朱总："当时决定五个名额是因为你们部门有几个人工作不够积极。你们评选一下，不够格的就不安排了，就算是对他们的一个提醒吧。"

部门经理："其实我也同意领导的想法，有几个人与其他人比起来是不够积极，不过他们是由于一些生活原因，这与我这个部门经理对他们缺乏了解，没有及时调整也有关系，责任在我。这次如果不让他们去，会不会对他们造成打击？如果这种消极因素传播开来，对整个公司也影响不好吧。公司花了这么多钱，要是因为这两个名额降低了效果实在太可惜了。"

看到朱总若有所思，微微点了点头，部门经理继续说："我知道公司每一笔开支都要精打细算，如果公司能再拿出两个名额的费用，让他们有所醒悟，促使他们以后改进，那么他们给公司带来的利益要远远大于这次培训支出的费用，不知道我说得有没有道理？公司如果能再考虑一下，让他们一起去，我会尽力与他们沟通好，让他们体会到公司的好意和苦心，从而激发他们的工作积极性。朱总，您能不能再考虑一下我的建议？"

启示：换位思考是沟通的黄金法则。沟通不能一厢情愿地只顾表达自己的意志和愿望，忽视对方的表现及心理反应。作为管理者，应站在对方的角度考虑问题，综合运用提问、倾听、欣赏、建议等沟通技巧，通过有效沟通协调关系、解决问题。

（案例来源：王鑫，饶君华. 管理学基础［M］. 3版. 北京：高等教育出版社，2023.）

一、有效沟通的障碍

在沟通的过程中，由于存在外界干扰以及其他种种因素，信息往往被丢失或曲解，使得信息的传递不能发挥正常的作用。

（一）个人因素

1. 选择性接受

研究表明，人们往往愿意听或看他们感情上有所准备的东西，或他们想听到或看到的东西，甚至只愿意接受中听的，拒绝不中听的。

（1）人们只看到他们擅长的或经常看到的东西；

（2）由于复杂的事物可以从各种角度去观察，人们所选择的角度强烈地影响他们认识问题的能力和方法。

因此，管理人员应该懂得：一是由于各主管人员的偏见在所难免，在做最后决定时，必须对有关各方进行协调；二是各部门间如果没有有效的沟通，很可能会相互发生冲突，因为每个部门主管都认为其他部门主管不了解情况。

2. 沟通技巧上的差异也影响沟通的有效性

例如，有的人不能口头上完美地表达，却能够用文字清晰而简洁地写出来；另一些人口头表达能力很强，但不善于听取意见；还有一些人反应较慢，理解问题比较困难。

（二）人际因素

1. 沟通双方的相互信任

沟通是发送者与接受者之间“给”与“受”的过程。信息传递不是单方的而是双方的事情，因此，沟通双方的诚意和相互信任至关重要。上下级间或平级间的猜疑只会增加抵触情绪，减少坦率交谈的机会，也就不可能进行有效的沟通。例如，当一方怀疑某些信息会给他带来损害时，他在与对方沟通时常常会对这些信息做一些有利于自己的加工。

［**管理故事**］

偷吃白米饭的颜回

孔子周游列国时曾因兵荒马乱而三餐以野菜果腹。有一天，颜回好不容易要到了一些白米。当饭快煮熟时，孔子看到颜回掀起锅盖，抓些白饭往嘴里塞，孔子当时装作没看见，也不去责问。等颜回请孔子进食时，孔子若有所思地说：“我刚才梦到祖先来找我，我想把干净还没人吃过的米饭先拿来祭祖先！”颜回连忙说：“这锅饭我已经先吃一口，不可以祭祖先了”。孔子问：“为什么”？颜回说：“刚才在煮饭时，不小心掉了些黑锅灰在锅里，染灰的白饭丢了太可惜，我只好抓起来先吃了”。孔子听了恍然大悟，亦无比庆幸自己和颜回之间有这样一番谈话。

2. 信息来源的可靠程度

信息来源的可靠性由下列四个因素决定：一是诚实，二是能力，三是热情，四是客观。有时，信息来源可能并不同时具有这四个因素，但只要信息接受者认为发送者具有即可。可以说信息来源的可靠性实际上是由接受者主观决定的。例如，当面对来源不同的同一问题的信息时，职工最可能相信他们认为的最诚实、最有能力、最热情、最客观的那个来源的信息。

信息来源的可靠对企业中个人和团体行为的影响很大。就个人而言，雇员对上级是否满意很大程度上取决于他对上级可靠性的评价；就团体而言，可靠性较大的工作单位或部门比较能公开地、准确地和经常地进行沟通，它们的工作也相应地较为出色。

3. 发送者与接受者之间的相似程度

沟通的准确性与沟通双方间的相似性有着直接关系。沟通双方特征（如性别、年龄、智力、种族、社会地位、兴趣、价值观、能力等）的相似性影响沟通的难易程度和坦率性。如果沟通一方认为对方与自己很相近，他将比较容易接受对方的意见，并且达成共识；相反，如果沟通一方视对方为异己，信息的传递将很难进行下去。例如，年龄差距或“代沟”在沟通中就是一个常见的问题。

［**管理故事**］

中国的“罗密欧与朱丽叶”

1954年，周总理出席日内瓦会议，在这期间准备放映我国新拍摄的戏曲电影《梁山伯与祝英台》招待与会的外国官员和新闻记者。出于帮助外国观众看懂这部电影的目的，有关人员将剧情介绍与主要唱段用英文写成了长达16页的说明书，剧名也相应地改为《梁与祝的悲剧》。有关人员拿着说明书样本向周总理汇报，满以为会受到表扬，不料却受到了批评。周总理认为这样的说明书无助于嘉宾对剧情的理解，并当场设计了一份请柬，上面只有一句话“请您欣赏一部彩色歌剧影片《中国的罗密欧与朱丽叶》”。收到这份请柬的外国官员和记者兴趣大增，纷纷应邀出席，电影招待会取得了成功。

（三）结构因素

1. 地位差别

人们一般愿意与地位较高的人沟通，地位较高的则更愿意相互沟通，信息趋向于从地位高的流向地位低的；在谈话中，地位高的人常常居于沟通的中心地位，地位低的人常常通过尊敬、赞扬和同意来获得地位高的人的赏识和信任。事实表明，地位是沟通中的一个重要障碍。许多职工都喜欢与地位高的人进行沟通。其原因有二：

（1）与上级接触是获得同伴承认和尊重的一种方法；

（2）与对自己未来有重大影响的上级交往可以增加成功的机会。但是，这种带有功利性目的的沟通常导致随声附和的“拍马屁”风气盛行，对企业发展十分不利。

［管理案例］

华为公司干部工作作风宣誓词

第一，我绝不搞迎来送往，不给上级送礼，不当面赞扬上级，把精力放在为客户服务上。

第二，我绝不动用公司资源，也不能占用工作时间，不为上级或其家属办私事。遇到非办不可的特殊情况，应申报并由受益人支付相关费用。

第三，我绝不说假话，不捂盖子，不评价不了解的情况，不传播不实之词，有意见直接与当事人沟通或报告上级，更不能侵犯他人隐私。

第四，我认真阅读文件、理解指令。主管的责任是胜利，不是简单的服从。主管尽职尽责的标准是通过激发部属的积极性、主动性、创造性去获取胜利。

第五，我反对官僚主义，反对不作为，反对发牢骚、讲怪话。对矛盾不回避，对困难不躲闪，积极探索，努力作为，勇于担当。

第六，我反对文山会海，反对繁文缛节。学会复杂问题简单化，600 字以内说清一个重大问题。

第七，我绝不偷窃，绝不私费公报，绝不贪污受贿，绝不造假，也绝不允许我们当中任何人这样做，要爱护自身人格。

第八，我们绝不允许跟人、站队的不良行为在华为形成风气。个人应通过努力工作、创造价值去争取机会。

（案例来源：华为公司官网）

2. 信息传递链

一般说来，信息通过的等级越多，它到达目的地的时间也越长，信息失真率则越大。这种信息连续地从一个等级到另一个等级所发生的变化，被称为信息传递链现象。一项研究表明，企业董事会的决定通过五个等级后，信息损失平均达 80%。其中，副总裁这一级的保真率为 63%，部门主管的保真率为 56%，工厂经理的保真率为 40%，第一线工长的保真率为 30%，职工的保真率为 20%。

3. 团体规模

当工作团体规模较大时，人与人之间的沟通也相应地变得较为困难。这一方面是由于可能的沟通渠道数量的增长大大超过人数的增长；另一方面是由于随着团体规模的扩大，沟通的形式将非常复杂。

4. 空间约束

企业中的工作常常要求工人只能在某一特定的地点进行操作。这种空间约束的影响往往在工人单独干某工位工作或在数台机器之间往返运动时尤为突出。空间约束不仅不利于工人间的交往，而且也限制了他们的沟通。

一般说来，两人间的距离越短，他们交往的频率也越高。

[**管理思考**] 俗话说："远亲不如近邻"，请说说理由。

（四）技术因素

1. 语言

大多数沟通的准确性依赖于沟通者赋予字和词的含义。由于语言只是个符号系统，本身并没有任何意思，它仅仅作为我们描述和表达个人观点的符号或标签。每个人表述的内容常常是由他独特的经历、个人需要、社会背景等决定的。因此，同一句话或文字常常会引起不同的理解和感受。语言的不准确性不仅仅表现为符号。语言常常能挑动起各种各样的感情，这些感情可能会歪曲信息的含义。

2. 非语言暗示

当人们进行交谈时，常常伴随着一系列有含义的动作。这些动作包括身体姿势、头的偏向、手势、面部表情、移动、触摸和眼神。这些无言的信号强化了所表述的含义。例如，沟通者双方的眼神交流，可能会表明相互感兴趣、喜爱、躲避或者攻击，面部表情会表露出惊讶、恐惧、兴奋、悲伤、愤怒或憎恨等情绪，身体动作也能传送渴望、愤恨和松弛等感情。

[**管理思考**]

语言的温度

生活中，我们常发现这样一种情况：同样的一句话，两个人说得一字不差，但是效果往往有着很大的差别。有的被接受，而有的则被嫌弃。

为什么会这样？其实，就是因为我们在沟通时语言的温度不一样。那么，这个所谓语言温度到底指的是什么呢？

语言温度其实指的就是我们沟通时的非语言信息，包括目光与面部表情、身体动作与姿势、身体间的空间距离、音调音量等。我们在与人交流和沟通时，即使不说话，也可以通过对方的非语言信息来探索他内心的秘密，对方也同样可以通过非语言信息了解我们的真实想法。

心理学研究发现，在沟通中身体语言占55%，讲话方式（音调、音量、音高等）占

38%，剩下的只有7%是实际所说的内容，由此可见非语言信息的重要性。而这些身体语言等非语言信息，在沟通中呈现出来的，就是讲话时的温度和给人的感受。同样的一句话，有的人说出来给人的感觉很舒服，有亲和力，而有的人说出来就很生硬，甚至让人感觉很难受。

也就是说，即使我们不说话时，我们也会像无声的传话筒，通过肢体动作、表情传递等表达各种信息。因此，沟通不是从我们说话开始的，而是从我们和对方碰面那一刻就开始了，而我们说话前传达的非语言信息，会影响到之后语言沟通的效果。

3. 媒介的有效性

管理人员十分关心各种不同沟通工具的效率。一般说来，书面沟通和口头沟通各有所长。

（1）书面沟通（备忘录、图表、表格、公告、公司报告）常常适用于传递篇幅较长、内容详细的信息。它具有以下四个优点：一是为读者提供以适合自己的速度、用自己的方式阅读材料的机会；二是易于远距离传递；三是易于储存，并在做决策时提取信息；四是比较准确，白纸黑字，有据可查，因而更可靠、更正式。

（2）口头沟通（面对面讨论、电话、交谈、讲座、会议）适合于需要使拥有不同观念的人相互理解的信息。它具有以下四个优点：一是快速传递信息，并且希望立即得到反馈；二是传递敏感的或秘密的信息；三是传递不适用书面媒介的信息；四是适合于传递感情和非语言暗示的信息。

选择何种沟通工具，在很大程度上取决于信息的种类和目的，还与外界环境和沟通双方有关。

二、如何克服沟通中的障碍

（一）明了沟通的重要性，正确对待沟通

管理人员十分重视计划、组织、领导和控制，对沟通常有疏忽，认为信息的上传下达有组织系统就可以了，对非正式沟通中的“小道消息”常常采取压制的态度。上述种种现象都表明沟通没有得到应有的重视，重新确立沟通的地位是刻不容缓的事情。

（二）要学会“听”

对管理者来说，“听”绝不是件轻而易举的事。“听”不进去一般有下列三种表现：一是根本不“听”，二是只“听”一部分，三是不正确地“听”。如何才能较好地“听”呢？表7-3列出了一些要点。

表 7-3 “听”的艺术

要：	不要：
（1）表现出兴趣； （2）眼睛看着对方、全神贯注； （3）该沉默时必须沉默； （4）选择安静的地方； （5）留适当的时间用于辩论； （6）注意非语言暗示； （7）当你没有听清楚时，请以疑问的方式重复一遍； （8）当你发觉遗漏时，直截了当地问	（1）争辩； （2）打断； （3）从事与谈话无关的活动； （4）过快地或提前做出判断； （5）草率地给出结论； （6）让别人的情绪直接影响你

（三）创造一个相互信任、有利于沟通的小环境

管理者不仅要获得下属的信任，而且要得到上级和同僚们的信任。

（四）缩短信息传递链，拓宽沟通渠道，保证信息的畅通无阻和完整性

信息传递链过长，减慢了流通速度并造成信息失真，出路在于精简机构，减少机构重叠、层次过多的现象。此外，在利用正式沟通渠道的同时，可开辟高级管理人员至低级管理人员的非正式直通渠道，以便于信息传递。

（五）职工代表大会

每年一度的职工代表大会为管理者汇报工作提供了良机。管理者就企业过去一年取得的成绩、存在的问题以及未来的发展等重大问题通报全体员工，职工也可以就自己所关心的问题与管理者进行面对面的沟通和交流。

（六）工作组

当企业发生重大问题，引起上下关注时，管理人员可以授权成立临时专题工作组。该工作组由一部分管理人员和一部分职工自愿参加，利用一定的工作时间，调查企业的问题，并向最高主管部门汇报。最高管理层也要定期公布他们的报告，就某些重大问题或“热点”问题在全企业范围进行沟通。

（七）加强平行沟通，促进横向交流

一般说来，企业内部的沟通以与命令链相符的垂直沟通居多，部门间、车间间、工作小组间的横向交流较少，而平行沟通能加强横向合作。具体说来，可以定期举行由各部门负责人参加的工作会议，相互汇报本部门的工作、提出对其他部门的要求等，以便强化横向合作。

（八）利用互联网进行沟通

管理者可以通过公众网站或专门网站与有关个人或全体有关人员进行信息沟通。例如，目前许多市政府搭建了网上政务平台，为社会公众广泛参与公共事务的决策、管理和监督提供了畅通快捷的渠道。运用市长信箱、“市长在线”、网上论坛等形式，使人民群众的知情权、参与权、表达权、监督权得到有效保障。

［管理故事］

高校校长公布手机号后，收到2万条同学们的短信

人民日报2023年6月12日报道，近日，在武汉工商学院举行的2023届学生毕业典礼暨学位授予仪式典礼上，校长孔建益说："2021年9月份我向全校学生公布手机号以来，收到大概有2万条同学们的短信。"

时间回到两年前在该校2021年开学典礼上，孔建益公布了手机号。当时他说："作为校长，我非常愿意倾听你们每个人的呼声，大家可以给我发短信。你只要发短信，不管你署名不署名，我都会回复。"

近两年时间过去，在今年的毕业典礼上，孔建益谈起迄今收到了大概2万条同学们的短信，"虽然每一条短信都是我自己回的，很辛苦、很累，但是我也觉得值得，因为通过短信交流能够和同学们心连心，共同发现学校的不足，共同推动学校的发展。"

孔建益举例道："你们大一的学弟学妹们给我发短信说'校长，早上起不来（跑步）怎么办？'为了给同学们做榜样，我从这个学期开始，只要我没有出差，只要我在这个校园里面，我每天早上都会坚持在校园里跑步，我想可能很多同学看到了我在校园里各处跑步的身影，希望同学们能够坚持锻炼的好习惯。"

去年，有学生给校长发短信说："校长，别的学校校长给学生发烧鸡，我也想要。"正好去年是学校建校20周年，结果，学校为1.8万名在校师生员工免费送上一盒小龙虾及鸡腿饭，小龙虾总数达到36万只。

还有学生给他发短信，建议在图书馆增加考研自习室、延长图书馆闭馆时间等，因为图书馆比教室更有学习氛围。很快，学校图书馆加装了自习桌椅，花了4天时间改造出一间新的考研自习室，并在考研季将开馆时间从每天6：30提前至6点，解决了考研学生的后顾之忧。

校长和学校的一系列做法，收获了同学们和网友的点赞。

请思考：你赞同孔校长这种做法吗？假如你是一所有1.8万名在校师生员工的高校校长，你会把自己的电话号码公布给全校学生吗？

（资料来源：人民日报，2023-06-12）

［管理素养］

中国移动的服务理念——"沟通从心开始"

中国移动通信集团公司（简称"中国移动"）自2000年成立以来，坚持改革创新、规模发展、加强管理、服务客户，使企业从小到大、由大变强，已成为全球网络规模最大、客户数量最多，具有较强国际竞争力和品牌价值的电信企业。

中国移动能成功走到今天有众多因素，其中的重要因素之一就是中国移动始终如一地坚持他们的服务理念——"沟通从心开始"。

中国移动的服务理念——"沟通从心开始"作为整个公司理念系统的归结点，突出了中国移动对提供优质服务的重视。"沟通从心开始"阐释了中国移动的企业定位：中国移动从不认为自己仅仅是一家提供通信服务的公司。中国移动对自身理念的理解是，我们所从事的是一项用"心"为社会提供沟通服务、创造沟通价值的事业。沟通是一种最深刻、最丰富的人本文化。强调"沟通"，代表中国移动从事的是一项旨在沟通千千万万人相互之间理解和信任的事业。中国移动坚持服务精神，以为人类提供最好的沟通服务为己任。中国移动不仅为社会的沟通和理解提供基础性的支撑，而且努力推进企业与社会的沟通，强调企业内部的沟通。

"沟通从心开始"的服务理念从企业外部来看，是企业对外的诚挚承诺；从企业内部来看，是企业对内的文化规范。"沟通从心开始"，既是对中国移动历史和现实的写照，也是对未来发展的牵引；既是一种经营方式，也是对社会风尚的倡导。"沟通从心开始"的服务理念与企业价值观和经营宗旨密不可分，促使企业员工把理念转化为行动、把企业所创造的客户满意服务升华为深刻的沟通文化。沟通无止境，企业对客户满意服务的追求也无止境。客户的满意就是中国移动人与客户之间的心与心之间最惬意的沟通。

"沟通从心开始"，其实我们每一个人又何尝不是如此呢？一个人从小到大总是要和许多各种各样的人打交道，无时无刻不在沟通。面对面沟通也好，打电话沟通也好，手机短信、微信方式沟通也好，写信沟通也好，看起来是用语言、用文字在沟通，但究其内在其实都是心与心在沟通。如果不是用心来沟通，就永远无法真正了解对方的思想，无法真正感知对方的喜怒哀乐，也无法很好地帮助别人，无法完善地解决问题。所以，要想与他人达到较好的沟通效果，就要坚持"沟通从心开始"这一原则。

那么，"从心开始"的这个"心"又包括哪些含义呢？在沟通中，可以将此"心"分解成如下七心：诚心、虚心、公心、耐心、细心、恒心、爱心，并要以"爱心"为基础。

愿每一个人都能够做到"沟通从心开始"，让良好的沟通使我们的学习更优秀、工作更顺利、生活更美好。

思考与感悟：

1. 查阅中国移动的有关资料，总结分析其在服务理念上的成功经验。
2. 你是如何理解"沟通从心开始"的？
3. 你过去在与人进行沟通时是否存在不足之处？今后将如何改进？

（资料来源：根据网络资料整理修改）

项目小结

管理工作的方方面面都离不开沟通。本项目共分两个任务提高沟通能力，分别是认识沟通、克服沟通障碍。

同步训练

一、基础知识练习

（一）单项选择题

1. 在聆听别人的讲话时，（　　）是不正确的。

A. 随便打断别人的讲话

B. 与讲话者保持目光接触

C. 适时地运用身体语言加以回应

D. 针对模糊不清的地方提出疑问

2. 下列选项中，关于正式沟通，说法正确的是（　　）。

A. 正式沟通是指组织系统中层次相当的个人及团体间进行的信息传递和交流

B. 组织与组织之间的公函往来，组织内部的文件传达、召开会议是正式沟通

C. 正式沟通的优点是不受沟通形式的限制，信息传播速度很快

D. 正式沟通的缺点表现在难以控制，传递的信息不确切，易于失真、曲解

3. 在某企业中，各部门经理都必须从总经理处获得信息，而部门经理之间不允许有任何的信息传递。这种沟通网络属于（　　）。

A. Y 型　　B. 轮型　　C. 环型　　D. 全通道型

4. 下列沟通形式属于平行沟通的是（　　）。

A. 高层管理人员之间的信息沟通

B. 决策阶层与政府在工作和思想上的信息沟通

C. 企业内各部门之间的信息沟通与中层管理人员之间的信息沟通

D. 普通员工在工作和思想上的信息沟通

（二）多项选择题

1. 下列沟选项中，属于非语言沟通的是（　　）。

A. 电子邮件沟通　　B. 服饰衣着沟通

C. 举止沟通　　D. 空间沟通

2. 信息发送者在使用语言沟通时，正确的做法有（　　）。

A. 表达自己的思想时，要顾及对方的需求，保护对方的自我意识

B. 避免使用消极、否定的语气和字眼

C. 要真诚地赞美对方，处处表示对其尊重

D. 围绕对方感兴趣的话题展开，必要时可以利用分享他人的秘密来拉近彼此的距离

（三）判断题

1. 完整的沟通包括信息的成功传递与反馈两大过程。 （ ）

2. 一般来说，上行沟通比较容易，下行沟通较为困难。 （ ）

3. 当组织或管理者的信息必须广泛地向他人传播或信息必须保留时，适合用报告、备忘录、信函等文字形式进行传播。 （ ）

4. 一个有效的沟通不仅要求信息发送者清晰地表达信息的内涵，以便信息接受者能确切理解，它还要求信息发送者重视信息接受者的反应，并根据其反应及时修正信息的传递，免除不必要的误解，两者缺一不可。 （ ）

（四）简答题

1. 简述沟通中存在哪些障碍。

2. 克服沟通中的障碍有哪些方法？

二、案例分析

一次战略方案制订引起的风波

天讯公司是一家生产电子类产品的高科技民营企业。近几年，该公司发展迅猛。该公司总经理邓强为了提高公司的竞争力，在以人为本、创新变革的战略思想指导下，制订了两个人才计划：一是换血计划。年底，天讯公司从企业外部引进一批高素质的专业人才和管理人才，给公司输入新鲜血液。二是内部人员大洗牌计划。年底，天讯公司通过绩效考核调整现有人员配置，从内部选拔人才。邓总向秘书小杨谈了自己的想法，让他先去拟稿。中午在公司附近的餐厅吃饭时，小杨碰到了副总经理，小杨对他低声说："最新消息，公司内部人员将有一次大的变动，老员工可能要下岗，我们要有所准备啊。"这些话恰好被财务处的会计小刘听到了。他又立即把这个消息告诉了他的主管老王。老王听后，愤愤地说道："我真不敢相信公司会做这样的事情。"换新人辞旧人这个消息传来传去，两天后又传回邓总的耳朵里。公司上上下下的员工都处于十分紧张的状态，唯恐自己被裁，根本无心工作，有的甚至还写了匿名信和恐吓信，对这样的裁员决策表示极大的不满。

邓总经过全面了解，终于弄清了事情的真相。为了澄清传闻，他通过各部门负责人把两个人才计划的内容发布给全体职工，随后把所有员工召集在一起来讨论这两个计划，员工们各抒己见，一半以上的员工赞同第二个计划。最后邓总说："由于我的工作失误引起了大家的担心和恐慌，很抱歉，希望大家能原谅我。我制订这两个计划的目的就是想让大家来参与决策，来一起为公司的人才战略出谋划策，其实前几天大家所说的裁员之类的消息完全是无稽之谈。大家的决心就是我的信心，我相信公司今后会发展得更好。谢谢！关于此次计划的具体内容，欢迎大家向我提问。"

通过民主决议，该公司最终采取了第二个人才计划。由此，该公司的人员配置率得到了大幅度提高，该公司的运作效率和经营效益也因此大幅度增长。

思考与分析：

1. 从组织系统角度看，案例中的沟通渠道有哪些？邓总制订人才计划一事为什么会引起如此大的风波？

2. 如果你是邓总，应从中吸取什么样的经验和教训？

不会沟通，从同事到冤家

小贾是公司销售部一名员工，为人比较随和，不喜争执，和同事的关系处得都比较好。但是，前一段时间，不知道为什么，同一部门的小李老是处处和他过不去，有时候还故意在别人面前指桑骂槐，对跟他合作的工作任务也都有意让小贾做得多，甚至还抢了小贾的好几个老客户。

起初，小贾觉得都是同事，没什么大不了的，忍一忍就算了。但是，看到小李如此嚣张，小贾一赌气，告到了经理那儿。经理把小李批评了一通，从此，小贾和小李成了绝对的冤家了。

请思考：小贾要如何做才能避免和小李处成冤家甚至和好如初呢？

项目实训——沟通小剧场

一、实训目标

通过角色扮演，让学生更加充分地理解沟通的重要性，培养学生的沟通能力。

二、实训内容

1. 实训情景

这是一个短小的角色扮演情境，它发生在一家旅行社。

第一幕

在第一幕中，客户服务代表（CSR）很友好，并提供了一系列服务，但却忽略了以下五件非常重要的事情：一是微笑，二是问候客户，三是使用开放的肢体语言，四是进行眼神交流，五是向客户致谢。

客户："你好！"

（CSR 看着客户走进来，但没有微笑，也没有说什么。）

客户："嗯，我想了解一些有关埃及旅游线路的信息。"

CSR（使用一种友善的声音，但双手抱在胸前，而且没有直接看着客户）："当然，我们提供了几种选择，您是需要一些手册呢，还是想查看一下价格信息？"客户："哦，我现在只需要一些手册带回家看。我们明年之前还没有打算去。"CSR："没问题，这里有一些您需要的手册（将手册交给客户）。您可以看一看，如果有什么问题，可以给我打电话。"

客户："好的，谢谢你。"

CSR："没关系。"（客户转身离开）

第二幕

这是对第一幕场景的重新设定，这次 CSR 记住了以下五件事情：一是微笑，二是问候客户，三是使用开放的肢体语言，四是进行眼神交流，五是向客户致谢。

CSR（看着客户走进来，面带微笑）："早上好！"

客户："你好！"

CSR（直面客户，做眼神交流）："我能为您做些什么吗？"

客户："嗯，我想了解一些有关埃及旅游线路的信息。"

CSR："好的，我们提供了几种选择，您是需要一些手册呢，还是想查看一下价格信息？"客户："我主要是想看一下价格，之前在别家了解过相关信息。"

CSR（详细介绍各条线路及其价格，以及本旅行社的优势）：……

客户："好吧，那我就定这个套餐吧！"

CSR："嗯，好的。那我给您登记了啊!"

客户："好的。"

CSR："谢谢您的来访。"（客户转身离开）

2. 活动实施

将学生分成两大组：一组为 CSR，另一组为客户。两组分别选取代表模拟以上情景，其他同学观看。本实训可轮流数次，每次模拟完成后，其他同学可以提出改进意见。

项目八　有效激励

项目导读

要实现组织的活动目标，必须设法让组织成员做出有效的工作贡献。这意味，管理者不仅要根据组织活动的需要和个人素质与能力的差异，将不同的人安排在不同的工作岗位上，为他们制定不同的职责任务，还要分析他们的行为特点和影响因素，创造并维持一种良好的工作环境，以调动他们的工作积极性，改变和引导他们的行为。成功的管理者必须知道用什么样的方式有效地去调动下属的工作积极性。

本项目包括激励概述、激励理论、有效激励三个任务。这些任务的实施有助于学习者熟悉激励过程，掌握激励理论、提高管理能力。

学习目标

知识目标

1. 理解激励的含义、特征与作用，了解激励的过程；
2. 掌握内容型、过程型和强化型激励理论；
3. 熟悉激励的原则，掌握企业激励实施系统的基本模式。

能力目标

1. 能够运用各种激励理论分析与处理实际管理问题；
2. 能够运用企业激励实施系统提升领导能力。

素养目标

1. 增强以人为本的意识，培养善于理解他人、尊重他人、关爱他人、激励他人的美德；
2. 善于自我激励，时刻保持积极向上的良好心态。

任务一　认识激励过程

［导入案例］

以奋斗者为本

华为技术有限公司（以下简称“华为”）于1987年正式注册成立。从2012年起，华为成为全球第一大电信设备制造商。2020年，华为的销售收入达到8 914亿元人民币。华为是靠什么成长起来的呢?《以奋斗者为本》一书表明，华为的生命力靠的是核心竞争力，来自它的核心价值观，即以客户为中心。以奋斗者为本，长期坚持艰苦奋斗。

以客户为中心，是企业存在的根本意义所在。为客户服务是华为存在的唯一理由，客户需求是华为发展的原动力。华为坚持以客户为中心，快速响应客户的需求，持续为客户创造长期价值，帮助客户获得成功。而不是通过为客户服务赚一笔钱，自己获得成功，成就自己。为客户提供有效服务，不追求华为的利益最大化。要站在客户的立场上，比客户多想一步。有钱要大家赚，把利润分给产业链或上下游的合作伙伴，共生共赢。

以奋斗者为本，不仅是劳动者，还包括投资者，可以说一切为客户创造价值付出的人，都是企业的奋斗者。他们做到了以客户为中心、满足客户的需求为己任。公司的考核、评价机制也向奋斗者、贡献者倾斜。这样的文化得以传承的基础是不让雷锋吃亏，奉献者定当得到合理的回报。

在华为，对奋斗者以虚拟股票的方式进行激励，激励对象有分红权及净资产增值收益权，但没有所有权、表决权，不能转让和出售虚拟股票。在其离开企业时，股票只能由华为控股有限公司工会委员会回购。华为目前的股权结构为：华为投资控股有限公司工会委员会持股98.7%，任正非持股1.3%。华为采用“饱和配股制”，每个级别的员工达到上限后，就不再参与新的配股。员工最高职级是23级，工作3年的14级以上员工每年大约可获授数万股，较为资深的18级员工，最多可以获得40万股左右的配股。员工离开公司，工会委员会按当年的每股净资产价格回购。股权激励的资金主要源于两个方面：一是银行贷款。华为员工以“个人助业”的名义获得的银行信贷，支付购股款。二是分红款。大多数华为员工在分红后，将红利投入购买新的股票，因为股票收益增长的幅度要比工资增长的幅度高得多。

企业不奖励辛苦的无效劳动。如果奋斗者很卖力，但是没有给顾客和公司创造价值，那么他的努力就是多余的。

思考题：试分析华为“以奋斗者为本”的激励体制。

（案例来源：黄卫伟，等. 以奋斗者为本［M］. 北京：中信出版社，2014.）

一、激励的含义

激励是指通过满足下属的需要来引导下属的行为，激发其主动性、积极性和创造性，实现组织目标。

二、激励的特征

激励作为一种重要的管理方法，与管理者凭借权威进行指挥相比，具有以下三个特征：

（1）自觉性。人们的行为来自动机，而动机源于需要，激励活动正是对人的需要或动机施加影响，从而强化、引导或改变人们的行为。因此，从本质上说，激励所产生的人的行为是其主动、自觉的行为，而不是被动、强迫的行为。

（2）目的性。任何激励行为都具有其目的性，这个目的既可能是一个结果也可能是一个过程，但必须是现实而明确的。

（3）驱动性。由于激励是起源于人的需要，因需要而产生动机及行为，是被管理者追求个人需要被满足的过程，因而，由激励产生的行为是源自被管理者的内驱力。

三、激励的作用

激励的作用体现在以下三个方面：一是激发员工的工作积极性，二是有助于将员工的个人目标导向实现组织目标的轨道，三是有助于增强凝聚力。

四、激励的过程

激励的具体过程表现为：在各种管理手段与环境因素的刺激（诱因）下，被管理者未被满足的需要（内驱力）被强化，从而造成心理紧张，寻找能满足需要的目标，并产生要实现这种目标的动机；由动机驱使，被管理者采取努力实现上述目标的行为；目标实现，需要满足，紧张心理消除，激励过程完结。

当一种需要得到满足后，人们会随之产生新的需要，作为未被满足的需要，又开始了新的激励过程。激励过程如图 8-1 所示。

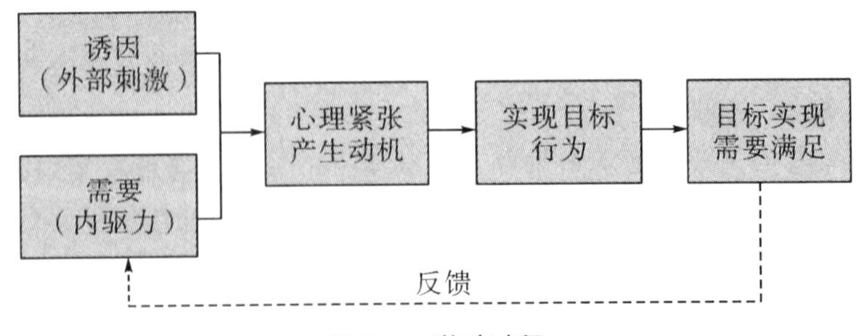

图 8-1　激励过程

任务二　掌握激励理论

［**导入案例**］

亨利的困惑

亨利在数据系统公司工作了5个年头。在这期间，他从普通编程员升到了资深的程序编制分析员。他对自己所服务的这家公司相当满意，很为工作中的创造性要求所激励。

一个周末的下午，亨利和他的朋友及同事安迪一起打高尔夫球。他了解到他所在的部门新雇了一位刚从大学毕业的程序编制分析员。尽管亨利是个好脾气的人，但当他听说这个新来者的起薪仅比他现在的工资少30美元时，不禁发火了。亨利困惑不解。他感到这里一定有问题。

周一早上，亨利找到人事部主任埃德华，问他自己听说的事是不是真的。埃德华带有歉意地说，"确有这么回事"。但他试图解释公司的处境："亨利，程序编制分析员的市场相当紧俏。为使公司能吸引合格的人员，我们不得不提供较高的起薪。我们非常需要增加一名程序编制分析员，因此我们只能这么做。"

亨利问能否相应调高他的工资。埃德华回答说："你的工资需按照正常的绩效评估时间评定后再调整。你干得非常不错！我相信老板到时会给你提薪的。"亨利向埃德华道了声："打扰了！"便离开了他的办公室，边走边不停地摇头，很对自己在公司的前途感到疑虑。

请思考：你觉得埃德华的解释会让亨利感到满意吗？你作为管理者该如何处理？

（资料来源：根据网络资料整理修改）

心理学家和管理学家进行了大量研究，形成了一些著名的激励理论，这些理论大致可以分为三类：内容型激励理论、过程型激励理论和强化型激励理论（如表8-1所示）。

表8-1　激励理论比较

理论类型	研究内容	所包括的理论	激励过程
内容型激励理论	影响因素	需要层次理论、双因素理论、成就需要理论	未满足需要
过程型激励理论	目标选择	期望理论、公平理论	目标驱使的行为
强化型激励理论	行为转换	强化理论、归因理论	满足需要

一、内容型激励理论

内容型激励理论重点研究激发动机的诱因，主要包括马斯洛的需要层次理论、赫茨伯格的双因素理论、麦克利兰的成就需要理论。

（一）马斯洛的需要层次理论

需要层次论是由美国的心理学家亚伯拉罕·马斯洛于 1943 年提出来的。该理论认为，人的需要是有层次的，按照它们的重要程度和发生顺序，呈梯形由低级需要向高级需要发展，具体如表 8-2 所示。

表 8-2　需要层次

需要层次	追求目标
生理需要	工资、住房、良好的生活环境、福利等
安全需要	职业保障、医疗保险、养老保险、工伤保险、意外事件的防止等
社交需要	良好的人际关系、别人的理解与支持、信任和爱情等
尊重需要	自尊、职称、地位、名誉等
自我实现需要	成就、提升、发展前景、有挑战性的工作、实现自己的人生价值等

马斯洛认为：只有低一层次需要得到基本满足之后，较高层次需要才发挥对人行为的推动作用（低层次需要并未消失）；人的行为主要受优势需要所驱使。

对管理实践的启示如下：正确认识被管理者需要的多层次性；找出受时代、环境及个人条件差异影响的优势需要，有针对性地进行激励。

［**管理思考**］如何理解“士为知己死”这句话？

［**管理故事**］

阿里巴巴靠梦想吸引人才

1999 年 4 月初，任职于总部在瑞典的跨国投资公司 Investor AB 的蔡崇信来内地寻找风险投资项目。此时，马云刚刚准备在杭州成立阿里巴巴，正在四处融资。1999 年 5 月，蔡崇信与马云第一次见面，与尚未正式注册成立的阿里巴巴谈判。

见完面后，蔡崇信提出想要看看马云的创业团队，于是马云就把他领到了湖畔花园别墅，一开门，蔡崇信有些呆住了，屋里黑压压坐着 20 多人，地上满是床单，一群着了魔一样的年轻人在那里喊叫着、工作着、欢笑着。第一次谈判后，虽然蔡崇信回到香港向公司做了项目考察的汇报，但那时他满脑子都是阿里巴巴在湖畔花园的那一幕和马云唠叨不完的“芝麻开门”的梦想。没过多久，蔡崇信以考察项目为由，第二次到阿里巴巴谈判。在马云邀请蔡崇信去西湖划船时，蔡崇信突然表示：“你需要融资创业，我可以加入你的公司帮你做。”马云听到这句话时吃了一惊，连忙解释自己的公司仍处于创业阶段，无法给出高额薪水，每个月只能支付500元的工资。可是万万没有想到蔡崇信当时已下定决心，火速赶回香港，辞掉工作，立刻又返回杭州，正式加盟阿里巴巴任CFO。既懂得财务，又懂得法律的蔡崇信的加入，使得阿里巴巴成立之初就在制度建设上与国际接轨，并由于他的加盟，使阿里巴巴在最困难的创业初期获得了华尔街500万美元的天使投资，进而获得孙正义的2 000万美元投资，躲过了互联网最寒冷的冬天。

蔡崇信之所以宁可放弃500万年薪来领马云的500元月薪，甚至有时还打白条，正是基于对事业与梦想的追求。对工作的热爱与对梦想的追求永远是激励人奋进最强大的动力。

（资料来源：根据网络资料整理修改）

（二）赫茨伯格的双因素理论

双因素理论又叫激励保健理论、双因素激励理论，是由美国的行为科学家弗雷德里克·赫茨伯格于1959年提出来的。赫茨伯格通过考察一群会计师和工程师的工作满意感与生产率的关系，通过有组织性的采访，积累了影响这些人员对其工作感情的各种因素的资料，提出了两大类影响人的工作积极性的因素，如表8-3所示。

表8-3　激励因素与保健因素

激励因素	保健因素
工作上的成就感 工作中得到认可和赞扬 工作本身的挑战性和兴趣 工作的发展前途 个人成长的空间 工作中获得晋升的机会 ……	公司的政策与行政管理 公司的监督制度 与上级、同级和下级之间的人际关系 工作环境和条件 工作的安全保障 ……

（1）激励因素是指那些使员工感到满意的因素。这些因素跟工作本身相关，包括工作成就感、工作挑战性、工作中得到的认可与赞美、工作的发展前途、个人成才与晋升的机会等。当人们得到这些方面的满足时，会对工作产生浓厚的兴趣，产生很大的工作积极性。

（2）保健因素是指那些造成员工不满的因素，一般是工作环境或人际关系方面的因素。它们的改善能消除员工的不满，但不能使员工感到满意从而激发起工作的积极性。

[管理思考] 你们对学校感到满意吗？对哪些条件不满意？假如学校给你们提供最好的学习条件且免收学费，你们会好好学习吗？

需要层次理论与双因素理论之间的关系如图8-2所示。

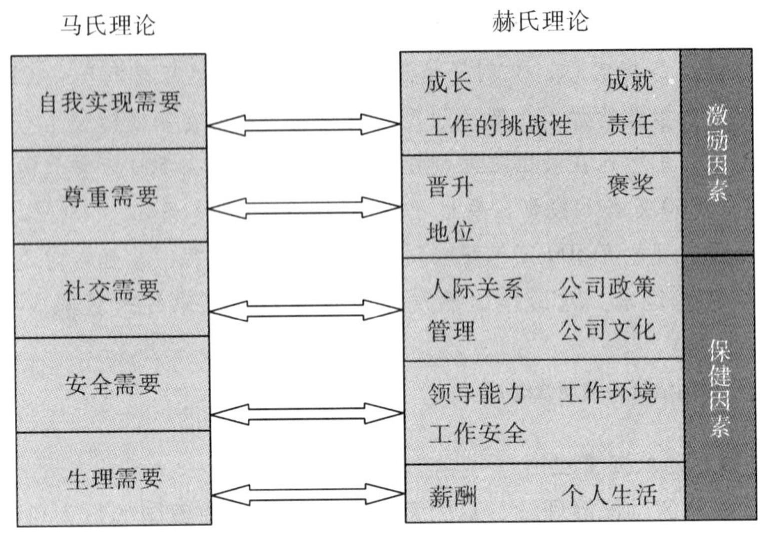

图 8-2 需要层次理论与双因素理论之间的关系

管理者要根据赫茨伯格的双因素理论，对于保健因素（工作条件、福利、住房等）要给予基本满足，以消除员工的不满；抓住激励因素，进行有针对性的激励，让员工对所从事的工作本身满意。另外，需要注意的是，能够对员工的积极性产生重要影响的激励因素在管理实践中不是绝对的，在一定条件下保健因素可以转化为激励因素。激励因素受到社会、阶层及个人经济状况、社会身份、文化层次、价值观念、个性、心理等因素的影响。因此，在不同国家、不同时期、不同阶层、不同组织乃至每个人，最敏感的激励因素各不相同，有时区别还很大。因此，对激励因素要加以灵活地确定和运用。比如，工资在发达国家的高收入组织中对员工不构成激励因素，而对发展中国家中许多企业的员工仍是一个重要的激励因素。

［**管理案例**］

不了解员工需要引发的冲突

某公司财务部陈经理结算了一下上个月部门的招待费，发现有 1 000 多元没有用完。按照惯例他会用这笔钱请下属吃一顿，于是他走到休息室准备叫下属小马通知其他人晚上一起吃饭。快到休息室时，陈经理听到休息室里有人在交谈，他从门缝看过去，原来是小马和销售部员工小李两人在里面。

“呃”，小李对小马说，“你们部陈经理对你们很关心嘛，我看见他经常用招待费请你们吃饭。”“得了吧！”小马不屑地说，“他就这么点本事来笼络人心，遇到我们真正需要他关心、帮助的事情，他没一件办成的。拿上次公司办培训班的事来说吧，谁都知道如果能上这个培训班，工作能力会得到很大提高，升职的机会也会大大增加。我们部几个人都很想去，但陈经理却一点都没察觉到，也没积极为我们争取，结果让别的部门抢了先。我真的怀疑他有没有真正关心过我们。”陈经理听了满腹委屈地躲进了自己的办公室。

（三）麦克利兰的成就需要理论

麦克利兰把人的高层次需求归纳为对成就、权力和亲和的需求。他对这三种需求，特别是对成就需求做了深入的研究。

成就需求（need for achievement）：争取成功希望做得最好的需求。麦克利兰认为，具有强烈的成就需求的人渴望将事情做得更为完美，提高工作效率，获得更大的成功。他们追求的是在争取成功的过程中克服困难、解决难题、努力奋斗的乐趣以及成功之后的个人的成就感，他们并不看重成功所带来的物质奖励。个体的成就需求与他们所处的经济、文化、社会、政府的发展程度有关，社会风气也制约着人们的成就需求。

权力需求（need for power）：权力需求是指影响和控制别人的一种愿望或驱动力。不同人对权力的渴望程度也有所不同。权力需求较高的人对影响和控制别人表现出很大的兴趣，喜欢对别人“发号施令”，注重争取地位和影响力。他们常常表现出喜欢争辩、健谈、直率和头脑冷静，善于提出问题和要求，喜欢教训别人并乐于演讲。他们喜欢具有竞争性和能体现较高地位的场合或情境。权力需求是管理成功的基本要素之一。

亲和需求（need for affiliation）：建立友好亲密的人际关系的需求。亲和需求就是寻求被他人喜爱和接纳的一种愿望。高亲和动机的人更倾向于与他人进行交往，至少是为他人着想，这种交往会给他带来愉快。高亲和需求者渴望亲和，喜欢合作而不是竞争的工作环境，希望彼此之间的沟通与理解，他们对环境中的人际关系更为敏感。有时，亲和需求也表现为对失去某些亲密关系的恐惧和对人际冲突的回避。亲和需求是保持社会交往和人际关系和谐的重要条件。麦克利兰的亲和需求与马斯洛的感情上的需求基本相同。

这个理论对于我们有着十分现实的指导意义。它告诉我们，驱动人们去努力工作的因素不是只有通常人们所认为的“钱”和“权”，成就、归属方面的需要也是驱使人们努力工作的重要因素。麦克利兰的研究表明，管理者的权力需要比较强烈。成就需要可以通过培养来提高。一个组织的成败与组织具有高成就需要的人数有关。

二、过程型激励理论

过程型激励理论重点研究从动机的产生到采取行动的心理过程，主要包括弗鲁姆的期望理论和亚当斯的公平理论。

（一）弗鲁姆的期望理论

期望理论是由美国的心理学家维克托·弗鲁姆于 1964 年提出来的。该理论认为，只有当人们预期到某一行为能给个人带来有吸引力的结果时，个人才会采取这一特定行为。所以，某项活动对某人的激励力取决于该活动结果给此人带来的价值，以及实现这一结果的可能性。因此，激励水平取决于期望值与效价的乘积，用公式表示为

$$\text{激励力} = \text{效价} \times \text{期望值}$$

激励力是指一个人受到激励的强度，即激励作用的大小，表示人们为达到目的而努力的程度。

效价是指一个人所从事的工作或所要达到的目标对于满足个人需要的价值。对于同一个目标，由于人们的需要、兴趣和所处的环境不同，对目标的效价也往往不同。如果一个人希望通过努力工作得到升迁的机会，在他心中，升迁的效价就很高；如果他对升迁毫无要求，漠不关心，那么升迁对他来说效价就等于零；如果这个人对升迁不仅毫无要求，而且害怕升迁，那么，升迁对他来说效价就是负值。

期望值也叫期望概率，是指一个人根据过去的经验判断自己达到某种结果（目标）的可能性。一个人往往根据过去的经验来判断行为所能导致的结果，或是能满足某种需要的概率。

激励力的计算公式说明，激励力的大小与效价、期望值呈正比，即效价、期望值越高，激励力越大；反之，则激励力越小。如果其中一项为零，激励力自然也就为零。

一个简单的例子：

一位公司销售经理对他的一位销售员说："如果你今年完成 1 000 万元的销售任务，公司就奖励给你一套住房。"

效价——销售员可能的反应：

A：天哪！一套住房！这正是我梦寐以求的，我一定努力争取。

B：住房？我现在住的已经够好，况且如果我一人拿了住房，同事们会不满的，这对我没什么吸引力。

期望值——销售员可能的反应：

A：1 000 万元的销售额，按照今年的行情，如果我比去年再卖力一点，是能够做到的。

B：1 000 万元？简直是天方夜谭！经理要么是疯了，要么是根本不想把住房给我，我才不会白花力气呢！

由此可见，效价和期望值越高（A 情况），则对人的激励力越强；反之（B 情况），对人的激励力则越弱。

管理者要根据期望理论，选择员工感兴趣、评价高，即认为效价大的项目或管理手段，以起到较大的激励作用；确定合适的激励目标，只有大多数人经过努力能实现的目标才能真正起到激励的效果，并且不同的人有不同的目标，即便同一个目标，对不同的人也会有不同的价值。因此，在确定目标时，一定要具体问题具体分析，才能真正调动员工的积极性。

（二）亚当斯的公平理论

公平理论是美国的行为科学家亚当斯于 20 世纪 60 年代提出来的一种激励理论。该理论侧重研究工资报酬分配的合理性、公平性及其对员工工作积极性的影响。

公平理论的基本观点是：当一个人做出了成绩并取得了报酬以后，他不仅关心自己所得报酬的绝对量，而且关心自己所得报酬的相对量。因此，他要进行种种比较来确定自己所得报酬是否合理，比较的结果将直接影响今后工作的积极性。一种是做横向比较，即将自己获得的"报偿"（包括金钱、工作安排以及获得的赏识等）与自己的"投入"（包括教育程度、所做努力、用于工作的时间、精力和其他无形损耗等）的比值与组织内其他人做比较，只有大于或等于时，他才会认为公平。另一种是做纵向比较，即把自己目前投入的努力与目前所获得报偿的比值，同自己过去投入的努力与过去所获报偿的比值进行比较，只有大于或等于时，他才会认为公平。

一般来说，当员工感到不公平时，工作积极性往往会下降。为了避免职工产生不公平的感觉，企业往往采取各种手段，在企业中营造一种公平合理的气氛，使职工产生一种主观上的公平感。有的企业采用保密工资的办法，以免职工互相比较而产生不公平感。

三、强化型激励理论

（一）强化理论的定义

强化理论由美国的心理学家斯金纳首先提出。该理论认为，人的行为是其所获刺激的函数。如果这种刺激对他有利，这种行为会重复出现；如果这种刺激对他不利，这种行为会减弱直至消失。强化包括正强化、负强化和自然消退三种类型。

1. 正强化

正强化是指奖励那些符合组织目标的行为，以便使这些行为得到进一步加强，从而有利于组织目标的实现。正强化的刺激物不仅仅是金钱和物质，表扬、改善工作条件、晋升、安排承担挑战性工作、给予学习成长机会等都能给个人提供某种满足。

正强化可以是连续的、固定的，如对每一次正确的行为都给予奖励或每隔一段固定时间都给予奖励。这种方式虽然效果及时，但久而久之，其强化的作用就会逐渐减弱，甚至消失。正强化也可以是间断的，时间和数量都不确定，目的是使每次强化都能有较大效果。显然，后一种正强化具有更好的激励效果。

[**管理案例**]

海尔的正激励

海尔集团开始宣传“人人是人才”的时候，员工反应平淡。他们想：自己没有受过高等教育，仅仅在工厂当名工人能算得上什么人才呢？但是，海尔把一名普通工人发明的一项技术革命成果以这位工人的名字命名时，在工人们之间就掀起了一股革新之风。例如，工人李启明的焊枪被命名为“启明焊枪”，杨晓玲发明的扳手被命名为“晓玲扳手”。这一举措大大激发了工人的创作激情，创新成果接连不断地出现。

对员工创造价值的认可就是正激励，激发了员工更大的创造性。

2. 负强化

负强化是指惩罚那些不符合组织目标的行为，以使这些行为削弱直至消失。负强化的刺激物可以是扣发奖金、批评、辞退等。与正强化不同，负强化应注意采用连续方式，即保证对每次不符合组织目标的行为都要及时予以负强化，才能起到纠偏的效果。例如，上课迟到的学生都受到了教师的批评，不想受到批评的学生就需努力做到不迟到。

3. 自然消退

自然消退是指对原先可接受的某种行为强化的撤销。由于在一定时间内不予强化，此行为将自然下降并逐渐消退。例如，企业曾对职工加班加点完成生产定额给予奖酬，后经研究认为这样不利于职工的身体健康和企业的长远利益。因此，企业决定不再给予奖酬，从而使加班加点的职工逐渐减少。

（二）对管理实践的启示

（1）奖励与惩罚相结合，即对正确的行为，对有成绩的个人或群体给予适当的奖励；同时，对于不良行为，对于一切不利于组织工作的行为则要给予处罚。大量实践证明，奖惩结合的方法优于只奖不罚或只罚不奖的方法。

（2）以奖为主、罚为辅。强调奖励与惩罚并用，并不等于奖励与惩罚并重，而是应以奖为主、罚为辅，因为如果过多运用惩罚的方法，会带来许多消极的作用，在运用时必须慎重。

（3）及时强化和正确强化。及时强化是指让人们尽快知道其行为结果的好坏或进展情况，并尽量予以相应的奖励；正确强化是指赏罚分明，即当出现良好行为时就给予适当的奖励，而出现不良行为时就给予适当的惩罚。及时强化能给人们以鼓励，使其增强信心并迅速地激发其工作热情，但这种积极性的效果是以正确强化为前提的；相反，乱赏乱罚绝不会产生激励效果。

（4）奖人所需，形式多样，要使奖励成为真正的强化因素，就必须因人制宜地进行奖励。每个人都有自己的特点和个性，其需要也各不相同，因而他们对具体奖励的反应也会不一样，所以奖励应尽量不搞一刀切，应该奖人之所需。只有这样，才能起到奖励效果。

斯金纳的强化理论和弗鲁姆的期望理论都强调行为同其后果之间关系的重要性，但弗鲁姆的期望理论较多地涉及主观判断等内部心理过程，而强化理论只讨论刺激和行为的关系。

[管理思考] 目标管理过程中应用到了哪些激励理论？

[**管理故事**]

猎狗与兔子

有一天，猎人带着一只猎狗到森林中打猎，猎狗将一只兔子赶出了窝，追了很久也没有追到。后来兔子一拐弯，不知道跑到哪去了。牧羊犬见了，讥笑猎狗说：“你真没用，竟跑不过一只小小的兔子。”猎狗解释说：“你有所不知，不是我无能，只是我们两个跑的目标完全不同，我仅仅是为了一顿饭而跑，而它却是为性命啊。”这话传到了猎人的耳朵里。猎人想，猎狗说得对呀，我要想得到更多的兔子，就得想个办法，让猎狗也为自己的生存而奔跑。猎人思前想后，决定对猎狗实行论功行赏。于是，猎人召开猎狗大会，宣布：在打猎中，猎狗每抓到一只兔子，就可以得到一根骨头奖励，抓不到兔子的就没有。这一招果然有用，猎狗们抓兔子的积极性大大提高了，每天捉到兔子的数量大大增加，因为谁也不愿看见别人吃骨头，自己却没有。

管理启示：在组织管理中，一个明确具体、切实可行、与员工个人利益密切相关的目标，可以起到鼓舞和激励的作用。

任务三　开展有效激励

[**导入案例**]

晋升停滞的骨干员工，留得住吗?

辉阳公司是一家小型民营医药公司，原公司业务部经理王先生深受公司总裁器重，总裁多次在公开场合称赞王先生为公司做出了巨大贡献。王先生也的确通过自己出色的工作能力为公司开拓了很多业务，使公司的业绩蒸蒸日上。当然，公司也没有亏待他，他很快由一个业务员升至公司中层经理，在各平级部门中也因为受到总裁的器重而颇有地位，但是由于公司的高层职位是有限的，王先生上升的空间已经快到尽头。

就在这个时候，总裁发现自己办公桌上的一封辞职信，王先生要离开公司。王先生在信上说，很感谢公司的栽培，但是，我追求自己的事业发展，所以决定离开公司。据知情人说，王先生已经注册自己的公司，利用自己在辉阳公司建立的客户关系和社会关系网络，经营与原公司相似的业务。

王先生的离开让辉阳公司总裁感到无比恼怒，但既然公司已经不能为其提供更大的事业发展机会，员工离去能苛求吗？然而，更为严重的是，由于王先生在公司是“独当一面”，许多客户和重要信息都由他一手掌握，王先生离开后，公司其他人既不熟悉这些宝贵的信息，又暂时无法担当其业务经理的职责，原来的客户也纷纷转向与王先生的新公司进行合作。辉阳公司面临艰难的处境。让人感到困惑的是，对王先生这类顶尖级的骨干员工，除了晋升与加薪之外，还有没有其他更好的激励办法?

事实上，受金字塔结构的固有特点和组织结构的日益扁平化两个方面因素的影响，员工迈向晋升停滞期的步伐加快了。几乎所有的人早晚都会遇到这种结构性的晋升停滞，因为职级越高，职位越有限，这种现象在层级式的组织中尤为明显，而且组织提高运作效率的要求又使得“减层”的压力越来越大。这些骨干员工的事业心强，关注个人发展机会，对薪酬的要求相对不高，要想留住他们，也许真的要另辟蹊径。

请思考：

1. 随着经济的发展，仅仅加薪、晋升的激励不一定能留住骨干员工。企业还应根据员工的特点，采用多样的激励方法。请用马斯洛的需求层次理论分析王先生的需求是什么？能用什么样的激励方法来留住他?

2. 企业层级扁平化却引起员工晋升停滞，从而挫伤了员工的积极性。你认为有什么办法可以解决?

3. 针对这个案例中，你觉得晋升是保健因素还是激励因素，为什么?

（案例来源：周三多. 管理学［M］. 5版. 北京：高等教育出版社，2018.）

一、激励的原则

（一）目标结合原则

在激励机制中，设置目标是一个关键环节。目标设置必须同时体现组织目标和员工需要的要求。

（二）物质激励和精神激励相结合的原则

物质激励是基础，精神激励是根本。在两者结合的基础上，逐步过渡到以精神激励为主。

（三）引导性原则

外激励措施只有转化为被激励者的自觉意愿，才能取得激励效果。因此，引导性原则是激励过程的内在要求。

（四）合理性原则

合理性原则包括两层含义：一是激励的措施要适度，二是奖惩要公平。

（五）明确性原则

明确性原则包括三层含义：一是明确。激励的目的是需要做什么和必须怎么做。二是公开。三是直观。实施物质奖励和精神奖励时都需要直观地表达它们的指标，总结和授予奖励和惩罚的方式。

（六）时效性原则

要把握激励的时机。激励越及时，越有利于将人们的激情推向高潮，使其创造力连续有效地发挥出来。

（七）正、负激励相结合的原则

正激励是对员工的符合组织目标的期望行为进行奖励；负激励是对员工违背组织目的的非期望行为进行惩罚。正、负激励都是必要而有效的，不仅作用于当事人，而且会间接地影响周围其他人。

（八）按需激励原则

激励的起点是满足员工的需要，但员工的需要因人而异、因时而异，并且只有满足最迫切需要（主导需要）的措施，其效价才高，其激励强度才大。因此，领导者必须深入地进行调查研究，不断地了解员工需要层次和需要结构的变化趋势，有针对性地采取激励措施，才能收到实效。

二、企业激励实施系统的基本模式

企业激励的实施系统如图 8-3 所示。在一定的环境下，依据激励理论模式，管理者采取一定的激励方式与方法，作用于企业员工（被管理者）的需求；根据企业员工需求与动机的实际构成，激励行为通过目标与成就、工作兴趣与体验、人际关系与互动、思想教育和物质利益驱动五个子系统获得实现。

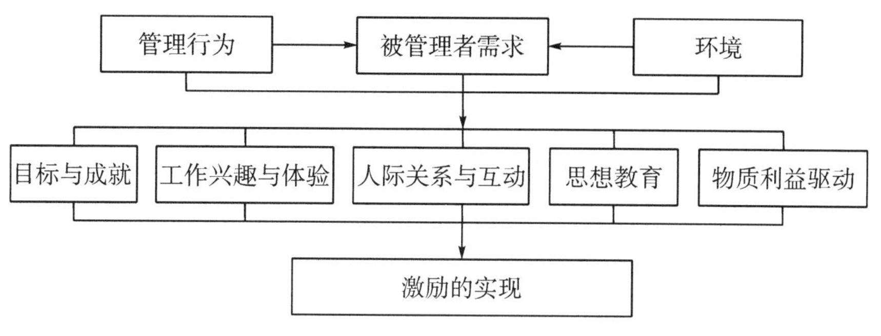

图 8-3　激励的实施系统模式

三、激励的实施系统构成

（一）目标与成就激励系统

1. 目标激励

目标激励是指以目标为诱因，通过设置先进合理的目标，激发动机，调动积极性的方式。可以用以激励的目标主要有三类：工作目标、个人成长目标和个人生活目标。应注意：

（1）尽可能增大目标的效价。根据弗鲁姆的期望理论，激发力量取决于效价及概率。管理者在设置目标时，一是要选择下级感兴趣、高度重视的内容，使所选择的目标尽可能多地满足下级的需要；二是使目标的实现与相应的奖酬或名誉、晋升挂钩，增大目标实现的效价；三是要做好说明、宣传工作，使下级能真正认识到目标的社会心理价值及其实现所带来的各种利益。

（2）增加目标的可行性。目标水平要先进合理，要具有可操作性。并做好必要的说明解释工作，使其能充分认识到实现的可能性。

2. 参与激励

参与激励是指以让下级参与管理为诱因，调动下级的积极性和创造性。下级参与管理或称民主管理，主要注意以下三点：

（1）增强民主管理意识，建立参与的机制。

（2）真正信任下级，使下级实实在在地参与决策和管理过程。

（3）有效利用多种参与形式，鼓励员工参与。

3. 竞赛（竞争）激励

人们普遍存在争强好胜的心理，这是由于人谋求实现自我价值、重视自我实现需要所决定的。在激烈竞争的现代社会，企业在内部管理中引入竞争机制是极为有效的一种激励手段。

在组织竞赛、鼓励竞争的过程中，应注意以下三个方面：一是要有明确的目标和要求，并加以正确的引导；二是竞争必须是公平的；三是竞赛与竞争的结果要有明确的评价和相应的奖励。

（二）工作兴趣与体验激励系统

按照赫茨伯格的双因素论，对人最有效的激励因素来自工作本身，即满意于自己的工作是最大的激励。因此，管理者必须善于调整和调动各种工作因素，科学地进行工作设计，千方百计地使下级满意于自己的工作。要提高员工对自己工作的兴趣与满足程度，就应注意以下因素的运用：

（1）工作适应性。即工作的性质和特点与从事工作的人员的条件与特长相吻合，引起其工作兴趣，使企业员工高度满意于工作。如员工对所从事的工作有特长，并有浓厚兴趣。

（2）工作的意义与工作的挑战性。企业员工愿意从事重要的工作，并愿意接受挑战性的工作，这反映了人们追求实现自我价值，渴望获得别人尊重的需要。

（3）工作的完整性。人们愿意在工作实践中承担完整的工作，从而可获得一种强烈的成就感。管理者应使每个企业员工都能承担一份较为完整的工作，为他们创造获得完整工作成果的条件与机会。

（4）工作的自主性。人们出于自尊和自我实现的需要，期望独立自主地完成工作，不愿意在别人的指使或强制下被迫工作。明确目标与任务，然后，大胆授权，放手使用，让下级进行独立运作，使其受到巨大激励。

（5）工作扩大化。应开展企业工作设计的研究，克服单调乏味和简单重复，千方百计地增加工作的丰富性、趣味性，以吸引企业员工。应注意增加所从事工作的种类，探索实行工作延伸、工作轮换等方法。

[**管理思考**] 经常的工作轮换会不会影响到员工的工作质量？

（6）工作丰富化。让企业员工参与一些具有较高技术或管理含量的工作，即提高其工作层次，从而使其获得一种成就感，令其尊重的需要得到满足。包括：将部分管理工作交给员工；吸收员工参与决策和计划；对员工进行业务培训；让员工承担一些较高技术的工作等。

（7）及时获得工作成果反馈。管理者在工作过程中，应注意及时测量并评定、公布员工的工作成果，尽可能早地使员工得到自己取得成果的反馈。这就会有效地激发其工作积极性，促其努力扩大战果。

（三）人际关系与互动激励系统

（1）感情激励，即以感情作为激励的诱因，调动企业员工的积极性。感情激励主要包括以下三个方面：一是在上下级之间建立融洽和谐的关系，以增强影响力；二是促进下级之间关系的协调与融合；三是营造健康、愉悦的团体氛围，提高组织成员的归属感。

[管理故事]

感情激励

1980 年 1 月，在美国旧金山一家医院里的一间隔离病房外面，一位身体硬朗、步履生风、声若洪钟的老人，正在与护士死磨硬缠地要探望一名因痢疾住院治疗的女士。但是，护士却严守规章制度毫不退让。

这位真是“有眼不识泰山”，她怎么也不会想到，这位衣着朴素的老者竟是通用电气公司的总裁，一位曾被公认为世界电气业权威杂志——美国《电信》月刊选为“世界最佳经营家”的世界企业巨子斯通先生。护士也根本无从知晓，斯通探望的女士，并非斯通的家人，而是加利福尼亚州销售员哈桑的妻子。

哈桑后来知道了这件事，感激不已，每天工作达 16 小时，为的是以此报答斯通的关怀，加州的销售业绩一度在全美各地区评比中名列前茅。正是这种有效的感情激励管理，使得通用电气公司的事业蒸蒸日上。

（2）尊重激励。管理者应利用各种机会信任、鼓励、支持下级，努力满足员工尊重的需要。一是要尊重下级的人格，二是要尽力满足下级的成就感，三是支持下级自我管理、自我控制。

（3）榜样激励。“榜样的力量是无穷的”。管理者应注意用先进典型来激发企业员工的积极性。榜样激励主要包括以下两个方面：一是先进典型的榜样激励，二是管理者自身的模范作用。

（四）思想教育激励系统

这是指通过思想教育方式与手段，激发动机、调动企业员工的积极性的形式。具体包括以下三个方面：

（1）政治教育。企业管理者要有意识地用先进的思想与观念对员工进行灌输，全面提高企业成员的思想政治素质，特别注意爱国主义、奉献精神、团队精神的教育。这种政治教育的激励，在社会主义市场经济的今天仍具有巨大的威力。

（2）思想工作。人的行为是由思想动机决定的。因此，思想工作是企业中极为重要的激励手段。特别要注意各种谈心、沟通、说服等形式的运用。

（3）表扬与批评。表扬与批评既可以看作指挥手段，也可以看作激励形式。应用时主要应注意以下六点：一是坚持以表扬为主，批评为辅；二是必须以事实为依据；三是要讲究表扬与批评的方式、时机、地点，注重实际效果；四是批评要对事不对人；五是要尽量减少批评的次数；六是批评与表扬要适当结合。

[**管理思考**] 表扬可以提高员工工作的积极性，那么批评会不会对员工激励起到相反的作用呢？

（五）物质利益激励系统

物质利益激励是指以物质利益为诱因，通过满足企业员工物质利益需要来调动员工的积极性的方式与手段。

（1）奖酬激励。奖酬包括工资、奖金、各种形式的津贴及实物奖励等。一是设计奖酬机制与体系要为实现工作目标服务。关键是奖酬与贡献直接挂钩的科学化和定量化。管理者必须善于将奖酬的重点放在管理者关注的重点上。二是要确定适当的刺激量。奖酬激励的作用主要取决于相对刺激量。要依工作完成情况、人的贡献、总体奖酬水平，公平合理地确定奖酬的增长水平和成员之间的差别。三是奖酬要同思想工作有机结合。

（2）关心照顾。管理者对企业员工在生活上要给予关心照顾，不但要使企业员工获得物质上的利益和帮助，而且要使企业员工能获得尊重和归属感上的满足。

（3）处罚。处罚是负强化，属于一种特殊形式的激励。运用这种方式时要注意：一是处罚必须有可靠的事实根据和政策依据；二是方式与刺激量要适当；三是要同深入的思想工作相结合，注意疏导。

项目小结

激励理论讨论如何在掌握人的行为规律的基础上影响和引导人的行为选择。本项目共分三个方面进行学习，分别是认识激励过程、掌握激励理论和开展有效激励。激励是领导工作的一个有机组成部分，有效的领导必须通过适当的激励方式与手段来实现。

同步训练

一、基础知识练习

（一）单项选择题

1. 你拥有并经营着一家以小的桌面排版与复印为主要业务的公司，雇用了 25 个员工。健康费用的提高已迫使你考虑取消给员工的健康与医疗方面的福利。你的决定会使员工关心（　　）。

A. 尊重的需要　　B. 自我实现的需要

C. 安全的需要　　D. 社交的需要

2. 在下列（　　）情况下，金钱可以成为激励因素，而不是保健因素。

A. 那些未达到最低生活标准，急于养家糊口的人的计件工资

B. 组织给予正式员工的基本工资

C. 公司每个月发给员工的平均奖金

D. 无论在什么情况下，金钱都只是保健因素

3. 激励因素与保健因素之间的区别在于（　　）。

A. 激励因素被监管者控制，保健因素是工作内容方面的因素

B. 保健因素存在时会引发自我实现，而激励是由报酬与津贴的可得性触发产生的

C. 激励因素最关心外部工作环境中的消极因素，保健因素与个人境遇和身体健康相关

D. 激励因素与工作本身的内容相关，保健因素与工作环境或工作外部因素的特征相关

4. 根据公平理论，当组织中的员工感到不公平时，他们将有可能采取（　　）的做法。

A. 重新解释自己或他人的付出或所得

B. 采取某些行为使他人的付出或所得发生改变

C. 选择另一个参照对象进行比较

D. 以上都有可能

5. 当人们认为自己的报酬与劳动之比，与他人的报酬与劳动之比相等时，就会有较大的激励作用。这种理论被称为（　　）。

A. 双因素理论　　B. 公平理论　　C. 效用理论　　D. 强化理论

6. 某公司改善了小李的工作条件，小李的积极性和主动性并没有提高，不久小李接到了一项具有挑战性的任务，他工作特别卖力。这可运用（　　）激励理论来解释。

A. 期望理论　　B. 公平理论
C. 激励-保健理论　　D. 强化理论

7. 需要层次理论是由美国的心理学家马斯洛于20世纪40年代提出的。该理论将人类的需要归为五个层次，其中最高层次的需要是（　　）。

A. 尊重需要　　B. 安全需要　　C. 自我实现需要　　D. 社交需要

8. 期望理论是由美国的心理学家弗鲁姆于20世纪60年代提出的，是研究人的需要与工作目标之间关系的一种激励理论。他认为，激励力量的大小是（　　）和效价的乘积所决定的。

A. 效价　　B. 积极性　　C. 期望值　　D. 激励程度

（二）判断题

1. 当人们缺乏保健因素时会产生很大的不满足感，但有了它们也不会使人产生多大的激励作用：当具备激励因素时，人们能产生巨大的激励作用和满足感，而缺乏它们时也不会产生太大的不满足感。（　　）

2. 自然消退是指对行为不采取任何措施，既不奖励也不惩罚。（　　）

二、案例分析

小米公司的员工激励

2022年，北京小米科技有限责任公司（以下简称“小米公司”）在《财富》世界500强榜单中排名第266名，比起上一年度的338名，足足又进步了72名。更引人注意的是，小米公司全球员工人数是33 427人，而年度利润达到了惊人的29.9亿美元，员工人均创造利润达到了8.9万美元。那么，小米公司是如何进行员工激励的呢？

1. 薪酬与福利激励

小米公司始终坚持同工同酬，以“全面薪酬”与“以绩效为导向”的薪酬策略，公平地为员工提供有竞争力的薪酬与福利。小米公司2021年度的年报显示，小米公司薪酬开支总额为138亿元人民币，比2020年增加了39.4%。另外，小米公司为了激发员工活力，也推行了股权激励计划。

在福利方面，小米公司也不遗余力地关爱员工。除了国家法定福利之外，还向员工提供商业补偿保险、年度体检、生日福利、结婚福利、生育福利、周年纪念和员工关怀。

另外，小米公司还为外派员工额外提供全球商务差旅保险，包含意外财产损失、医疗、航空延误、紧急救援等，致力于全方位保障员工在海外的人身财产安全。

2. 创新激励

没有创新和技术革命，技术公司就没有未来。而人才是创新之源。

小米公司为了奖励在技术创新方面做出突出贡献的团队，专门设立了年度技术大奖。获奖技术团队可拿到高达百万美元的奖金，并由公司创始人亲自为他们授奖。2022年3月，小米公司宣布将向4 931位员工授予约1.749亿股。这是小米创办以来，面向员工规模最大的单次股权激励。

3. 沟通激励

内部良好的沟通机制无疑能激发员工工作的积极性。为了保障公司领导层能听到员工真实的反馈，小米为员工提供了一系列沟通渠道，包括内部的OA办公系统、热线电话、官方的邮箱和微信账号。同时，小米公司还定期在沟通平台上进行员工满意度调查，以保障平台能及时、准确反馈员工的真实意见。

4. 培训激励

小米重视人才培训，为全球范围的员工提供全方位培训，包括通识、企业文化、前沿科学技术、管理技能、科学思维方法等不同类型课程，旨在帮助员工提升基本素质、职业素养、专业技能和领导力。

5. 晋升激励

小米重视员工发展，期待与员工共同成长。公司以工作表现和绩效考核为标准公平决定员工的常规晋升。同时，也为作出重大贡献的员工提供激励机制和奖励晋升通道，正所谓“用人必考其终，授任必求其当”。小米公司以人才梯队建设的形式培养年轻有潜力的人才，同时搭建后备人才梯队，以不断助力提升关键人才胜任力，为高潜能人才提供广阔、开放与透明的晋升路径，为公司的可持续发展打下坚实的人才基础。

6. 工作与生活平衡

小米倡导员工工作与生活平衡，在闲暇之余为员工举办各种丰富多彩的活动，营造幸福暖心的职场氛围。比如小米曾举办十周年庆典活动、小米达人秀、小米家庭日、小米卡丁车竞赛、小米科技园开园庆典等。同时，小米公司还成立了不同主题的俱乐部，包括篮球、羽毛球等。

启示：“致天下之治者在人才。”员工是企业的第一生产力、是企业最宝贵的财富，充分激发员工的潜能是企业成长发展的根本。小米公司基于员工多元化、差异化、个性化的需求，重视各种激励机制、激励方法和手段的协调配合与综合运用。这是促成其快速稳健发展的重要动因。

思考与分析：

1. 结合本项目内容，你认为小米公司的管理者都运用了哪些激励理论？

2. 你认为小米公司的激励机制在哪些方面还需要改进？

（资料来源：根据网络资料整理修改）

项目实训——调查企业激励方案

实训名称：调查企业激励方案

实训目的：

1. 培养对实际管理系统进行观察分析的能力；
2. 培养运用激励理论进行有效激励的能力。

实训内容：调查你所熟悉的企业的激励方案实例，并应用激励理论对其进行分析。

1. 以小组为单位，调查与深入研究你所熟悉的企业的激励计划或方案；
2. 在班级组织研讨，深入分析目前的激励状况，研讨如何实现有效激励。

成果与评价：由教师与学生共同对每组的表现进行评估、打分。

项目九　控制

项目导读

控制，即“纠偏”，是指按照计划标准衡量所取得的成果，纠正所发生的偏差，以确保计划标准的实现。控制是管理工作最重要的职能之一，是保障组织计划与实际工作动态相适应的管理职能。在实际工作中，不管计划制订得多么周密，人们在执行计划的过程中总是不可避免地产生与计划脱节的现象，因此控制是管理中的一项重要职能。有效的控制可以保证管理各项活动按照既定的组织目标方向前进。

本项目包括认识控制和控制过程、选择控制方法两个任务。这些任务的实施有助于掌握控制的概念、过程与方法，为有效实现组织目标奠定坚实的基础。

学习目标

知识目标

1. 理解控制的含义和应遵循的原则，了解控制的过程；
2. 掌握控制的分类和几种常用的控制方法。

能力目标

1. 培养工作监控能力；
2. 培养运用现代控制方法的能力；
3. 培养绩效考核、评价与改进能力。

素养目标

1. 能正确认识自我，评估自我，调节和约束自我，增强自律意识；
2. 培养善于发现问题、敢于面对问题、勇于解决问题的精神品质。

任务一　认识控制和控制过程

［导入案例］

充分的授权必须与监督相结合

在企业中，充分的授权必须与监督相结合。如果只授权，不监督，后果就是组织四分五裂；如果不授权，只监督，局面则会是一潭死水。这是海尔集团创始人张瑞敏的一段话。

作为企业管理者，决不能被众多琐事所累，应该学会大胆授权，让有能力的员工帮自己分担一些管理工作。当然，在对下属充分授权的同时，还必须将授权与监督结合在一起。比如，对于那些优秀、出色的员工，张瑞敏会根据其特长委以重任，但是在授权的同时，张瑞敏也制定了三条规定："在位要受控、升迁靠竞争、届满要轮流。"

在位要受控是指被授权的干部要在主观上做到自我控制、自我约束，有自律意识，而且集团也有控制管理的体系，以防止被授权干部犯方向性错误，在财务方面也要有一定的控制，避免其出现违纪违法的现象。

升迁靠竞争是指任何一个真正有才华的人都可以通过竞争而得到升迁的机会，决不埋没一个人才。

届满要轮流是指对授权干部任期所做的规定，防止授权干部在一个部门里长期工作出现思路僵化、缺乏创造力与活力的现象。而且轮流上岗也是给那些年轻人更多的锻炼机会，为企业培养更多的人才。在这种授权与监督并存的管理下，才能构建一种和谐的管理模式。

请思考：授权与监督属于管理的哪个职能？作为一名管理者应如何处理好两者的关系？

（资料来源：海尔公司官网）

一、控制的概念

作为管理职能的控制，是指管理者为了确保组织的目标得以实现，根据事先确定的标准对计划的进展情况进行测量和评价，并在出现偏差时及时进行纠正的过程。

例如，某组织要保持一定的利润水平，其单位制造成本必须不超过 10 元，为此需要有一个控制系统向管理部门提供现行成本信息。一旦成本超过 10 元，则马上采取相应措施，如提高劳动生产率，更换供货商以降低原材料采购价格，严格质量管理以降低废品率等，从而使成本恢复到标准之内。

简单来说，控制就是使事情按计划进行，纠正实际执行情况与所计划的理想状态之间的偏差。“制定标准—测量绩效—纠正偏差”就是控制的三部曲，正是通过控制活动，管理活动形成了一个闭合的循环。

［**管理故事**］

破窗效应

美国斯坦福大学心理学家詹巴斗曾做过这样一项试验：

他找来两辆一模一样的汽车，一辆停在比较杂乱的街区，另一辆停在中产阶级社区。他把停在杂乱街区的那一辆的车牌摘掉，顶棚打开，结果一天之内就被人偷走了。而摆在中产阶级社区的那一辆过了一个星期也安然无恙。后来，詹巴斗用锤子把这辆车的玻璃敲了个大洞。结果，仅仅过了几个小时，它就不见了。

后来，政治学家威尔逊和犯罪学家凯琳依托这项试验，提出了一个“破窗理论”。这一理论认为：如果有人打破了一个建筑物的窗户玻璃，而这扇窗户又未得到及时维修，别人就可能受到暗示性的纵容去打烂更多的窗户玻璃。久而久之，这些破窗户就给人造成一种无序的感觉。那么，在这种公众麻木不仁的氛围中，犯罪就会滋生、蔓延。

“千丈之堤，以蝼蚁之穴溃；百尺之室，以突隙之烟焚。”我们必须防微杜渐，及时修好“第一块被打破的窗户玻璃”。

（案例来源：李洁. 墨菲定律［M］. 广州：广东人民出版社，2021.）

二、控制过程中应遵循的原则

（一）控制关键点

要将注意力集中于计划执行中的一些主要影响因素上，事实上，控制住了关键点，也就控制住了全局。例如，在企业管理活动当中，高层管理者应该主要关注人力资源管理、资金筹集与使用等关键要素。又如，在啤酒酿造企业中，影响啤酒质量的因素有很多，但是只要抓住了水的质量、酿造温度和酿造时间，就能保证啤酒的质量。

（二）例外原则

控制的注意力要集中在那些特别好或特别坏的情况上，即例外情况，尤其是一些关键点的例外偏差上，如利润的下降、产品废品率的上升、顾客投诉的增加等。

（三）控制趋势

由于管理控制中往往存在时间滞后的问题，所以面向未来的控制趋势就至关重要。但由于趋势往往为现象所掩盖，不易察觉，控制变化的趋势比仅仅改善现状重要得多，也困难得多。控制趋势的关键在于从现状中揭示趋势，特别是在趋势显露苗头时就明察秋毫。

例如，在美国汽车市场上，日本汽车公司就是在美国几大汽车厂商的眼皮底下慢慢蚕食了其市场份额的，等到对方意识到问题的严重性时，日本汽车已经在市场上占有一席之地。

（四）直接控制

主管人员及下属的工作质量越高，对所负担的职务越能胜任，也就越能觉察偏差，及时采取预防措施，于是越不需要进行间接控制，从而减少偏差的发生及进行间接控制的费用。直接控制可以理解为员工的自我控制。间接控制是指上级管理者对下级人员工作偏差的控制，缺点是已出现偏差、造成了损失之后才采取措施。

三、控制的过程

控制工作的基本过程包括三个步骤：制定标准、根据标准衡量执行情况（绩效）、纠正偏差。其控制基本过程如图 9-1 所示。

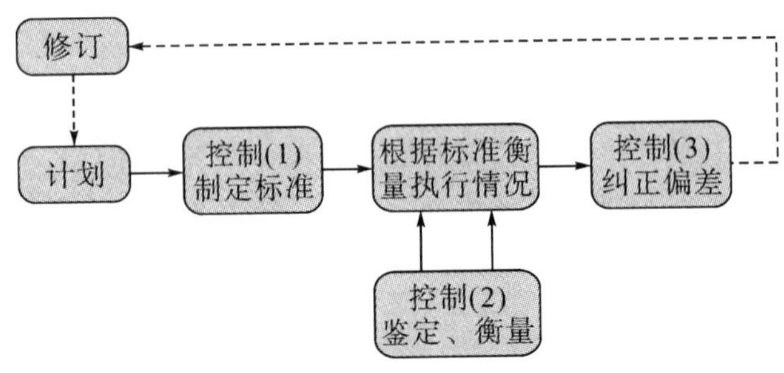

图 9-1　控制基本过程

（一）制定标准

制定标准是控制过程的起点。由于计划是控制的依据，所以控制的标准应该与组织的计划和目标保持一致。

不同的业务领域、不同的种类的活动都可以形成一定的控制标准。但是，就其基本类型而言，主要有以下四种标准：

（1）实物标准，如每月的生产数量、销售数量等。

（2）价值标准，如利润标准、收益标准、成本标准等。

（3）时间标准，如各种工时定额、完成任务的限期等。

（4）定性标准，如企业的经营方向。

（二）衡量工作绩效，找出偏差

1. 衡量工作绩效

衡量是控制职能中最主要的活动，有许多强调衡量（测量）重要性的格言，如“只有能够测量才能够管理”“只有能够测量才能够改进”等。

衡量工作绩效就是根据控制标准测量和检查工作情况，并如实反映、客观评价计划执行的现状和阶段性成果。在衡量工作绩效的过程中，应注意五个方面的内容（见表 9-1）。

表 9-1　衡量工作绩效的注意事项

注意事项	具体解释
确定衡量的项目	衡量的项目是衡量工作的起点和前提。管理者应针对决定实际工作效果的重要特征项目进行衡量，重视不易衡量、较不明显但实际相当重要的项目
确定衡量的频度	衡量的频度是指衡量工作绩效的次数或频率。适宜的衡量频度有利于实现控制的有效性，频度过高可能会增加成本、降低组织成员的积极性；频度过低可能会无法及时发现偏差、采取措施
注意衡量的方法	为获得工作绩效方面的资料和信息，管理者可以综合运用亲自观察、调查研究、统计报表、召开会议、听取汇报等方法
建立信息系统	信息管理和反馈系统可以为管理者提供准确、完整、及时、可靠、适用的信息，从而保证衡量工作绩效的有效进行
检验控制标准	一方面，衡量工作绩效应按控制标准进行；另一方面，衡量工作绩效也是对控制标准的检验和修正，有利于保证控制标准的客观性和有效性

2. 找出偏差

管理者将实际工作业绩和标准进行对比分析，确定偏差。一般而言，工作中存在偏差在所难免，这时我们就需要确定一个可以接受的偏差浮动范围，如果偏差超过范围，过高或过低都要引起注意。确定可接受的波动范围见图 9-2。

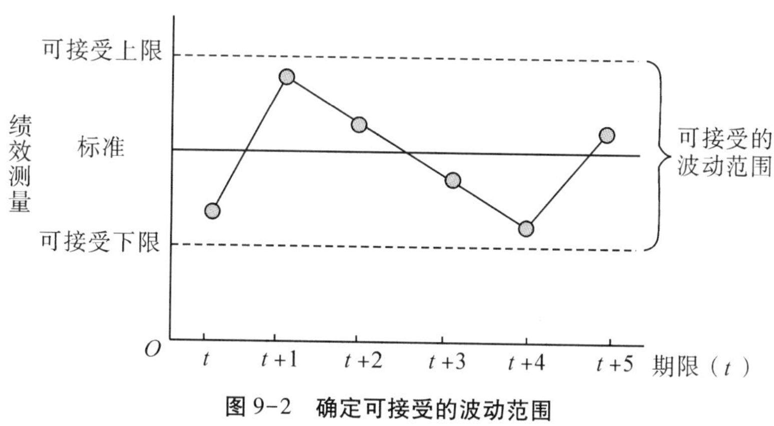

图 9-2　确定可接受的波动范围

（三）找出原因，纠正偏差

造成偏差的原因有三类：一是组织外部环境发生重大变化，使组织计划规定的目标难以实现；二是在执行任务过程中，工作人员由于工作失误而造成偏差，如工作不认真、没有责任心、能力不够等；三是原有计划不合理、不完善而导致出现偏差，如计划目标过低或过高、计划内容不全面等。必须对这三类不同性质的偏差做出准确判断。此外，要分析偏差的类型。偏差可以分为正偏差和负偏差。正偏差是指实际业绩超过了计划要求，而负偏差是指实际业绩未达到计划要求。对这两种偏差都要进行原因分析，若是由于环境变化导致的有益正偏差，则要修改原计划以适应变化了的环境。

对偏差的原因进行分析后，管理者需要确定应当采取什么样的纠正措施和行动。具体措施可以分为两类：一类是立即执行的临时性应急措施，另一类是永久性的根治措施。

［**管理思考**］俗话说："考、考、考，老师的法宝"。请问考试是一种控制手段吗？

［**管理案例**］

大区经理的目标

某企业在年度营销工作会议上，与各大区经理签订了年度目标任务，并对年末完成和未完成目标的各种情况规定了具体而严厉的奖惩办法，其中如"未完成目标的大区经理扣发绩效奖"等。转眼半年过去了，各大区经理明显感到目标实现的艰巨性，他们一直在努力，但到了第四季度，他们互通的信息表明，除了极少数大区经理可能完成目标外，大多数大区经理都无法按期完成目标。他们泄气了，可是，在年终总结汇报会上，绝大多数大区经理都报告他们完成或超额完成了预定目标。这是怎么回事？

结合控制过程的环节分析，这个故事说明了什么？

启示：该企业在年度工作任务的完成中产生了些偏差，偏差产生的主要原因是控制标准设计得不合理，脱离了实际，这时必须对控制标准进行修改，以防止出现像本例一样的"上有政策、下有对策"的后果，使制度流于形式。

（资料来源：根据网络资料整理修改）

［**管理素养**］

跳出历史周期率的第二个答案

党的二十大新闻中心2022年10月17日下午举行记者招待会。中央纪委副书记、国家监委副主任肖培说，腐败是最容易颠覆政权的问题，反腐败就是最彻底的自我革命。党的二十大报告做出重大判断：新时代我们开展了史无前例的反腐败斗争，取得压倒性胜利并全面巩固。党的十八大以来，中央纪委、国家监委立案审查调查的553名中管干部中，含十八届中央委员、中央候补委员49人，十八届中央纪委委员12人，十九届中央委员、中央候补委员12人，十九届中央纪委委员6人。全国纪检监察机关共立案审查调查严重违纪违法的各级一把手20.7万多人。我们党依靠制度优势、法治优势，以"恶竹应须斩万竿"的坚定斗志，书写了反腐败斗争历史性篇章。

党的二十大报告指出，我们开展了史无前例的反腐败斗争，以"得罪千百人、不负十四亿"的使命担当祛疴治乱，不敢腐、不能腐、不想腐一体推进，"打虎""拍蝇""猎狐"多管齐下，反腐败斗争取得压倒性胜利并全面巩固，消除了党、国家、军队内部存在的严重隐患，确保党和人民赋予的权力始终用来为人民谋幸福。经过不懈努力，党找到了自我革命这一跳出治乱兴衰历史周期律的第二个答案，自我净化、自我完善、自我革新、自我提高能力显著增强，管党治党宽松软状况得到根本扭转，风清气正的党内政治生态不断形成和发展，确保党永远不变质、不变色、不变味。

（资料来源：《中国经济周刊》，2022-10-18）

任务二　选择控制方法

［**导入案例**］

曲突徙薪

俗话说：“预防重于治疗。”亡羊而补牢，不如防患于未然。然而，许多企业往往忽视了预防的重要性，他们不愿意花费少许成本去提前预防不良产品的发生，却在市场告急、大批产品被退回的时候，花费超过预防成本十倍甚至更多的成本去围堵那个漏洞！东汉班固所著的《汉书·霍光传》中有这样一个故事，讲的就是预防的重要性。

有位客人到某人家里做客，看见主人家灶上的烟囱是直的，旁边又有很多木材。客人告诉主人说，烟囱要改曲，木材须移去，否则将来可能会有火灾发生，主人听了没有做任何表示。

不久，主人家里果然失火，四周的邻居赶紧跑来救火，最后火被扑灭了。于是，主人烹羊宰牛，宴请四邻，以酬谢他们救火的功劳，但是并没有请当初建议他将木材移走、烟囱改曲的人。

有人对主人说：“如果当初听了那位先生的话，今天也不用准备宴席，而且没有火灾的损失了。现在论功行赏，原先给你建议的人没有被感恩，而救火的人却是座上客，真是很奇怪的事呢！”主人顿时醒悟，赶紧去邀请当初给予建议的那个客人来赴宴。

请思考：你是否认识到了“预防重于治疗”的深刻含义？在现实生活中，你是如何做的呢？

（案例选自《汉书·霍光传》，有改动）

一、控制的分类

在组织中，控制可以从不同的角度划分为各种控制类型。常见的控制类型见表9-2。

表9-2　控制类型

分类标志	控制类型
按控制点的位置分类	事前控制、事中控制和事后控制
按控制信息的性质分类	反馈控制和前馈控制
按控制力量的来源分类	正式组织控制、群体控制和自我控制
按控制工作的专业分类	库存控制、进度控制、质量控制、成本控制等
按控制的手段分类	直接控制、间接控制

下面仅简要介绍一种最基本的分类方式，即按控制点处于事物发展进程的哪一个阶段，将控制活动划分为前馈控制、现场控制和反馈控制。

（一）前馈控制

前馈控制又称事前控制、预先控制，是指在企业生产经营活动开始之前，为保证未来实际与计划目标一致所做的努力。其控制的中心问题是防止企业所使用的资源在数量与质量上可能产生的偏差。其基本形式是合理配置资源，如各种计划、市场调查、原材料的检查验收、员工的岗前培训、入学考试等。

（二）现场控制

现场控制又称事中控制、同步控制，是指在企业生产经营活动过程之中，管理者指导、监督下属工作，保证实际工作与计划目标一致的各种活动。其控制的中心问题是及时发现并纠正工作中出现的偏差。其基本形式是管理人员的指导、监督和测量、评价，如生产过程中的进度控制、每日情况统计报表、学生的家庭作业和期中考试等。

［**管理思考**］卖场经理为了提高卖场的服务质量，聘请有关专家现场对销售人员进行指导。请问这是哪种控制？

（三）反馈控制

反馈控制又称事后控制、成果控制，是指在一个时期的生产经营活动已经结束以后，对本期的资源利用状况及其结果进行总结。由于这种控制是在经营过程结束以后进行的，因此，不论其分析如何中肯，结论如何正确，对于已经形成的经营结果来说都是无济于事的。成果控制的主要作用，是通过总结过去的经验和教训，为未来计划的制订和活动的安排提供借鉴。

事后控制是历史最悠久的控制类型，传统的控制方法几乎都属于此类，如企业对生产出来的成品进行质量检查、学校对学生的违纪处理等。

三种控制类型的特征及优缺点见表 9-3。

表 9-3　前馈控制、现场控制和反馈控制的特征及优缺点

项目	特征	优点	缺点
前馈控制	在工作开始之前对工作中可能产生的偏差进行预测和估计，并采取防范措施，将工作中的偏差消除于产生之前	防患于未然，不针对个人，易于接受	要求及时和准确的信息；管理人员充分了解前馈控制因素与计划工作的影响关系；往往难以做到
同步控制	在工作正在进行的过程中进行的控制，主要有监督和指导两项职能	指导功能，有助于提高工作人员的工作和自我控制能力	受管理者时间、精力、业务水平限制，应用范围较窄，容易形成对立
反馈控制	在工作结束之后进行的控制，注意力集中于工作结果上，对今后的活动进行纠正	避免下周期发生类似的问题，消除偏差对后续活动的影响	偏差、损失已经产生，有时滞问题

［管理故事］

良医治未病

魏文王问名医扁鹊说："你们家兄弟三人，都精于医术，到底哪一位最好呢？"

扁鹊答："长兄最好，中兄次之，我最差。"

文王再问："那么为什么你最出名呢？"

扁鹊答："长兄治病，是治病于病情发作之前。由于一般人不知道他事先能铲除病因，所以他的名气无法传出去；中兄治病，是治病于病情初起时。一般人以为他只能治轻微的小病，所以他的名气只及本乡里。而我是治病于病情严重之时。一般人都看到我在经脉上穿针管放血、在皮肤上敷药等大手术，所以以为我的医术高明，名气因此响遍全国。"

"良医治未病"，处理组织管理上的问题最有效的就是要加大预防力度，像扁鹊的大哥那样，治病于未发之前；发现苗头性问题，要像扁鹊的二哥那样，治病于初起之时。事后控制不如事中控制，事中控制不如事前控制，可惜大多数事业经营者均未能体会到这一点，等到错误的决策造成了重大的损失才寻求弥补。

（资料来源：根据网络资料整理修改）

二、控制的方法

要对整个组织活动进行全面控制并达到预期的控制效果，必须借助各种有效的控制方法。控制的方法有多种，下面以企业组织为例，介绍几种常用的方法。

（一）预算控制

在控制过程中使用最广泛的一种控制方法就是预算控制。预算控制能清楚地表明计划与控制的紧密关系，预算是计划的数量表现，其形式是财务报表和其他报表，预算的编制是作为计划过程的一部分开始的，而预算本身又是计划过程的终点，是一种转化为控制标准的计划。

一般而言，按照预算内容的不同，可以将其分为经营预算、投资预算和财务预算。

1. 经营预算

经营预算是指企业日常发生的各项基本活动的预算，主要包括销售预算、生产预算、采购预算、直接人工预算、制造费用预算、单位生产成本预算、推销及管理费用预算等。其中，最基本和最关键的是销售预算。

2. 投资预算

投资预算是指对企业固定资产的购置、扩建、改造、更新等在可行性研究的基础上编制的预算。它具体反映在何时进行投资、投资多少、资金从何处取得、何时可获得收益、每年的现金流量为多少、需要多少时间回收全部投资等。由于投资的资金来源往往是企业的限定因素之一，而对厂房和设备等固定资产的投资又往往需要很长时间才能回收成本，因此投资预算应当力求和企业的战略及长期计划紧密联系在一起。

3. 财务预算

财务预算是指企业在计划期内反映的预计现金收支、经营成果和财务状况的预算，主要包括现金预算、预算收益表和预计资产负债表。必须指出的是，前述的各种经营预算、投资预算中的资产，都可以折算成金额反映在财务预算内。这样，财务预算就成为各项经营业务和投资的整体计划，因而也称为“总预算”。

（二）生产控制

生产系统运行控制的活动内容十分广泛，涉及生产过程中各种生产要素、各个生产环节及各项专业管理。其主要内容包括生产进度控制、库存控制等。

1. 生产进度控制

生产进度控制是对生产量和生产期限的控制，是生产控制的基本方面，主要目的在于保证完成生产进度计划所规定的生产量和交货期限。在某种程度上，生产系统运行过程的各个方面的问题都会反映到生产作业进度上。因此，在实际运行管理过程中，企业的生产计划与控制部门通过对生产作业进度的控制，协调和沟通各专业管理部门（产品设计、工艺设计、人事、维修、质量管理等）和生产部门之间的工作，可以达到整个生产系统运行控制的协调、统一。

2. 库存控制

库存控制是使各种生产库存物资的种类、数量、存储时间维持在必要的水平上，主要目的在于保障企业生产经营活动的正常进行，并通过规定合理的库存水平和采取有效的控制方式，使库存数量、成本和占用资金维持在最低限度。

（三）质量控制

为达到质量要求所采取的作业技术和活动称为质量控制。质量控制是企业控制工作的重要内容之一。质量有广义和狭义之分。狭义的质量是指产品的质量；广义的质量除了涵盖产品质量外，还包括工作质量。产品质量主要指产品的使用价值，即满足消费者需要的功能和性质。这些功能和性质可以具体表现在五个方面：性能、寿命、安全性、可靠性和经济性。工作质量主要指在生产过程中，围绕保障产品质量而进行的质量管理工作的水平。

进行产品质量控制，首先要掌握全面质量管理方法。这是对产品质量实施控制的行之有效的方法。

1. 全面质量管理的含义

全面质量管理（简称 TQC）是 20 世纪 60 年代初由美国的菲根鲍姆首先提出来的，这是一种对产品或服务乃至工作质量实行全面管理与控制的科学管理方法。全面质量管理是指运用系统的观点和方法，把企业各部门、各环节的质量管理活动都纳入统一的质量管理系统，形成一个完整的质量管理体系。

2. 全面质量管理的特点

全面质量管理是一种预先控制和全面控制制度。它的主要特点就在于“全”。全面质量管理包含三层含义：

（1）管理的对象是全面的，这是就横向而言的。管理的对象不仅是产品本身的质量，还包括影响产品质量各方面的工作质量，如管理工作的质量、后勤服务工作的质量等。

（2）管理的过程是全面的，这是就纵向而言的。即企业对市场调查、产品开发与设计试制、生产、检验、销售及售后服务等各个环节都要进行管理。

（3）参加管理的人员是全面的。即通过适当的组织形式，把企业各方面的人员都吸收到产品质量的保证体系中来，是一种全员参与的质量管理。

3. PDCA 循环管理的工作程序

PDCA 循环管理的工作程序，即计划（plan）→执行（do）→检查（check）→处理（action）。这是美国的统计学家戴明（W E Deming）发明的，因此也称为戴明循环。这四个阶段大体上可分为八个步骤，如图 9-3 所示。

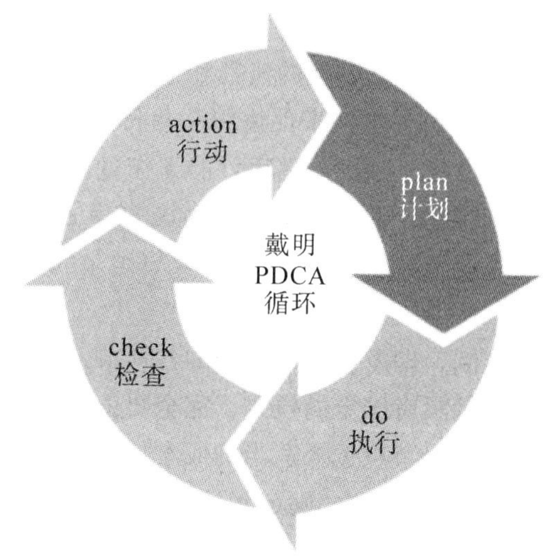

图 9-3　PDCA 循环图

第一阶段：一是找出存在的问题，二是找出存在问题的原因，三是找出各种原因中最关键的原因，四是制订计划和措施。

第二阶段：执行计划和措施。

第三阶段：检查效果。

第四阶段：一是巩固措施，把效果好的标准化，失败的提出防止再发生的意见；二是遗留的问题转入下一循环解决。

4. PDCA 循环管理法的特点

（1）PDCA 循环工作程序的四个阶段顺序进行，组成一个大圈。

（2）每个部门、小组都有自己的 PDCA 循环，并都成为企业大循环中的小循环。大循环套小循环，互相促进，整体提高。

（3）阶梯式上升，循环前进。企业的质量管理循环是连续进行的，但每个 PDCA 循环都不是在原地的简单重复，而是每次都有新的提高。

（四）审计控制

审计是对反映资金运动过程及其结果的会计记录及财务报表进行审核、鉴定，以判断其真实性和可靠性，从而为控制和决策提供依据。根据审查主体和内容的不同，可以将审计分为外部审计和内部审计。

1. 外部审计

外部审计是由外部机构（如会计师事务所）选派的审计人员对财务报表及其反映的财务状况进行独立的评估。为了检查财务报表及其反映的资产与负债的账面情况和真实情况是否相符，外部审计人员就要抽查企业的基本财务记录，以验证其真实性和准确性，并分析这些记录是否符合公认的会计准则和记账程序。

2. 内部审计

内部审计是指组织内部的一种独立客观的监督和评价活动，它通过审查和评价经营活动及内部控制的适当性、合法性和有效性来促进组织目标的实现。健全的内部审计制度，可以为外部审计提供可信赖的资料，减少外部审计的工作量。在中国，内部审计不仅是部门、单位内部经济管理的重要组成部分，而且作为国家审计的基础，被纳入审计监督体系。

（五）成本控制

成本管理的中心是成本控制，即要使经营活动的各环节、各方面实现目标成本，或者低于目标成本。组织的成本控制没有固定的模式，完全要依据组织的现实基础，考虑组织结构、组织文化、生产方式等自身特点选择适当的成本控制方式。具体步骤如下：

（1）制定控制标准，确定目标成本。确定目标成本的方法有计划法、预算法和定额法等。

（2）根据原始记录和统计资料，进行成本核算。成本统计所用的原始记录是反映核算期人力、物力、财力等支出的全部原始记录，是进行成本核算和控制最基本的依据。进行成本控制所要进行的成本核算有可比产品总成本、可比产品单位成本、商品产品成本、主要产品单位成本、可比产品成本降低率等。通过成本核算，了解实际成本，并为分析改进提供数据资料。

（3）差异分析。将实际成本与目标成本相比较，就会发现差异。差异分析就是通过比较，找到实际成本与目标成本的差异，找出控制和降低成本的措施。差异分析的主要内容有直接材料费用分析、直接人工费用分析、管理费用分析、销售费用分析等。

（4）采取措施，降低成本。一旦发现实际成本高于目标成本，就应积极采取措施，控制成本上升趋势。一般来说，可以采用的方法有严格投入管理、改进产品设计或生产工艺、精简机构等。

成本领先是组织在竞争中取胜的关键战略之一，成本控制是所有组织都必须面对的一个重要的管理课题。组织无论采取何种改革、激励措施，都代替不了强化成本管理、降低成本这一工作。

［**管理案例**］

海尔张瑞敏：细节之处见真章

张瑞敏是海尔集团的创始人。自1984年创业以来，张瑞敏带领海尔从一个濒临倒闭、资不抵债的集体所有制小厂发展成为物联网时代世界领先的生态型企业。2021年，海尔全球营业额为3 327亿元、利税总额超过415亿元，旗下“海尔智家”荣居世界500强。

张瑞敏是海尔品牌的缔造者，也是海尔体系的设计者。海尔连续14年蝉联全球家电第一品牌，并创立了物联网生态品牌，连续四年蝉联全球品牌百强榜唯一物联网生态品牌。

海尔有今天的辉煌，离不开张瑞敏的战略远见、强大的领导力和大胆的创新精神，更离不开他脚踏实地、一步一个脚印的工作作风。张瑞敏在任期间，不仅能抓好影响企业发展方向和全局的大事，而且非常注重细节管理，可以说把细节管理做到了极致。

张瑞敏认为：细节之处见真章，越是细小的事情，越是不能轻易放过。有时，张瑞敏甚至为了某些小事亲自下到基层去抓管理，一些同行业的老总不解地问他：“你都做到这么大的老板了，还抓这么细小的事，真是不可思议。”但张瑞敏却不认同这种说法，他认为这是必须要去做的，而且他抓的问题都是带有全局性的问题。

凡是到过海尔参观的人都有一个普遍的感受，海尔制定的管理条文非常严格，而且事无巨细。比如，厂里规定，工人在厂区内行走要和在马路上一样靠右行；每一位员工在离开自己的座位时，必须将椅子摆放回原位，否则就要被罚款；在餐厅用餐后，员工要自觉地清理餐盘；厂区内不得有闲杂人员入内；班车司机在接送员工时一律不能迟到，否则班车费用由司机本人承担，等等。

很多企业的管理制度常常是挂在嘴边、写在纸上、钉在墙上，但就是落实不到行动上。而海尔却用实际行动处处体现了“管理无小事”。

张瑞敏曾说，海尔在管理上的成功就是“抓反复，反复抓”。张瑞敏之所以在管理上加大执行力度，是因为他看到了企业管理失去束缚力的根源：基础管理工作薄弱，服从标准的工作意识淡薄，将大量常规的、例行的工作标准抛之脑后。因此，在海尔，张瑞敏对于每一个管理上的细节都不放过。

张瑞敏提出了“成也细节，败也细节”的理念，告诉海尔人，凡欲成就大事，必先从小事抓起，从基础抓起。在海尔快速发展时期，张瑞敏一再强调：“目前，我们的一些中层干部目标定得很大，但工作不细，只在表面上号召一下，浮浮夸夸，马马虎虎，失败不知错在何处，成功不知胜在何处，欲速则不达。”

有一次，原冰箱二厂厂长去广州出差，有一名员工趁机上班打瞌睡，正好被张瑞敏发现，于是对其给予处罚。在其他人眼里这显然是一件不起眼的小事，但张瑞敏认为，这恰恰反映了当时干部中一种普遍的思想倾向，大家觉得企业发展速度快了，员工的日子好过了，就产生了懈怠懒散的思想。如果任由这样的风气滋生，企业便会陷入危机。只有从这些带有趋向性的“小事”上开刀，才能给全体干部职工一个有力的警示。

张瑞敏表示，作为一个企业的最高领导者，一定要具备把握大局的能力，不能被千头万绪的事情迷了双眼，要找出最关键的问题和制约发展的根本点，这或许就是海尔管理上的“灵丹妙药”。用张瑞敏的话说，“好的思路是重要的，但饭毕竟要一口一口地吃，基础管理要一步一步地抓起来，员工的素质大多是从无到有培养出来的。”

张瑞敏在谈到创新时说，“创新不等于高新，创新存在于企业的每一个细节之中。”事实上，海尔集团在细节上创新的案例可谓数不胜数，仅公司内以员工名字命名的小发明和小创造每年就有几十项之多，如“云燕镜子”“晓玲扳手”“启明焊枪”“秀凤冲头”等。企业不断推出新产品，使企业可以持续发展。新产品中“新”的含义是推出具有新功能、新技术的产品，更多时候，企业应该不断地在旧产品基础上改进、在细节上不断磨炼，使产品更贴近消费者、更人性化、更有人情味，所谓“于细微处见精神”。

海尔人创出了誉满全球、闻名世界的国际品牌，其“五星级服务”更是家喻户晓、深入人心——在细节的体贴上无微不至。海尔要求每一个上门维修的人员，从进用户大门的那一刻起，就注意为用户服务的每一个细节，如进门即套上一次性鞋套，自带水不随意喝水、索要东西，随身携带抹布搞好清洁，事毕搞好地面清洁工作……

海尔的管理层常说一句话：“要让时针走得准，必须控制好秒针的运行。”这句话说明了细节管理的重要性。只注重大的方面，而忽视小的环节，放任的最后，结果就是“千里之堤，溃于蚁穴”。海尔能够创出世界知名的国际品牌，其企业管理从未放弃过细节——细致到工厂的每一块玻璃、每一棵树。

俗话说：细节决定成败。管理是一个系统工程，是一个日积月累的过程，很多日常事务都是具体、烦琐的，每个事件无论大小都具有关联性，环环相扣，一件“小事”的失控必然会影响大局，牵一发而动全身。

思考与分析：

1. 查阅相关资料，了解海尔的发展历史，学习海尔的管理经验。

2. 你从该案例中受到了哪些启示？在日常生活中，你的“小事”做得如何？

（案例来源：案例网.）

顺丰速运的成本控制策略

顺丰速运是一家主要经营国际、国内快递业务的快递企业，于1993年在广东顺德成立。顺丰速运是目前中国速递行业中投递速度最快的快递公司之一。2017年2月24日，国内速递物流龙头顺丰速运正式登陆A股。上午10点50分左右，顺丰控股成功封一字板，报55.21元/股，总市值达2 310亿元，超越万科A和美的集团，成为深市第一大市值公司。

在其他快递公司春节休息的时候，“双11”“双12”爆仓和滞后的时候，顺丰速运一直是准时和高效的代名词。要保证如此高效，必须投入大量的人力和物力成本。然而，顺丰速运只做了四件事，就降低了50%的企业成本。

一、提高薪酬反而降低人力成本

快递行业的特点是劳动强度大、室外作业、工作时间长。由于对效率的要求高、处罚严格、工作压力大和社会地位低，造成了快递企业“招工难”和“用工难”，员工的流失率高。如何稳定一线员工？顺丰速运的举措是给他们一个恰当的薪酬福利，提高其企业向心力，从而达到降低人力成本的目的。具体可以从以下三个方面着手：

（1）建立分配体系，充分调动员工的积极性，员工薪水和福利明显高于同行。员工只有依附企业才能生存得更好。

（2）对学历不高的员工加强重视，对一线员工进行重点培训，提高员工的服务水平和向心力。

（3）通过直营模式，把权力和利益都集中到公司总部，避免因为加盟模式产生内部利益冲突。

二、降低订单成本和获客成本

在快递行业中，口碑越好，信息系统越发达，顾客就能越方便地找到快递网点或者联系到快递客服，接收订单的成本就越低。在顺丰速运的网站、App和微信公众号上，客户可以很方便地查询到其提供的服务价格和范围，还可以实时跟踪快件的进度。信息系统的完善可以让客户更清楚地了解到快递费用的标准和可提供的服务，同时为客户及时联系快递公司提供了方便。

三、智能化投入，解放人力

快递分拣的成本取决于员工素质和分拣工具。顺丰很早就已经购买性能先进的全自动分拣机，解放了人力，提高了效率。新起用的全自动分拣机能够实现1小时4万件的分拣量，节省了2/3的人力。而物流搬卸机器人在连续使用的情况下，其生产效率是人工的4~6倍，节约了20%~40%的装卸搬运成本，并大幅度提高了营业额。

虽然分拣技术和机械设备一次性投入很大，但是从长远来看，在快递业务量迅速增长的前提下，加大分拣技术的投入非常有利于降低快递成本。

四、构建绩效评价体系，遏制浪费支出

作为快递业的浪费支出之一，退货过程会加大资金的消耗从而使快递物流成本增加。

倘若无须承担责任，商品随意退回，就会使快递企业增加成本负担。从快递企业自身来说，要想降低退货率，最基本的是完善绩效评价体系，奖惩不再只是单纯看销售额，造成退货的员工责任必须正确划分。如果是发错货，责任由发货营业员承担；如果是货物配送过程中出现错误，则应该由运输者承担责任。

思考与分析：

1. 物流企业与传统制造业的成本控制有何异同之处？
2. 成本控制有怎样的意义？

（资料来源：根据网络资料整理修改）

［**管理素养**］

自律是最低成本的管理

学习控制职能，首先要学会自我控制。自我控制也称自我管理，简言之就是自律，就是指个体对自己本身，对自己的目标、思想、心理和行为等表现进行的管理，自己管理自己，自己约束自己，自己激励自己，自己管理自己的事务，最终实现自我奋斗目标的过程。

一个人自律性的强弱是成功者和失败者的一个区分标准。凡是成功者都首先是个自律的人。很多优秀的企业家也都是自律的人。华为创始人任正非就具有极强的自律性。以下是关于他自律的三件小事：

（1）上级要请下级吃饭，下级不能请上级吃饭，否则就是在贿赂。华为人都知道，凡是任正非跟下属吃饭，都是他请客，吃完饭每次都开发票，然后把发票当场撕掉。为什么要撕掉发票？就是避免以公费名义报销因私就餐费用。

（2）有一年，任正非去日本出差，回来报销时，误将百余元的洗衣费混入差旅费发票中，后来被审计部查出，任正非不但退还了多报的费用，还签发文件，在全公司通报批评自己。这样的气魄恐怕不是每个人都有的。

（3）华为规定所有人出差都不能坐飞机头等舱，任正非也不例外。可是，他毕竟年纪大了，每年大半时间在世界各地飞来飞去，如果坐头等舱，对不起，差价你自己出。所以，每次出差任正非都得自己赔钱。

当然，任正非不仅自己自律，他也要求公司的干部和员工要高度自律。

从2007年开始，华为就实行了集体自律宣誓制度，不论是早期的“经营管理团队自律宣言宣誓”，还是后期的“董事会、监事会自律宣言宣誓”，还是各部门与体系的“干部自律宣言宣誓”，在其誓词中，都有自我批判的内容。如“高级干部要有自我约束能力，通过自查、自纠、自我批评，每日三省吾身，以此建立干部队伍的自洁机制”。

华为公司干部工作作风宣誓词：

第一，我绝不搞迎来送往，不给上级送礼，不当面赞扬上级，把精力放在为客户服务上。

第二，我绝不动用公司资源，也不能占用工作时间为上级或其家属办私事。遇到非办不可的特殊情况，应申报并由受益人支付相关费用。

第三，我绝不说假话，不捂盖子，不评价不了解的情况，不传播不实之词，有意见直接与当事人沟通或报告上级，更不能侵犯他人隐私。

第四，我认真阅读文件、理解指令。主管的责任是胜利，不是简单的服从。主管尽职尽责的标准是通过激发部属的积极性、主动性、创造性去获取胜利。

第五，我反对官僚主义，反对不作为，反对发牢骚、讲怪话。对矛盾不回避，对困难不躲闪，积极探索，努力作为，勇于担当。

第六，我反对文山会海，反对繁文缛节。学会复杂问题简单化，600 字以内说清一个重大问题。

第七，我绝不偷窃，绝不私费公报，绝不贪污受贿，绝不造假，也绝不允许我们当中任何人这样做，要爱护自身人格。

第八，我们绝不允许跟人、站队的不良行为在华为形成风气。个人应通过努力工作、创造价值去争取机会。

这段誓词，也就是著名的华为公司改进工作作风的八条要求。

任正非在华为道德遵从委员会第二次代表大会上的讲话里提到："历史上，很多世界级大公司倒闭，其实就是内部运作的极高成本使公司缺乏活力和竞争力，最后导致公司衰弱。流程是用来运作的，当目标简单、及时、准确时，绝大多数人遵守纪律就更容易实现目标。而自律永远指向管理的低成本，各级干部应把践行八条要求作为终生的座右铭，使我们的流程管理更加简洁、及时、准确。"

思考与感悟：

1. 你能理解自我控制——自律对于个人及企业成功的重要性吗？
2. 任正非的自律精神值得你学习吗？
3. 华为公司干部工作作风宣誓词对你有什么启发？

（案例来源：黄卫伟. 以奋斗者为本：华为公司人力资源管理纲要［M］. 北京：中信出版社，2019.）

项目小结

本项目主要介绍了控制的概念、原则、过程、类型及常用的控制方法等，旨在帮助学生了解控制程序的过程，掌握在管理中实现有效控制的方法，包括预算控制方法和非预算控制方法等，从而提升学生的控制能力。

同步训练

一、基础知识练习

（一）单项选择题

1. 控制是组织成员的全体职责，参与控制是成员的共同任务，这体现了控制的（　　）特征。

A. 整体性　　B. 目的性　　C. 动态性　　D. 强制性

2. 以下选项中，关于控制概念的描述，（　　）是不正确的。

A. 控制有很强的目的性

B. 控制是通过“监视”和“调节”来实现的

C. 控制是一个过程

D. 控制为计划提供标准

3. 工厂在需求高峰来临之前，添置机器，安排人员、加大生产量的行动属于（　　）。

A. 前馈控制　　B. 现场控制　　C. 反馈控制　　D. 成本控制

4.（　　）是为了保证产品质量符合标准和满足用户需要，企业在生产的全过程中始终要保持质量观念，从而全方位提升质量管理水平。

A. 全面质量和管理　　B. 库存管理

C. 流程管理　　D. 成本管理

（二）多项选择题

1. 根据控制在执行过程中发生作用的时段，人们将控制工作分为（　　）。

A. 事前控制　　B. 成本控制　　C. 事中控制　　D 事后控制

2. 控制是一项重要的管理职能，有效的控制必须具备一定的条件并遵循科学的原则。下列选项中，属于控制的原则的有（　　）。

A. 控制关键点原则　　B. 例外原则

C. 直接控制原则　　D. 控制趋势原则

3. 企业常用的控制方法主要由（　　）组成。

A. 预算控制　　B. 生产控制　　C. 质量控制　　D. 审计控制

4. 按照控制手段的不同，控制可以分为（　　）。

A. 前馈控制　　B. 间接控制　　C. 直接控制　　D. 反馈控制

（三）判断题

1. 控制是一个发现问题、分析问题、解决问题的过程。（　　）

2. 偏差会极大地影响企业的最终成果，因此，企业要严格控制所有偏差，对其进行纠正。（　　）

（四）简答题

简述控制的过程。

二、案例分析

京东——打造一流用户体验

京东，中国自营式电商企业，通过其自身独特的经营模式，致力于打造一流的用户体验。京东将产品、价格和服务三项统称为电商用户体验。京东的商业模式可以归纳为倒三角形管理模型。由底层向上层分别是“团队”“物流系统、IT 系统及财务系统”“成本和效率”以及“产品、价格和服务”。这四部分对京东的意义分别是基础、供应链、关键 KPI 以及用户体验（见图 9-4）。

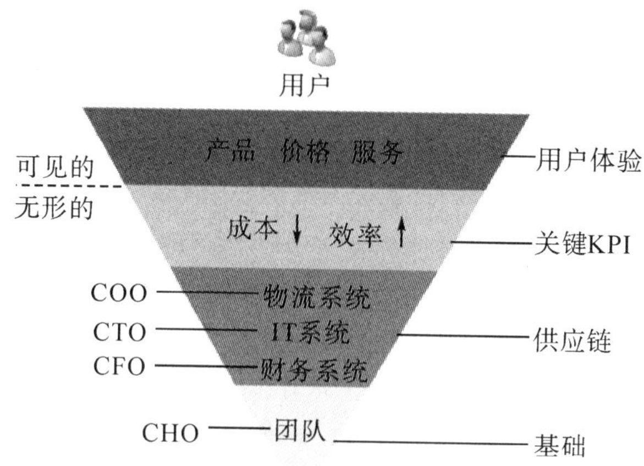

图 9-4

产品的品类和质量是提升用户体验的第一位因素。京东将自身定位为一个大卖家，坚持只卖正品行货。京东商城在为消费者提供正品行货、机打发票、售后服务的同时，还推出“价格保护”“延保服务”等举措。京东要么自营、要么坚持必须是品牌授权的经销商才可以入驻京东平台。

价格是影响客户体验的第二位因素。京东依靠信息系统、物流系统、财务系统三大系统建立成本优势。以信息系统为例，京东除保洁员以外，每一个人都在系统中，通过系统指令完成工作。过去几年，京东把 90% 的钱和精力都花在这三个系统上。在这三大系统的支撑下，产品价格比线下零售店便宜 10%～20%；库存周转率为 12 天，与供货商现货现结；费用率比国美、苏宁低 7%，毛利率维持在 5%。

服务是用户体验的另一重要因素。京东的整个服务链条包括物流体系都是自己投资运营的。从用户下单开始，到最后交易完成，包括退换货完成，京东共有 34 个大的节点、

100多个具体的操作流程。京东通过控制每一个流程来保证用户体验。京东在华北、华东、华南、西南建立四大物流中心，覆盖全国各大城市。2009年3月，京东商城成立自有快递公司。近年来，京东还推出“极速达”“京准达”“夜间配”“自提柜”“无人机配送”等物流增值服务。

京东特别注重配送员和配送站长的管理和激励。首先，配送员都是京东内部的员工，和公司直接签订合同，享受公司的各项福利待遇。只要在公司干过一两年的优秀老员工，就有可能成为配送站站长。一旦成为站长，不仅会有更高的工资，优秀的站长还可以拿到公司的股票。京东对配送员有严格要求。京东通过产品评价、购买咨询、网友讨论、投诉系统、供单系统、论坛，甚至是直接的投诉等12个环节，发掘用户对配送方面的意见、抱怨和不满。同时，京东每周都要求填写配送报表，具体到每一个配送员，统计出他的配送表现，如果收到两次用户投诉，京东就会开除这个配送员。

为了提高服务质量，京东通过层层选拔、培训和淘汰配送站站长。在站长任职资格上，京东首先要求候选人在京东工作超过一年，且必须是优秀的配送员。此外，为了提高配送站站长的管理能力，京东每三个月就会有一次站长培训班。在任职之前，候选人必须先做半年站长助理。在正式任职站长之后，还有严格的考核。比如入职后的三个月考核期，如果无法通过就会被撤换。此外，京东的配送站和酒店一样设有星级标准，分为三星、四星、五星三个档次。星越多，代表站长管理得越好。如果一年之内某个站长两次拿到的都是三星考评，这个站长就要被开除。同时，京东给站长高激励。如果工作满三年，能力优秀，公司会允许他回老家建立配送站，承包公司的业务，和公司合作。

一流的用户体验，越来越成为京东独特的竞争优势。

思考题

1. 比较京东与天猫、淘宝模式，请谈谈京东模式的优缺点。

2. 京东主要通过何种类型的控制方式来打造一流的用户体验？

［案例来源：周三多，贾良定. 管理学：原理与方法（第七版）习题与案例指南［M］. 上海：复旦大学出版社，2019.］

项目实训——个人消费控制

一、实训目标

通过实训，提高学生对控制基本知识的掌握程度，培养学生的自我评定能力和自我控制能力，引导学生树立正确的金钱观和消费观。

二、实训内容

1. 总体要求

要求每位学生为自己制定每月的消费标准，记录每天的消费情况，并在月末进行统计分析，找出超支的原因，并制定相应的纠偏措施。

2. 具体步骤

（1）制定合理的个人消费标准。个人消费标准应根据个人收入（包括每月家里给予的生活费、学校补贴、勤工俭学的收入等）及学校所在地的消费水平来确定，切忌不切实际。例如，以每月的消费标准控制在 1 500 元为例（每月按 30 天计算），具体分配标准为：餐费 900 元（每天 30 元）、通信费 50 元、交通费 50 元、生活必需品费用 200 元、购买图书等学习费用 100 元、其他额外支出 200 元。

（2）个人消费记录。每位学生需将每天的消费情况按照时间先后记录下来（最好采用表格的形式，方便统计和分析，或借助手机等移动设备的记账软件）。

（3）消费统计。月末时，每位学生需对该月的消费记录进行统计和归类。

（4）消费分析。每位学生需对自身的消费情况进行全面分析，衡量各项消费指标是否超出计划标准，并分析原因。

（5）制定调整消费的措施。每位学生需根据消费分析的结果，制定积极有效的措施或控制消费数额，或完善消费标准，并在下个月严格执行，使自己的月消费额度控制在规定的目标之内。

3. 汇报评价

（1）每位学生需撰写一份实训心得报告，并上交给老师。

（2）老师根据每位学生的实训表现和心得报告进行评分，并表扬表现优秀的学生。

项目十　创新

项目导读

组织、领导与控制是保证计划目标实现所不可缺少的。从某种意义上来说，它们归属于管理的“维持职能”，其任务是保证系统按预定的方向和规则运行。但是，管理在动态环境中生存的社会经济系统，仅有维持是不够的，还必须不断调整系统活动的内容和目标，以适应环境变化的要求——这即是经常被人们忽视的管理的“创新职能”。

本项目学习创新职能的内涵及与维持的关系、它们对系统生存和发展的作用，创新的类别、创新的过程和组织，以揭示创新的规律，指导创新职能的履行。

学习目标

知识目标

1. 理解创新职能的内涵、创新与维持的作用及其关系；
2. 了解创新的类别；
3. 掌握创新职能的基本内容；
4. 了解创新的过程和组织。

能力目标

1. 培养管理创新的能力；
2. 能借鉴管理创新的不同模式开展创新创业。

素质目标

培养创新思维和创新意识，自觉积累科学知识为创新所用。

任务一　认识创新

[导入案例]

海尔的平台组织和人单合一模式

海尔创立于1984年，从一家濒临倒闭的集体小厂发展成为全球拥有8万多名员工、2016年营业额为2 016亿元、利润203亿元的全球化集团公司。海尔已连续三年蝉联全球白色家电第一品牌。创业30多年来，海尔到底是通过何种独特管理模式来凝聚跨国家跨文化的员工推动企业高质量发展的？这在很大程度上得益于海尔集团董事局主席、首席执行官张瑞敏提出并在海尔实践的人单合一模式。

一、人单合一得到世界认可

人指员工。首先，人是开放的，不局限于企业内部，任何人都可以凭借有竞争力的预案竞争上岗；其次，员工不再是被动执行者，而是拥有决策权、用人权和分配权的创业者和动态合伙人。

单指用户价值。首先单是抢来的，而不是上级分配的；其次，单是引领并动态优化的，而不是狭义的订单。

合一指员工的价值实现与所创造的用户价值合一。每个员工都应直接面对用户，创造用户价值，并在为用户创造价值中实现自己的价值分享。

这样每个人的创新活力就被激发出来，形成了一种全员创业、全面创新的新发展格局。以食联网为例，2020年，为了满足用户在家制作北京烤鸭的需求，海尔食联网创客张瑜以厨电为触点，会同大厨张伟利、养鸭场老板决定将烤鸭做成半成品的预制菜。三人在半年里上千次尝试，经历了用嘴吹鸭皮吹到腮帮子发炎，一天烤废10只鸭子，几个人每天吃烤鸭吃到崩溃之后，终于得到了最佳口感数据：在零下18℃的环境下配送，在温度200℃、湿度70%的烤箱环境下烹饪，90分钟后便可烤出堂食口感的北京烤鸭。

最终，食联网烤鸭一经上线，2天就售出10 000只。截至2021年8月，海尔食联网让全国超10万家庭在家吃上正宗北京烤鸭，根据用户不断提出的新需求，还推出了减脂版、风味版和片制版烤鸭。

人单合一突破了传统管理模式的桎梏，让张瑜他们有了满足用户需求的自驱力量，有了与企业共生存的主人翁精神，从而在为用户创造价值的过程中实现自身价值，让每个人成为自己的CEO。

张瑞敏表示，海尔已经将企业变成平台，用户是领导，8万人变成了4 000多个小微企业。

二、人单合一为产业赋能

在人单合一模式的指导下，海尔已不是一个家电企业，而是转型成为开放的生态系统，走进了生态品牌的“热带雨林”。

通过打造卡萨帝等高端品牌、场景品牌三翼鸟、生态品牌卡奥斯的三级品牌体系，海尔围绕全球用户需求构建了衣食住娱康养医教的物联网生态体系。

卡奥斯 COSMOPlat 是海尔集团基于人单合一和“大规模定制”模式打造的工业互联网生态品牌。在“与大企业共建，与小企业共享”的理念下，卡奥斯为青岛啤酒股份公司提供赋能，不仅将定制产品订单和新产品开发的交付周期缩短 50%，从而使定制啤酒的市场份额增加到 33%，收入增加 14%，还推动其成功入选“灯塔工厂”名单，成为全球首家入选的啤酒饮料行业企业。

除了青啤这样的知名企业外，卡奥斯正向更多企业输出工业互联网领域的中国模式，征和工业、威海康派斯、陕西伟志、安吉倍豪等大批中小企业受益。目前，卡奥斯已经链接 80 万家企业，为 7 万多家企业提供服务，构建起化工、模具等 15 个行业生态，覆盖全国 12 大区域和全球 20 多个国家。

更为重要的是，在人单合一模式下，涌现出海尔生物等一大批创业公司。海尔生物医疗的总经理刘占杰原来是大学教师，后来加入海尔做技术研发人员，在发现可以用物联网技术对传统医疗存储设备进行改造的市场机会后，他毅然联合团队创立小微公司，并于 2019 年登录科创板，仅仅两年时间公司的市值已经增长 300%，成为行业内的龙头企业。

像海尔生物这样的公司在海尔平台上还有很多。现在，海尔已经建立犹如亚马逊热带雨林的商业生态系统：海尔平台上获得 A 轮及以上融资的企业有 183 家，已经上市的有 4 家，Pre-IPO 的有 18 家；在全球布局 10+N 创新生态体系；战略布局 28 个工业园、108 个营销中心、122 个制造中心和 24 万个销售网络；深入全球 160 个国家和地区，服务全球 10 亿+用户家庭。

思考题

1. 你对海尔的人单合一模式是如何理解的？

2. 如何看待海尔的平台组织和小微创业模式？

［案例来源：人单合一模式推动高质量发展［J］. 瞭望，2021（9）.］

一、创新的含义

“创新”通常与设备的更新、产品的开发或工艺的改进联系在一起。无疑，这些技术方面的革新是创新的重要内容，但不是全部内容。创新首先是一种思想及在这种思想指导下的实践，组织为适应系统内外变化而进行的局部和全局的调整，便是管理的创新职能。

从逻辑顺序上来考察，在特定时期内对某一社会经济系统（组织）的管理工作主要包括下述内容：设计系统的目标、结构和运行规则，启动并监视系统的运行，使之符合预定的规则操作；分析系统运行中的变化，进行局部或全局的调整，使系统不断呈现新的状态。显然，概述后管理内容的核心就是：维持与创新。任何组织系统的任何管理工作无不包含在“维持”或“创新”中。

维持和创新是管理的本质内容，有效的管理在于适度的维持与适度的创新的组合。

二、创新与维持的作用及其关系

（一）创新与维持的作用

维持是保证系统活动顺利进行的基本手段，也是系统中大部分管理人员，特别是中层和基层的管理人员要花大部分精力从事的工作。创新是为了适应系统内外变化进行的局部或全局调整。系统若不及时根据内外变化的要求，适时进行局部或全局的调整，则可能被变化的环境淘汰，或为改变了的内部要素所不容。创新的主要内涵和作用是系统不断改变或调整取得和组合资源的方式、方向和结果，向社会提供新的贡献。

（二）创新与维持的关系

维持与创新是相互联系、缺一不可。创新是维持基础上的发展，而维持则是创新的逻辑延续；维持是为了实现创新的成果，而创新则是为更高层次的维持提供依托和框架。卓越的管理是实现维持与创新最优组合的管理。

［管理素养］

坚持守正创新

党的二十大报告指出，必须坚持守正创新。我们从事的是前无古人的伟大事业，守正才能不迷失方向、不犯颠覆性错误，创新才能把握时代、引领时代。我们要以科学的态度对待科学、以真理的精神追求真理，坚持马克思主义基本原理不动摇，坚持党的全面领导不动摇，坚持中国特色社会主义不动摇，紧跟时代步伐，顺应实践发展，以满腔热忱对待一切新生事物，不断拓展认识的广度和深度，敢于说前人没有说过的新话，敢于干前人没有干过的事情，以新的理论指导新的实践。

三、创新的类别

（1）从创新的规模以及创新对系统的影响程度来考察，可以将其分为局部创新和整体创新。局部创新即系统性质和目标不变，系统活动的某些内容、要素的性质或其相互组合的方式、系统对社会贡献的形式等发生变动。整体创新即改变系统的目标和使命，涉及系统的目标和运行方式，影响系统的社会贡献的性质。

（2）从创新与环境的关系来分析，可以将其分为防御型创新和进攻型创新。防御型创新即外部环境变化对系统造成威胁，由此在内部展开局部或全局性调整。进攻型创新即观察外部世界运行，预测未来有利机会，主动调整，积极开发和利用机会，谋求发展。

（3）从创新发生的时期来看，可以将其分为系统初建期的创新和运行中的创新。

（4）从创新的组织程度上看，可以将其分为自发创新与有组织的创新。

任务二　掌握创新职的能基本内容

一、目标创新

企业经营的目标是通过满足市场所反映的社会需要来获取利润。企业各个时期的具体经营目标则需要根据市场环境和消费需求的特点及变化趋势来加以调整，每一次调整都是一种创新。

二、技术创新

技术创新是企业创新的主要内容，企业的技术创新主要表现在要素创新、要素组合方法创新和要素组合结果创新三个方面。

（一）要素创新

企业的生产过程是一定的劳动者利用一定的劳动手段作用于劳动对象使之改变物理、化学形式或性质的过程。参与这个过程的要素包括材料和设备两类。

1. 材料创新

材料的性能在很大程度上影响产品的质量。材料创新的内容包括：开辟新的来源，以保证企业扩大再生产的需要；开发和利用大量廉价的普通材料（或寻找普通材料的新用途），替代量少价格昂贵的稀缺材料，以降低产品的生产成本；改进材料的质量和性能，以保证和促进产品质量的提高。

2. 设备创新

设备创新主要表现在以下三个方面：一是通过利用新的设备，减少手工劳动的比重，以提高企业生产过程的机械化和自动化的程度；二是通过将先进的科学技术成果用于改造和革新原有设备，延长其技术寿命，提高其效能；三是有计划地进行设备更新，以更先进、更经济的设备来取代陈旧的、过时的老设备，使企业建立在先进的物质技术基础上。

[**管理案例**]

冬奥会上的机器人

作为一场“科技冬奥”，除了防疫机器人外，北京冬奥会上还拥有炒菜机器人、送餐机器人、引导机器人、递送机器人、物流机器人、火炬机器人、冰壶机器人、啦啦队机器人等各类服务机器人，堪称一部现实中的《机器人总动员》。

冬奥会餐厅也是采用机器人服务，包括点餐、送餐、清理桌面、洗碗、刷盘子、打扫卫生、消毒……一切都交由机器人管理。为了防止疫情感染，餐厅人员只负责后厨制作餐食的业务，不允许与运动员接触。

智慧餐厅内没有服务生，美食大多“从天而降”，通过上方的“云轨传输系统”自动送达对应的餐桌。

在自动酒吧区，智能调酒机器人可以像人类调酒师一样完成复杂的调配，同时进行智能摇酒动作，只需3~5分钟便可制作出一杯“高颜值”的鸡尾酒。

（资料来源：中国日报网.）

（二）要素组合方法创新

利用一定的方式将不同的生产要素加以组合，这是形成产品的先决条件。要素的组合包括生产工艺和生产过程的时空组织两个方面。生产工艺是劳动者利用劳动手段加工劳动对象的方法，包括工艺过程、工艺配方、工艺参数等内容。工艺创新与设备创新是相互促进的，设备的更新要求工艺方法做出相应的调整，而工艺方法的不断完善又必然促进设备的改造和更新。生产过程的组织包括设备、工艺装备、在制品以及劳动者在空间上的布置和时间上的组合。企业应不断地研究和采用更合理的空间布置和时间组合方式，以提高劳动生产率，缩短生产周期，从而在不增加要素投入的前提下，提高要素的利用效率。20世纪最伟大的企业生产组织创新，莫过于福特将泰罗的科学管理原理与汽车生产实践相结合而建立的流水生产线。流水线的问世引起了企业生产率的革命。

（三）要素组合结果创新

生产过程中各种要素组合的结果是形成企业向社会贡献的产品。产品创新是企业技术创新的核心内容，企业只有不断地创新产品，才能更好地生存和发展。产品创新主要包括品种和结构的创新。

（1）品种创新要求企业根据市场需要的变化，根据消费者偏好的转移，及时地调整企业的生产方向和生产结构，不断开发出受用户欢迎的适销对路的产品。

[**管理案例**]

小米智能家居

小米是一家以智能手机为主业的科技公司，以其独特的商业模式和创新的产品而闻名于世。以下是小米全屋智能中一些有代表性的产品：

（1）小米智能电视：小米智能电视采用高清智能屏幕、智能语音、智能遥控等技术，支持流媒体播放、智能语音交互、远程控制等功能，是家庭娱乐和智能家居的必备产品。

（2）小米智能音箱：小米智能音箱采用智能语音交互技术，可以通过语音控制家庭设备的开关、调节音量、播放音乐等功能，是智能家居控制中心的重要组成部分。

（3）小米智能插座：小米智能插座可以通过手机应用程序远程控制插座的开关，让您随时随地控制家庭电器的运行。同时，智能插座还支持定时、计时等功能，让您更加便捷和高效地管理家庭生活。

（4）小米智能门锁：小米智能门锁采用指纹、密码、刷卡等开锁方式，支持远程控制和安全报警等功能，可以让您的家庭更加安全和便捷。

（5）小米智能摄像头：小米智能摄像头可以通过手机应用程序远程查看家庭状况，支持高清视频拍摄、远程对讲、智能识别等功能，让您及时了解家庭情况并采取必要的措施。

（资料来源：根据网络资料整理修改）

（2）产品结构的创新在于不改变原有品种的基本性能，对现在生产的各种产品进行改进和改造，找出更加合理的产品结构，使其生产成本更低，性能更完善，使用更安全，从而更具市场竞争力。

［管理案例］

冰箱用途的延伸

在美国，每个家庭都有电冰箱。这种高度成熟产品的市场竞争很激烈，利润率很低，美国的厂商显得束手无策。然而，日本厂商却异军突起，生产出一种与19英寸（1英寸≈2.54厘米）电视机外形尺寸一般大小的冰箱。

当微型冰箱投入市场后，人们发现除了可以在办公室使用外，还可以将其安装在房车上，在人们外出旅游时使用。微型冰箱改变了一些人的生活方式，也改变了它进入市场初期默默无闻的命运。

微型电冰箱与家用冰箱在工作原理上没有区别，其差别只是产品所处的环境不同。日本企业把冰箱的使用方向由家居转向办公室、汽车、旅游等其他侧翼方向，有意识地改变了产品的使用环境，引导和开发了人们潜在的消费需求，从而达到了创造需求、开发新市场的目的。

三、制度创新

制度创新从社会经济角度来分析企业各成员间的正式关系的调整和变革，制度是组织运行方式的原则规定。制度类别主要有以下三种：

（1）产权制度。决定企业其他制度的根本性制度，它规定着企业最重要的生产要素的所有者对企业的权力、利益和责任。

（2）经营制度。有关经营权的归属及其行使条件、范围、限制等方面的原则规定。

（3）管理制度。行使经营权、组织企业日常经营的各种具体规则的总称。在众多管理制度中，分配制度是极重要的内容之一。

企业制度创新的方向是不断调整和优化企业所有者、经营者、劳动者三者之间的关系，使各个方面的权利和利益得到充分体现，使组织的各种成员的作用得到充分发挥。

四、组织机构和结构的创新

不同的企业，有不同的组织形式；同一企业，在不用的时期，随着经营活动的变化，也要求组织的机构和结构不断调整。组织创新的目的在于更合理地组织管理人员的工作，提高管理劳动效率。

［管理案例］

“人单合一”，每个人都是自己的经理

2022年4月，在青岛市质量工作大会上，“雷神科技”获得青岛市最高质量奖项——第七届青岛市市长质量奖。作为海尔集团“人单合一”管理模式下孕育的创业公司，雷神科技第一次获此殊荣，标志着雷神科技在组织管理、品牌建设、社会责任、产品质量、技术研发、科技创新等方面获得行业认可，也印证了海尔集团“人单合一”管理模式在组织转型层面的成功。

“人单合一”模式顾名思义：“人”指员工，“单”指用户价值，“合一”指员工的价值实现与所创造的用户价值合一。“人单合一”，使每个人都是自己的经理，并组成直面市场的自组织，每个员工通过为用户创造价值来实现自身价值。其主要体现为“三化”，即企业平台化、员工创客化、用户个性化。移动互联网时代，原来的金字塔科层制企业逐渐演化成并联的网状化平台组织，组织形态是小微组织，构建小微模式是海尔平台化转型的重点举措，也是新环境下组织扁平化的探索。

海尔的员工只有三类人——平台主、小微主和创客，每个员工就是一个创客。“平台主”即之前的“领导”，主要忙两件事：一是定机制，充分调动小微主的积极性；二是在小微主了解用户需求之后，由平台提供资源帮助，如联络外部研发资源。“小微主”即独立经营的小微公司的负责人，对经营的全流程负责，直接为用户创造价值。“创客”即每个员工，员工自由组合，在内部抢单竞聘成为小微主，也激励员工自己挖掘市场机会，自驱动，自创业，实现公司价值和员工价值最大化。

启示：“没有成功的企业，只有时代的企业。”随着互联网技术和数字化技术的发展，企业要勇于自我迭代。海尔基于互联网思维的组织扁平化创新，能够深入市场，快速发现和响应需求，卓有成效地提高了组织的灵活性。

［案例来源：人单合一模式推动高质量发展［J］．瞭望，2021（9）．有改动］

五、环境创新

环境创新不是指企业为适应外界变化而调整内部结构或活动，而是指通过企业积极的创新活动去改造环境，去引导环境朝着有利于企业经营的方向变化。例如，通过企业的公关活动，影响社区政府政策的制定；通过企业的技术创新，影响社会技术进步的方向等。

环境创新的主要内容是市场创新。市场创新主要是指通过企业的活动去引导消费、创造需求。企业创造市场需求的主要途径除了新产品的开发外，更多其实是通过企业的营销活动来进行的，即在产品的材料、结构、性能不变的前提下，或通过市场的地理转移，或通过揭示产品新的使用价值来寻找新用户，或通过广告宣传等促销工作来赋予产品以一定的心理使用价值，影响人们对某种消费行为的社会评价，从而诱发和强化消费者的购买动机，增加产品的销售量。

［**管理故事**］

制鞋商卖鞋

有两家制鞋商分别派出销售人员去某岛推销自己的产品。甲厂派出的推销员到达该岛以后，迅速给厂部发来一份电报，强调鞋制品在该岛无任何市场，因为岛上居民无一人着鞋，并表明自己也将迅速归厂。另一家厂商的推销员到达该岛以后，则迅速发给厂部电报，要求企业立即寄来大批货物，因为该岛有着巨大的市场潜力，且目前尚无其他厂家参与竞争。显然，不同的认识将给两家企业带来不同的市场和发展机会。当然，上述第二家企业要充分开发该市场，还需在岛民消费观念的改变上进行必要的示范、宣传以及劝导。

［**管理案例**］

华为是如何做创新的?

华为的创新实践之一：技术创新。

华为到2012年年底拥有7万多人的研发队伍，占员工人数的48%，是全球各类组织中研发人数最多的公司；从1992年开始，华为就坚持将每年销售额的至少10%投入研发，什么事情都可以打折扣，但“研发的10%投不下去是要被‘砍头’的”——这是华为主管研发的负责人说的。2013年，华为研发投入12.8%，达到53亿美元，过去10年的研发投入，累计超过200亿美元；华为在全球有16个研发中心，2011年，华为又成立了以基础科学研究为主的2012实验室，这可以说是华为的秘密武器。

华为的创新实践之二：“工者有其股”的制度创新。

到今天为止，华为有将近8万股东。最新的股权创新方案是，外籍员工也将大批量地成为公司股东，从而实现完全意义上的“工者有其股”，这无疑是人类有商业史以来未上市公司中员工持股人数最多的企业，也无疑是一种创举，既体现着创始领袖的奉献精神，也考验着管理者的把控能力：如何在如此分散的股权结构下，实现企业的长期使命和中长期战略，满足不同股东阶层、劳动者阶层、管理阶层的不同利益，从而达成多种不同诉求的内外部平衡，其实是极富挑战的——前无经验可循，后面的挑战依然很多。从这一意义上看，这种颠覆性创新具有独特的标本性质。

华为的创新实践之三：产品微创新。

华为能够从一家小公司成长为让全球客户信赖的大企业和行业领导者，必须承认，20多年不间断的、大量贴近客户的微创新是一个重要因素。有一位华为老员工估计，20多年华为面向客户需求这样的产品微创新有数千个。正是由于华为跟客户不断、频繁的沟通，正是由于西方公司店大欺客，尤其在中国市场的早期把乙方做成了甲方——那时候买设备要先交钱，半年以后能给你设备算不错了——构成了华为和竞争对手的重大区别与20多年彼消此长的分野。

华为创新实践之四：市场与研发的组织创新。

市场组织创新。什么叫一点两面呢？尖刀队先在“华尔街的城墙”（任正非语）撕开口子，两翼的部队蜂拥而上，把这个口子从两边快速拉开；然后，“华尔街就是你的了”。“一点两面三三制”是一个很重要的战术思想、战术原则。“三三制”当然指的组织形态。

研发体制创新。比如固定网络部门用工业的流程在做研发，创造了一种模块式组织——把一个研发产品分解成不同的功能模块，在此基础上成立不同的模块组织，每个组织由四五个精干的专家组成，分头进行技术攻关，各自实现突破后再进行模块集成。华为的400G路由器的研发就是以这样的组织方式进行的，领先思科公司12个月以上，已在全球多个国家布局并进入成熟应用。

华为创新实践之五：决策体制的创新。

美国的美世咨询（Mercer）公司，在2004年对华为进行决策机制的咨询。让任正非主持办公会，任正非不愿意，就提了一个模型，叫作轮值COO。七位常务副总裁轮流担任COO，每半年轮值一次。轮值COO进行了8年，轮值COO的成功实践，促使在3年前，华为开始推行轮值CEO制度。EMT管理团队由7个常务董事组成，负责公司日常的经营管理，7个人中3位是轮值主席，每人轮值半年。3年来的运行效果是显著的，最大成效之一是决策体系的动态均衡。

轮值CEO制度，相对于传统的管理理论与实践，可以称得上是划时代的颠覆性创新，在有史可循的人类商业管理史上恐怕找不到第二例。有中国学者质疑这一体制的成功可能性，但至少迄今为止的8加3年的华为实验是相对成功的。华为的任何创新都是基于变化而作出的主动或被动的适应，在这个日益动荡和充满变化的时代，最大的危险是“缘木求鱼”。

（案例来源：孙金云. 向华为学创新［M］. 北京：企业管理出版社，2020.）

任务三　了解创新的过程和活动的组织

一、创新的过程

总结众多成功企业的经验，成功的变革与创新要经历寻找机会、提出构想、迅速行动、坚持不懈这样几个阶段的努力。

（一）寻找机会

就系统的外部而言，有可能成为创新契机的变化主要有以下四种：一是技术的变化，从而可能影响企业资源的获取、生产设备和产品的技术水平；二是人口的变化，从而可能影响劳动市场的供给和产品销售市场的需求；三是宏观经济环境的变化，迅速增长的经济背景可能给企业带来不断扩大的市场，而整个国民经济的萧条则可能降低企业产品需求者的购买能力；四是文化与价值观念的转变，从而可能改变消费者的消费偏好或劳动者对工作及其报酬的态度。

就系统内部而言，引发创新的不协调现象主要有以下两种：一是生产经营中的瓶颈，可能影响了劳动生产率的提高或劳动积极性的发挥，因而始终困扰着企业管理人员。这种卡壳环节，既可能是某种材料的质地不够理想，且始终找不到替代品，也可能是某种工艺加工方法不完善，或是某种分配政策不合理。二是企业意外的成功和失败，如派生产品的销售额高，从而其利润贡献出人意料地超过了企业的主营产品；老产品经过精心整顿改进后，结构更加合理，性能更加完善，质量更加优异，但并未得到预期数量的订单……这些出乎企业意料的成功和失败，往往可以把企业从原先的思维模式中驱赶出来，从而可以成为企业创新的一个重要源泉。

企业的创新往往是从密切地注视、系统地分析社会经济组织在运行过程中出现的不协调现象开始的。

（二）提出构想

敏锐地观察到了不协调现象的产生以后，还要透过现象究其原因，并据此分析和预测不协调的未来变化趋势，估计它们可能给组织带来的积极或消极后果，并在此基础上，努力利用机会或将威胁转换成为机会，采用头脑风暴法、德尔菲法、畅谈会法等方法提出多种解决问题，消除不协调，使系统在更高层次实现平衡的创新构想。

（三）迅速行动

创新成功的秘诀主要在于迅速行动。提出的构想可能还不完善，甚至可能很不完善，但这种并非十全十美的构想必须立即付诸行动才有意义。“没有行动的思想会自生自灭”，这句话对于创新思想的实践尤为重要，一味追求完美，以减少受讥讽、被攻击的机会，就可能坐失良机，把创新的机会白白地送给自己的竞争对手。彼得斯和奥斯汀在《志在成功》一书中介绍了这样一个例子：20 世纪 70 年代，施乐公司为了把产品搞得十全十美，在罗切斯特建造了一座全由工商管理硕士（MBA）占有的 29 层高楼。这些 MBA 们在大楼里对第一件可能开发的产品设计了拥有数百个变量的模型，编写了一份又一份的市场调查报告……然而，当这些人继续不着边际地分析时，当产品研制工作被搞得越来越复杂时，竞争者已把施乐公司的市场抢走 50%以上。创新的构想只有在不断的尝试中才能逐渐完善，企业只有迅速地行动才能有效地利用“不协调”提供的机会。

（四）坚持不懈

构想经过尝试才能成熟，而尝试是有风险的，是不可能“一打就中”的，是可能失败的。创新的过程是不断尝试、不断失败、不断提高的过程。因此，创新者在开始行动以后，为取得最终的成功，必须坚定不移地继续下去，决不能半途而废，否则便会前功尽弃。要在创新中坚持下去，创新者必须有足够的自信心和较强的忍耐力，能正确对待尝试过程中出现的失败，既为减少失误或消除失误后的影响采取必要的预防或纠正措施，又不把一次“战役”（尝试）的失利看成整个“战争”的失败，要知道创新的成功只能在屡屡失败后才姗姗来迟。伟大的发明家爱迪生说过：我的成功乃是从一路失败中取得的。这句话对创新者应该有所启示。创新的成功在很大程度上要归因于“最后 5 分钟”的坚持。

二、创新活动的组织

（一）正确理解和扮演“管理者”的角色

管理人员必须自觉地带头创新，并努力为组织成员提供和创造一个有利于创新的环境，积极鼓励、支持、引导组织成员进行创新。

（二）营造促进创新的组织氛围

要营造一种“人人谈创新、时时想创新、无处不创新”的组织氛围，使那些无创新欲望或有创新欲望却无创造行动、从而无所作为者感觉到在组织中无立身之处。

（三）制订有弹性的计划

为了使人们有时间去思考、有条件去尝试，组织制订的计划必须具有一定的弹性。

（四）正确地对待失败

创新的过程是一个充满失败的过程。创新者应该认识到这一点，创新的组织者更应该认识到这一点。只有认识到失败是正常的甚至是必需的，管理人员才可能允许失败、支持失败，甚至鼓励失败。

（五）建立合理的奖酬制度

（1）注意物质奖励与精神奖励相结合。

（2）奖励制度要既能促进内部的竞争，又能保证成员间的合作。

［管理素养］

谈创新思维

习近平总书记在党的二十大报告中明确提出要“坚持创新在我国现代化建设全局中的核心地位”，并强调领导干部要不断提高创新思维能力。实际上，习近平总书记在党的十九大和十九届历次全会以及中央党校举办的省部级主要领导干部专题研讨班的重要讲话中，也曾经多次强调创新的重要性，谆谆教诲领导干部必须培养创新思维。

在讨论“创新思维”时，应该先对“创新”有一个清晰的认识。创新从形式来看，一种是回顾性的，或者叫批判性的创新，即对前人提出的发现或者权威理论、现有的政策与管理模式、技术与方法进行质疑和挑战，通过批判性地继承、发扬、修正与完善来创新。这种形式的创新在我国的工业领域表现为“引进、消化、吸收、再创新”，高铁技术就是一个典型的例子。另一种是前瞻性的，或者叫开拓性的原始创新，也就是我们通常所说的从 0 到 1 的创新，比如说青蒿素治疗疟疾。值得注意的是，原始创新并不是天上突然掉下来一个新发现，0 并不代表完全的虚无，青蒿素成为抗疟药既有古代中医的启示，也有现代化学萃取技术的支撑，更有以屠呦呦教授为代表的专家们千百次的反复试验。

从创新的领域来看，有理论创新、管理创新、文化创新、科学发现和技术创新等多种类型。我们党百年的成功实践就是在面临一次次变化的形势和重大转折时，能够及时地提出与之相适应的理论并有一支强大的队伍去贯彻落实，比如根据中国革命的特点而提出的农村包围城市、武装夺取政权的正确革命道路，就是在马克思主义指导下的中国革命理论的重大创新。新中国成立特别是改革开放以来，我国的繁荣发展更是伴随着一系列管理方面的创新。例如家庭联产承包责任制的推广，不仅大幅度提高了农业生产力、改变了农业的管理方式，也推动了经济领域的全面改革和全社会思想的解放。党的十八大以来许多重要的理论与理念，比如党的自我革命、马克思主义与中华优秀传统文化相结合、中国式现代化等，都是具有重大意义的理论创新成就。

至于科学发现和技术创新，现代科学史上有两个划时代意义的案例。一个是 20 世纪 50 年代 DNA 双螺旋结构的发现，直接催生了生命科学和医学领域全面的、爆发式的发展和进步；另一个是 20 世纪 40 年代诞生的电子计算机，把人类推进到了信息时代。这两项创新正在改变着我们的生活方式、思想方式乃至伦理道德，也必将改变人类社会发展的轨迹。

正是因为各个领域创新的巨大效益，习近平总书记指出，“面对日益激烈的国际竞争，我们必须把创新摆在国家发展全局的核心位置，不断推进理论创新、制度创新、科技创新、文化创新等各方面创新”，并且认为“综合国力竞争说到底是创新的竞争”“在激烈的国际竞争中，惟创新者进，惟创新者强，惟创新者胜”。

［资料来源：曾益新. 如何养成创新思维［J］. 学习时报，2023（2）.］

项目小结

企业家精神的真谛就是创新，创新是一种管理职能。本项目包括认识创新、掌握创新职能基本内容、了解创新的过程和组织等内容，通过对本项目学习，能使我们对管理创新有一个初步了解。

同步训练

一、基础知识练习

（一）单项选择题

1. 企业创新包括的内容是（　　）。

A. 组织创新、市场创新、管理创新、文化创新

B. 目标创新、技术创新、制度创新、环境创新

C. 技术创新、制度创新、组织创新、管理创新

D. 文化创新、制度创新、市场创新、管理创新

2. 下列选项中，关于创新与维持之间的关系，说法正确的是（　　）。

A. 创新是保证组织管理活动顺利进行的基本手段

B. 维持是保证组织管理活动不断延续的重要手段

C. 创新是在维持基础上的发展，维持则是创新的逻辑延续

D. 根据内外部环境的变化，对自身进行局部或全局的调整，这就是组织的维持

3. 通过企业的技术创新，影响社会技术进步的发展方向，这属于（　　）。

A. 目标创新　　B. 文化创新　　C. 技术创新　　D. 环境创新

4. 市场创新主要是指（　　）。

A. 通过企业的活动去引导消费，创造顾客需求

B. 通过企业的活动去引导顾客需求，创造消费

C. 通过广告宣传促销产品等工作

D. 通过政府的干预活动去引导消费，创造顾客需求

（二）多项选择题

1. 按照与环境关系的不同，管理创新可以划分为（　　）。

A. 防御型创新　　B. 攻击型创新　　C. 局部创新　　D. 自发的创新

2. 组织结构是组织运行的基础，能够随着组织自身发展的需要和外部环境的变化进行重组和再造。下列选项中，属于组织结构创新的有（　　）。

A. 集权分权的新方式　　B. 部门岗位职权的重新设置

C. 新的经营策略　　D. 组织结构的学习性深化

（三）判断题

1. 企业的技术创新主要表现在要素创新、制度创新以及产品创新三个方面。（　　）

2. 管理制度，就是有关经营权的归属及其行使条件、范围、限制等方面的原则规定。（　　）

（四）简答题

简述组织的技术创新。

二、案例分析

“神黄科技”的中医产业创新之路

近两年，互联网医疗发展势头强劲，中医行业也开始探索“互联网+中医”模式，中医O2O、中医在线诊疗等模式涌现。2016年更是呈现出爆发增长的趋势，中医创业公司增多，中医类医疗项目不断得到融资，医疗行业巨头纷纷布局。

“神黄科技”成立于2012年，是一家基于中医大数据和人工智能技术，专注于中医医疗创新服务的互联网企业。目前，“神黄科技”B端和C端的业务同时进行。C端主要有两个产品：神黄中国智库和神黄名医馆。

一、数据齐全的“中医智库”

中医智库定位为“中医人的掌上知识库”，数据源于国家科研成果应用转化。目前，中医智库已收录2 000种古籍、4万例病案、30万首方剂，涵盖了1 000种疾病、9 000种证候、20 000种症状。

为了保证内容的专业性，中医智库只跟国家权威机构合作，App里的每条信息都经过中国中医科学院等专家委员会评审，且每条信息都会标明出处，让学习中医有据可查。

二、搭建中医与患者桥梁的“神黄名医馆”

周晋认为，中医行业的痛点在于，名老中医往往在民间且十分传统，很多好的诊所、医馆并不为人所知，这个信息不对称的问题是可以利用互联网解决的。神黄名医馆作为撮合平台，一方面，能提高中医的阳光收入和工作效率，帮助他们获得预期病种的高质量病源；另一方面，也能帮助患者发现适合自己的好中医。

患者通过线上对医生的介绍以及同行和患者对医生的评价来选择医生，挂号问诊。平台上涵盖了100项全科常见病问诊单，患者快速完成后，问诊结果直接导入病历夹。平台支持诊疗辅助，在选择症状、疾病后能获得智能诊断分析。医生通过短信和微信即可给患者发送处方单，方便快捷。同时，平台和知名药企合作，由他们负责中药的代煎配送，由此完成“寻医→诊疗→用药”的闭环。

三、布局人工智能“小医生”

“神黄科技”正在加速布局人工智能在中医上的应用，为每个老专家都生成一个机器人，这个机器人代表了这个专家的学术思想。目前，像感冒这样的简单疾病会直接推荐给病人使用，复杂的则推荐给医生，让小医生学习借鉴大医生的学术思想。这也是对名医医术的传承。

四、跨界的团队成员

截至2016年，公司共有100多人，其中全职医生十几人，技术团队50人，负责人工智能的有15人。创始人兼CEO周晋是清华大学工学博士，在互联网产品、科技创新方面拥有 15 年以上经验；CTO 唐力是清华大学工学博士，已成功主持十余款医疗信息系统的研发与实施；医学总监顾漫是中国中医科学院副研究员、副主任医师。

在盈利模式上，目前公司主要盈利点在于 B 端业务，C 端短期内都将面临投资性亏损。目前，最大的成本在于人力，因模式还在探索，未进行太多市场推广。

思考题：

1. 互联网在神黄科技的商业模式创新中起到什么作用？

2. 神黄科技在创新当中可能会遇到什么问题？

［案例来源：周三多，贾良定. 管理学：原理与方法（第七版）习题与案例指南［M］. 上海：复旦大学出版社，2019.］

项目实训——元旦庆祝活动策划创意

实训目标：

1. 运用本单元所学知识与技能，实际处理身边的管理问题。
2. 训练创造性思维；
3. 培养实际进行策划与决策的能力。

情景：为元旦庆祝策划的一系列活动。

调研与自学：

收集有关活动创意策划、决策的案例与资料，并注意对庆祝活动本身相关信息的了解。学习有关创造性思维、创新技法，以及相关决策知识。

实训过程：

1. 在元旦庆祝前，由学生3~5人组成一小组，在调研的基础上，运用创造性思维，策划一系列活动，形成一个创意，并尽可能与所学专业相关。
2. 每个组要运用创造性思维与创新技法，进行深入思考，形成所策划活动的创意。
3. 以模拟公司为单位，深入研讨、集思广益，形成公司的创意。

交流与评价：

1. 组织召开创意方案论证会。
2. 对每个方案进行评价打分。

参考文献

[1] 郑雪玲. 管理学基础 [M]. 2版. 厦门：厦门大学出版社，2019.

[2] 王栓军. 管理学基础 [M]. 2版. 北京：北京邮电大学出版社，2018.

[3] 张建贵，周万中. 管理学基础 [M]. 2版. 杭州：江苏大学出版社，2021.

[4] 单凤儒. 管理学基础 [M]. 7版. 北京：高等教育出版社，2021.

[5] 单凤儒. 管理学基础实训教程 [M]. 北京：高等教育出版社，2021.

[6] 周三多，陈传明. 管理学 [M]. 5版. 北京：高等教育出版社，2018.

[7] 焦叔斌，杨文士. 管理学 [M]. 4版. 北京：中国人民大学出版社，2014.

[8] 周三多，陈传明，刘子馨，等. 管理学：原理与方法 [M]. 7版. 上海：复旦大学出版社，2018.

[9] 周三多，贾良定. 管理学：原理与方法（第七版）习题与案例指南 [M]. 上海：复旦大学出版社，2019.

[10] 王鑫，饶君华. 管理学基础 [M]. 3版. 北京：高等教育出版社，2023.

[11] 路宏达. 管理学基础 [M]. 5版. 北京：高等教育出版社，2023.

[12] 陈传明. 管理学 [M]. 北京：高等教育出版社，2019.

[13] 高秀兰. 管理学 [M]. 杭州：江苏大学出版社，2019.